Lobsang Rampa

Das dritte Auge

Ein tibetanischer
Lama erzählt sein Leben

Wilhelm Goldmann Verlag

Titel der Originalausgabe: The Third Eye
Originalverlag: Secker & Warburg, London
Aus dem Englischen übertragen von Herbert und Waltraut Furreg

1. Auflage April 1979 · 1.–12. Tsd.
2. Auflage März 1980 · 13.–22. Tsd.

Made in Germany 1980

Umschlagentwurf: Atelier Adolf & Angelika Bachmann, München
Druck: Mohndruck Graphische Betriebe GmbH, Gütersloh
Verlagsnummer: 3744
Lektorat: Ria Schulte/Martin Vosseler · Herstellung: Lothar Hofmann/He
ISBN 3-442-03744-1

ཨོཾམཎིཔདྨེཧཱུྃ།

VORREDE DES AUTORS ZUR ENGLISCHEN AUSGABE

Ich bin ein Tibetaner. Einer der wenigen, die in diese fremdartige westliche Welt gekommen sind. Satzbildung und Grammatik dieses Buches lassen viel zu wünschen übrig, doch ich nahm nie eine regelrechte Unterrichtsstunde in der englischen Sprache. Meine »Sprachschule für Englisch« war ein japanisches Gefangenenlager, wo ich die Sprache, so gut ich konnte, von englischen und amerikanischen gefangenen Patientinnen lernte. Englisch schreiben lernte ich durch »Versuch und Irrtum«.

Jetzt ist meine geliebte Heimat – wie vorausgesagt wurde – von kommunistischen Horden überschwemmt. Nur aus diesem Grunde habe ich meinen wirklichen Namen und die Namen meiner Freunde verschwiegen. Wir haben vieles gegen den Kommunismus unternommen, und ich weiß, daß meine Freunde in kommunistischen Ländern zu leiden hätten, wenn meine Identität aufgedeckt würde. Da ich sowohl in kommunistischer als auch in japanischer Gewalt war, kenne ich die Marter aus eigener Erfahrung. Doch nicht von Martern erzählt dieses Buch, sondern von einem friedliebenden Land, das bisher mißverstanden und ungeheuer falsch dargestellt wurde.

Man sagt mir, die Leser werden manche meiner Aussagen vielleicht nicht glauben. Das ist ihr Recht, doch Tibet ist für die übrige Welt ein unbekanntes Land. Der Mann, der über ein anderes Land schrieb: »Die Leute reiten dort auf Schildkröten im Meer«, wurde verlacht und verspottet. Ebenso ging es denen, die »lebende fossile« Fische gesehen hatten. Und doch wurden kürzlich solche Tiere entdeckt und luftgekühlt in einem Flugzeug zum Studium nach den Vereinigten Staaten gebracht. Den Aussagen jener Männer hatte man keinen Glauben geschenkt. Doch schließlich wurde der Beweis für ihre Wahrheit und Glaubwürdigkeit erbracht. Auch für die meinen wird er erbracht werden.

LOBSANG RAMPA

Geschrieben im Jahre des Holz-Schafes

INHALT

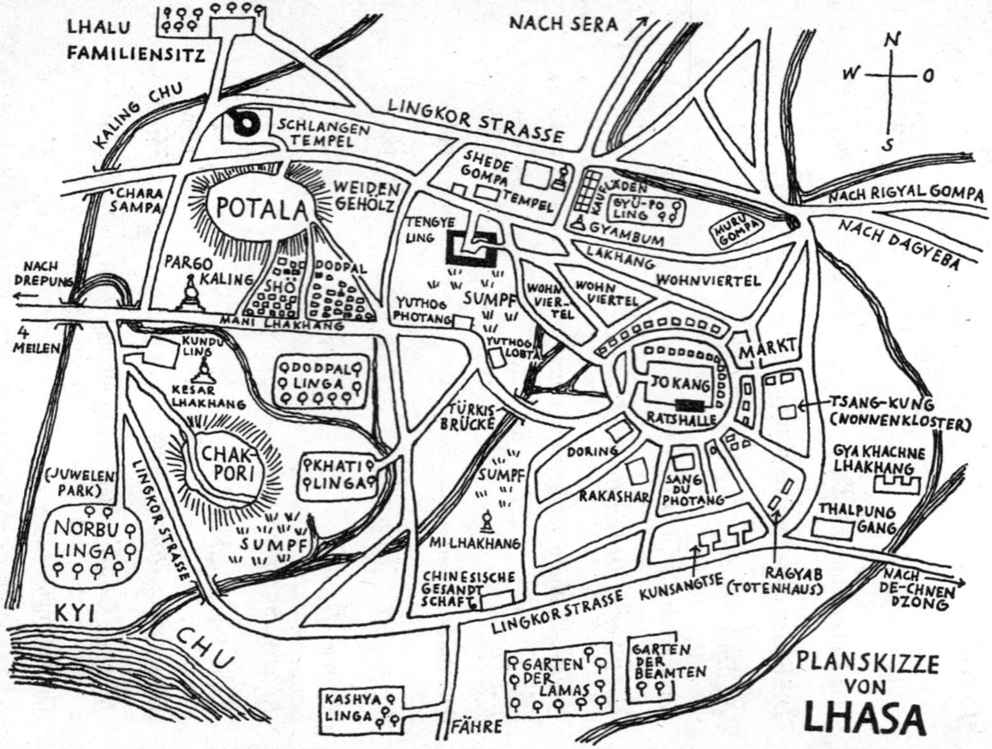
PLANSKIZZE VON LHASA
N
W
O
S
LHALU FAMILIENSITZ
NACH SERA
KALING CHU
LINGKOR STRASSE
SCHLANGEN TEMPEL
SHEDE GOMPA
TEMPEL
KAUFLÄDEN
GYÜ-PO LING
NACH RIGYAL GOMPA
NACH DAGYEBA
MURU GOMPA
GYAMBUM
LAKHANG
WOHNVIERTEL
CHARA SAMPA
POTALA
WEIDEN GEHÖLZ
TENGYE LING
PARGO KALING
SHÖ
DODPAL
NACH DREPUNG
MANI LHAKHANG
YUTHOG PHOTANG
SUMPF
WOHN VIER-TEL
WOHN VIERTEL
4 MEILEN
KUNDU LING
YUTHOG LOBTA
MARKT
JO KANG
RATSHALLE
DODPAL LINGA
KESAR LHAKHANG
TÜRKIS BRÜCKE
TSANG-KUNG (NONNENKLOSTER)
CHAK-PORI
DORING
GYA KHACHNE LHAKHANG
KHATI LINGA
RAKASHAR
SANG DU PHOTANG
(JUWELEN PARK)
NORBU LINGA
LINGKOR STRASSE
THALPUNG GANG
MI LHAKHANG
SUMPF
CHINESISCHE GESANDTSCHAFT
KUNSANGTSE
RAGYAB (TOTENHAUS)
NACH DE-CHNEN DZONG
KYI
CHU
LINGKOR STRASSE
GARTEN DER LAMAS
GARTEN DER BEAMTEN
KASHYA LINGA
FÄHRE

FRÜHE TAGE DAHEIM

»Oh weh, oh weh! Vier Jahre alt und kann sich noch nicht auf dem Pferd halten! Aus dir wird niemals ein Mann werden! Was wird dein edler Herr Vater dazu sagen?« Damit gab der alte Tzu dem Pony – und dem unglücklichen Reiter – einen derben Schlag über die Kruppe und spuckte in den Staub.

Die goldenen Dächer und Kuppeln des Potala glänzten im hellen Sonnenschein. Näher im Vordergrund kräuselten sich die blauen Fluten des Schlangentempel-Sees, den Weg der Wasservögel nachzeichnend. Vom steinigen Pfad weiter hinten ertönten die Rufe und Schreie der Männer, die die trägen, eben von Lhasa ausziehenden Yaks zur Eile antrieben. In der Nähe erklang das herzerschütternde »bmmn bmmn bmmn« der tiefen Baßposaunen, die die Musikanten-Mönche in der Einsamkeit der Felder bliesen.

Doch ich hatte keine Zeit für so gewohnte, alltägliche Dinge. Ich mußte die schwierige Aufgabe lösen, mich auf meinem widerspenstigen Pony zu halten. Nakkim hatte anderes im Sinn. Er wollte frei sein von seinem Reiter, frei, um zu grasen, sich auf dem Rücken zu wälzen und die Beine in die Luft zu strecken.

Der alte Tzu war ein grimmiger, strenger Zuchtmeister. Sein Leben lang war er bärbeißig und rauh gewesen, und nun als Hüter und Reitlehrer eines kleinen Jungen von vier

Jahren verlor er bei seinen Bemühungen oft die Geduld. Er war einer der Männer von Kham und war, wie andere, wegen seiner Größe und Körperkraft hierhergeholt worden. Über zwei Meter groß war er und dementsprechend breit. Dick ausgepolsterte Schultern verstärkten noch den Eindruck seiner Breite. Im östlichen Tibet gibt es eine Gegend, in der die Männer ungewöhnlich hochgewachsen und stark sind. Viele waren über zwei Meter groß, und diese Männer holte man in alle Lamaserien, um sie dort als Polizei-Mönche zu verwenden. Sie polsterten ihre Schultern, um noch gewaltiger zu erscheinen, sie schwärzten ihre Gesichter, um grimmiger auszusehen, und sie trugen lange Stäbe, die sie gegen jeden unglücklichen Missetäter zu gebrauchen bereit waren.

Tzu war ein Polizei-Mönch gewesen, jetzt aber versah er als Kinderfrau eines jungen Adeligen seinen Dienst. Viel zu verkrüppelt, um lange zu Fuß gehen zu können, machte er alle seine Wege zu Pferd. Im Jahre 1904 waren die Engländer unter Oberst Younghusband in Tibet eingedrungen und hatten viel Schaden angerichtet. Offenbar meinten sie, die einfachste Art, sich unsere Freundschaft zu sichern, sei, unsere Häuser zu zerstören und unsere Leute zu töten. Tzu war einer der Verteidiger gewesen, und im Gefecht war ihm ein Stück seiner linken Hüfte weggeschossen worden.

Mein Vater war einer der führenden Männer in der tibetanischen Regierung. Seine Familie und die meiner Mutter gehörten zu den oberen zehn Familien, daher hatten meine Eltern einen bedeutenden Einfluß auf die Angelegenheiten des Landes. Später werde ich Genaueres über die Form unserer Regierung berichten.

Mein Vater war ein stattlicher Mann, breit gebaut und über einen Meter achtzig groß. Er durfte stolz sein auf seine

Stärke. In seiner Jugend konnte er ein Pony vom Boden aufheben, und er war einer der wenigen, die es mit den Männern von Kham im Ringkampf aufnehmen konnten und sehr gut dabei abschnitten.

Die meisten Tibetaner haben schwarzes Haar und dunkelbraune Augen. Mein Vater gehörte zu den Ausnahmen, sein Haar war kastanienbraun und seine Augen grau. Oft brach er plötzlich in Wut aus, ohne daß wir wußten, warum.

Wir sahen unsern Vater selten. Tibet hatte unruhige Zeiten durchgemacht. Als die Engländer bei uns eindrangen, flüchtete der Dalai Lama in die Mongolei und ließ meinen Vater und andere Mitglieder des Kabinetts zurück, um in seiner Abwesenheit die Regierungsgeschäfte zu führen. 1909 kehrte der Dalai Lama nach Lhasa zurück, nachdem er Peking besucht hatte. Durch den Erfolg des englischen Einmarsches ermutigt, stürmten die Chinesen Lhasa im Jahre 1910. Wieder zog sich der Dalai Lama zurück, diesmal nach Indien. Die Chinesen wurden 1911, in der Zeit der chinesischen Revolution, aus Lhasa vertrieben, doch inzwischen hatten sie furchtbare Frevel gegen unser Volk begangen.

1912 übernahm der Dalai Lama wieder die Herrschaft. Während der ganzen Zeit seiner Abwesenheit, in jenen äußerst schweren Tagen, hatten mein Vater und die andern Mitglieder des Kabinetts die volle Verantwortung für die Regierung Tibets zu tragen. Unsere Mutter pflegte zu sagen, Vater habe sich damals sehr verändert. Jedenfalls hatte er keine Zeit für uns Kinder, und wir bekamen seine väterliche Zuneigung nie zu spüren. Ich vor allem schien seinen Unwillen zu erregen und war den harten Händen Tzus überlassen, »auf Biegen oder Brechen«, wie mein Vater sagte.

Tzu empfand meine armselige Leistung auf dem Pony

als persönliche Beleidigung. In Tibet lernen kleine Jungen der oberen Schichten schon reiten, bevor sie noch gehen können. Die Fertigkeit im Sattel ist in einem Land, in dem es keinen Verkehr auf Rädern gibt, wo man alle Reisen zu Fuß oder zu Pferd machen muß, etwas Wesentliches. Tibetanische Vornehme üben sich Stunde um Stunde, Tag um Tag in der Reitkunst. Sie können auf dem schmalen hölzernen Sattel eines galoppierenden Pferdes stehend zuerst mit dem Gewehr auf eine bewegte Scheibe schießen und es dann gegen Pfeil und Bogen vertauschen. Manchmal galoppieren geschickte Reiter in Formation quer durch die Ebenen und wechseln die Pferde, indem sie von Sattel zu Sattel springen. Ich allerdings fand es im Alter von vier Jahren schwer, mich in einem einzigen Sattel zu halten.

Nakkim, mein Pony, war gescheckt, hatte einen langen Schweif und einen kleinen, intelligenten Kopf. Er kannte erstaunlich viele Tricks, einen unsicheren Reiter abzuwerfen. Eines seiner liebsten Manöver war, eine kurze Strecke vorwärts zu laufen, dann plötzlich wie leblos stillzustehen und den Kopf zu senken. Wenn ich dann rettungslos über seinen Nacken und weiter bis zu seinem Kopf hinabglitt, pflegte er ihn mit einem Ruck zu heben, so daß ich einen regelrechten Purzelbaum schlug, bevor ich den Boden erreichte. Dann stand er da und betrachtete mich mit geheuchelter Liebenswürdigkeit.

Tibetaner reiten nie im Trab, die Ponys sind klein, und ein Reiter sieht lächerlich aus auf einem trabenden Pony. Meistens genügt ein guter Paßgang, und der Galopp wird zur Übung geritten.

Tibet war ein theokratisches Land. Wir hatten keine Sehnsucht nach dem »Fortschritt« der Welt draußen. Wir wollten nichts anderes als uns der Meditation hingeben können und die Grenzen der Körperlichkeit überwinden. Unsere weisen Männer hatten seit langem eingesehen, daß es den Westen nach den Schätzen Tibets gelüstete, und sie wußten, daß der Friede das Land verließ, wenn es die Fremden betraten. Das Eindringen der Kommunisten in Tibet hat jetzt bewiesen, daß das richtig gedacht war.

Mein Vaterhaus stand in Lhasa in der vornehmen Gegend Lingkhor, an der Gürtelstraße, die rings um Lhasa herumführt, und im Schatten des Berges. Es sind dort drei Gürtelstraßen, die äußere Straße, Lingkhor, wird von Pilgern viel benützt. Wie alle Häuser in Lhasa war auch das unsere zu der Zeit, als ich geboren wurde, auf der der Straße zugekehrten Seite zwei Stockwerke hoch. Niemand darf auf den Dalai Lama hinabsehen, daher ist die höchste erlaubte Höhe zwei Etagen. Da sich das Höhenverbot jedoch nur auf eine einzige Prozession im Jahr bezieht, haben viele Häuser ungefähr elf Monate lang einen leicht abnehmbaren Holzaufbau auf ihren flachen Dächern.

Unser Haus war aus Stein, es hatte die Form eines hohlen Würfels und umschloß einen großen Innenhof. Unsere Tiere waren im Erdgeschoß untergebracht, und wir wohnten oben. Wir waren glücklich, wir besaßen eine Treppe aus Steinstufen, die von unten hinaufführte; die meisten tibetanischen Häuser haben eine Leiter oder, in Bauernhöfen, einen mit Kerben versehenen Balken, den man mit gräßlicher Gefahr für seine Schienbeine benützte. Denn diese eingekerbten Balken wurden durch den Gebrauch sehr glatt, die mit Yakbutter eingefetteten Hände übertrugen das Fett auf den Balken, und wenn der Bauer das nicht bedachte, kam er mit ungeheurer Geschwindigkeit auf dem Boden unten an.

Während der Chineseninvasion im Jahre 1910 war unser Haus teilweise zerstört worden, und die Innenmauern des Gebäudes waren beschädigt. Mein Vater ließ es, vier Stock hoch, wieder aufbauen. Es hatte keinen Ausblick über die Gürtelstraße, und wir konnten nicht über den Kopf des Dalai Lama hinübersehen, wenn er in der Prozession ging; daher wurden keine Einwände erhoben.

Das Tor, durch das man den Innenhof betrat, war schwer und schwarz vor Alter. Die chinesischen Angreifer hatten seine starken Holzbalken nicht beseitigen können, so hatten sie statt dessen eine Mauer niedergerissen. Genau über diesem Eingangstor lag der Raum des Verwalters. Er konnte alle sehen, die ein und aus gingen. Er nahm die Dienstleute auf – und entließ sie – und sah zu, daß der Haushalt richtig geführt wurde. Hierher, zu seinem Fenster, kamen, wenn die Sonnenuntergangsposaunen aus den Klöstern ertönten, die Bettler von Lhasa und erhielten zu essen, eine Stärkung für die Dunkelheit der Nacht. Alle Vornehmen von Rang sorgten für die Armen ihrer Gegend. Oft kamen Missetäter in Ketten, denn es gibt wenige Gefängnisse in Tibet; so wanderten sie durch die Straßen und erbettelten ihren Unterhalt.

In Tibet verachtet man Missetäter nicht und betrachtet sie nicht als Parias. Wir waren uns dessen bewußt, daß die meisten von uns schuldig wären – wenn man sie durchschaute –, so wurden die Unglücklichen vernünftig behandelt.

In den Zimmern zur Rechten des Verwalters wohnten zwei Mönche; das waren die Hauspriester, die täglich um die göttliche Billigung unseres Tuns beteten. Die weniger Vornehmen hatten nur einen Priester, doch unsere Stellung erforderte zwei. Vor jedem wichtigen Ereignis wurden diese Priester befragt und ersucht, um die Hilfe der Götter zu beten. Alle drei Jahre kehrten die Priester in die Lamaserien zurück und wurden durch andere ersetzt.

In jedem Flügel unseres Hauses war eine Kapelle. Dauernd brannten die Butter-Lampen vor den geschnitzten Holzaltären. Die sieben Schalen des heiligen Wassers wurden mehrere Male im Tage gereinigt und neu gefüllt. Sie mußten rein sein für den Fall, daß die Götter kämen und aus ihnen trinken wollten. Die Priester wurden gut verpflegt, sie aßen die gleiche Kost wie die Familie, da konnten sie besser beten und den Göttern sagen, wie gut unser Essen war.

Links vom Verwalter wohnte der Gesetzeskundige, dessen Amt es war, dafür zu sorgen, daß der Haushalt auf rechtmäßige und geordnete Weise geführt wurde. Tibetaner halten die Gesetze streng, und mein Vater mußte in der Befolgung der Gesetze ein besonders gutes Beispiel geben.

Wir Kinder, Bruder Paljör, Schwester Yasodhara und ich, wohnten im neuen Teil des Hauses, auf der von der Straße abgewandten Seite des Vierecks. Zu unserer Linken hatten wir eine Kapelle, zur Rechten war der Schulraum, den auch die Kinder der Dienstleute besuchten. Unsere Unterrichtsstunden waren lang und abwechslungsreich. Paljör bewohnte seinen Körper nicht lange. Er war schwächlich und ungeeignet für das harte Leben, das wir beide führen mußten. Er verließ uns, bevor er noch sieben Jahre alt war, und kehrte in das Land der Vielen Tempel zurück. Paljör war sechs, als er hinüberging, und ich war vier. Ich erinnere mich noch, wie er, eine leere Hülle, dalag, als sie ihn holen kamen, und wie die Männer des Todes ihn forttrugen, um ihn der Sitte gemäß zu zerstückeln und den Geiern zur Nahrung zu geben.

Nun war ich der Erbe der Familie, meine Ausbildung wurde energischer betrieben. Ich war vier Jahre alt und ein sehr mittelmäßiger Reiter. Mein Vater war ein wirklich strenger Mann, und als Fürst der Kirche sah er darauf, daß die Zucht seines Sohnes straff und seine Erziehung ein Beispiel für die anderer Kinder war.

In meiner Heimat wird ein Junge um so strenger erzogen, je höher sein Rang ist. Einige der Vornehmen neigten der Ansicht zu, Jungen sollten eine leichtere Kinderzeit haben, nicht aber mein Vater. Seine Einstellung war die: ein armer Junge hatte keine Hoffnung auf späteres Wohlergehen, daher sollte man ihm Güte und Rücksicht angedeihen lassen, solange er jung war. Ein Junge aus den höheren Ständen hatte in späteren Jahren alle Reichtümer und Annehmlichkeiten zu erwarten, daher sollte man in seiner Kindheit und Jugend sehr unnachsichtig gegen ihn sein, damit er Ungemach kennenlerne und Rücksicht gegen andere übe. Dies war auch die allgemeine Meinung im Lande. Bei einem solchen System blieben Schwächlinge nicht am Leben, doch die am Leben blieben, konnten beinahe alles ertragen.

Tzu bewohnte ein Zimmer im Erdgeschoß, ganz in der Nähe des Haupteingangstores. Jahrelang hatte er es als Polizei-Mönch mit Menschen aller Art zu tun gehabt, und jetzt kam es ihn schwer an, zurückgezogen zu leben und all dem fern zu sein. Er wohnte neben den Ställen, in denen mein Vater seine zwanzig Pferde hielt und alle die Ponys und die Arbeitstiere.

Die Stallknechte sahen Tzu nicht gerne, weil er übereifrig

war und sich in ihre Verrichtungen einmengte. Wenn mein Vater ausritt, mußten ihm sechs bewaffnete Männer das Geleit geben. Diese Männer trugen Uniformen, und Tzu nörgelte dauernd an ihnen und vergewisserte sich, ob an ihrer Ausrüstung alles in Ordnung war.

Aus irgendeinem Grund pflegten diese sechs Männer sich mit ihren Pferden an einer Wand aufzustellen, und dann, sobald mein Vater geritten kam, vorzustürmen, um sich ihm anzuschließen. Ich entdeckte, daß ich einen der Reiter auf seinem Pferd erreichen konnte, wenn ich mich aus dem Fenster eines Vorratsraumes hinauslehnte. Eines Tages zog ich in einer müßigen Minute, während er an seiner Ausrüstung bastelte, einen Strick durch seinen festen Ledergürtel. An den beiden Enden machte ich Schlingen und befestigte sie an einem Nagel an der Innenseite des Fensters. In der Unruhe und dem Lärm beachtete man mich nicht. Mein Vater erschien, und die Reiter jagten vor. Fünf von ihnen. Der sechste wurde von seinem Pferd herunter nach hinten gezerrt, gellend schrie er auf, die Dämonen hätten ihn gepackt. Sein Gürtel zerriß, und in der Verwirrung gelang es mir, den Strick wegzuziehen und mich unentdeckt davonzustehlen. Später machte es mir viel Vergnügen, zu sagen: »Siehst du, Ne-tuk, auch du kannst dich nicht auf dem Pferd oben halten!«

Unsere Tage waren sehr anstrengend; von den vierundzwanzig Stunden waren wir achtzehn wach. Die Tibetaner halten es für unvorsichtig, zu schlafen, so lange es licht ist, denn die Dämonen des Tages könnten kommen und einen ergreifen. Sogar ganz kleine Kinder werden wachgehalten, damit die Dämonen sich ihrer nicht bemächtigen. Auch Kranke müssen wachgehalten werden, das tut ein Mönch, den man dazu herbeiholt. Niemand ist davon ausgenommen, sogar Sterbende müssen solange wie möglich bei Bewußtsein erhalten werden, damit sie den rechten Weg durch die Zwischenreiche zur nächsten Welt finden.

In der Schule lernten wir Sprachen, Tibetanisch und Chinesisch. Das Tibetanische hat zwei verschiedene Ausdrucksweisen, die gewöhnliche und die gehobene Sprache. Wir gebrauchten die gewöhnliche, wenn wir mit Dienern und Leuten von niederem Rang sprachen, und die gehobene mit Leuten von gleichem oder von höherem Rang. Das Pferd eines Höhergestellten mußte in der gehobenen Sprache angeredet werden. Unsere zur Herrenschicht gehörige Katze mußte, wenn sie in irgendwelchen geheimnisvollen Geschäften durch den Hof schlich, von einem Diener folgendermaßen angeredet werden: »Würde die edle Miez Miez geruhen, zu kommen und von dieser unwürdigen Milch zu trinken?« Doch wie immer die »edle Miez Miez« angeredet wurde, sie kam nie früher als sie wollte.

Unser Schulzimmer war sehr groß, eine Zeitlang war es als Speisesaal für durchreisende Mönche benützt worden, doch seitdem der neue Teil des Hauses fertig war, war dieser besonders große Raum in eine Schule für unser Gut umgewandelt worden. Ständig besuchten sie ungefähr sechzig Kinder. Wir saßen mit gekreuzten Beinen auf dem Boden, vor einem Tisch, beziehungsweise einer langen Bank von ungefähr fünfundvierzig Zentimeter Höhe. Wir saßen mit dem Rücken gegen den Lehrer, so daß wir nicht wußten, wann er uns beobachtete. Das hatte zur Folge, daß wir eifrig arbeiteten. Papier wird in Tibet mit der Hand hergestellt und ist teuer, viel zu teuer, um es an Kinder zu verschwenden. Wir benützten Schiefertafeln, große, dünne Platten von ungefähr dreißig zu fünfunddreißig Zentimetern. Unsere »Bleistifte« waren eine Art harte Kreide, die in den Tsu-La-Bergen gefunden wurde, ungefähr dreitausendsechshundert Meter höher als Lhasa, das selbst schon dreitausendsechshundert Meter über dem Meeresspiegel liegt. Ich suchte immer rötlich getönte Kreiden zu bekommen, doch Schwester Yaso liebte besonders die zartpurpurfarbenen. Es gab eine ganze Reihe von Farben: rot, gelb, blau und grün. Manche der Farben waren, glaube ich, auf das Vorhandensein von metallischen Erzen in dem weichen Kalkboden zurückzuführen. Was immer der Grund gewesen sein mag, wir freuten uns, sie zu haben.

Mit dem Rechnen mußte ich mich wirklich plagen. Wenn siebenhundertdreiundachtzig Mönche je zweiundfünfzig Tassen Tsampa im Tag tranken, und jede Tasse fünf Achtel einer Pinte enthielt, wie groß mußte ein Behälter für einen Wochenvorrat sein? Schwester Yaso konnte solche Aufgaben bewältigen, ohne etwas dabei zu denken. Ich, nun, ich war nicht so hell.

Ich kam auf meine Kosten, wenn wir schnitzten. Das war ein Gegenstand, den ich liebte und in dem ich recht geschickt war. In Tibet wird alles mit geschnitzten Platten gedruckt, daher betrachtete man das Schnitzen als besondere Fertigkeit. Wir Kinder bekamen für unsere Schnitzübungen kein Holz. Das Holz war teuer, da es den weiten Weg von Indien hertransportiert werden mußte. Tibetanisches Holz war zu zähe und hatte nicht die richtige Maserung. Wir bedienten uns einer weichen Sorte des Seifensteins, den man mit einem scharfen Messer leicht bearbeiten kann. Manchmal verwendeten wir auch alten Yak-Käse!

Etwas, das nie vergessen wurde, war die Wiederholung

der Gesetze. Wir mußten sie hersagen, sobald wir das Schulzimmer betraten, und bevor wir es verlassen durften, noch ein zweites Mal. Diese Gesetze lauteten:

Vergilt Gutes mit Gutem.

Kämpfe nicht gegen fromme Menschen.

Lies die Schriften und verstehe sie.

Hilf deinen Nächsten.

Das Gesetz ist hart gegen die Reichen, um sie Einsicht und Mitleid zu lehren.

Das Gesetz ist milde gegen die Armen, um ihnen Erbarmen zu zeigen.

Zahle deine Schulden pünktlich.

Damit wir sie nicht vergessen sollten, waren diese Gesetze in Holztafeln eingekerbt und an den vier Wänden unseres Schulzimmers aufgehängt.

Dennoch war unser Leben nicht nur von Lernen und Trübsinn ausgefüllt, wir spielten genau so eifrig wie wir lernten. Alle unsere Spiele hatten den Zweck, uns abzuhärten und für das Leben in dem rauhen Tibet mit seinen klimatischen Extremen zu stählen. Im Sommer mochten die Temperaturen zu Mittag fünfundachtzig Grad Fahrenheit betragen haben, doch in den Nächten desselben Sommers konnten sie bis auf vierzig Grad unter Null sinken. Im Winter war es oft noch viel kälter.

Das Bogenschießen machte uns viel Spaß, und es stärkte die Muskeln. Wir verfertigten Bogen aus Eibenholz, das aus Indien eingeführt wurde, und manchmal machten wir Armbrüste aus tibetanischem Holz. Als Buddhisten schossen wir nie auf etwas Lebendes. Versteckte Diener zogen eine Zielscheibe an einer langen Schnur auf und ab, so daß sie unerwartet da und dort auftauchte – wir wußten nie, wo sie zu erwarten war. Die meisten Jungen konnten die Zielscheibe auf dem Sattel eines galoppierenden Ponys stehend treffen. Ich konnte mich nie so lange oben halten! Weitspringen war etwas anderes. Da mußte man sich nicht mit einem Pferd plagen. Wir hielten einen gegen fünf Meter langen Stab und liefen so schnell wir konnten; wenn wir dann genügend stark im Schwung waren, sprangen wir mit Hilfe des Stabes ab. Ich pflegte zu sagen, die andern klebten so lange auf ihren Pferden, daß sie keine Kraft in den Beinen hatten, doch ich, der ich die Beine gebrauchen mußte, konnte tatsächlich springen. Sogar Flüsse konnte man auf diese Weise übersetzen, und es war sehr befriedigend für mich, zu sehen, wie die Jungen, die mir zu folgen versuchten, einer nach dem andern ins Wasser fielen.

Ein anderer unserer Zeitvertreibe war, auf Stelzen zu gehen. Wir stiegen hinauf und wurden zu Riesen, und oft fochten wir Kämpfe auf Stelzen aus – wer herunterfiel, hatte verloren. Unsere Stelzen waren zu Hause verfertigt, wir konnten nicht zum nächsten Laden gehen, um so etwas zu kaufen. Wir boten unsere ganze Überredungskunst auf, bis uns der Aufseher über die Vorräte – meist der Verwalter – ein paar geeignete Holzlatten gab. Die Fibern mußten geradelaufen und es durften keine Astlöcher darin sein. Dann brauchten wir noch entsprechende keilförmige Stücke als Fußstützen. Da das Holz zu rar war, um es zu verschwenden, mußten wir eine gute Gelegenheit abwarten und im richtigen Augenblick darum bitten.

Die Mädchen und jungen Frauen spielten eine Art Federball. An einer der oberen Kanten eines kleinen Holzstückes wurden Löcher gebohrt, in die Federn eingefügt wurden. Man hielt den Federball mit Hilfe der Füße in der Luft. Das

Mädchen hob den Rock entsprechend hoch auf, um ungehindert mit dem Fuß stoßen zu können, und gebrauchte von nun an nur noch die Füße; den Federball mit der Hand zu berühren hätte sie disqualifiziert. Ein geschicktes Mädchen konnte den Federball zehn Minuten ununterbrochen in der Luft halten, ehe sie einen Stoß verfehlte.

Das Alleranziehendste in Tibet, oder wenigstens im Bezirk Ü, dem Gebiet von Lhasa, war das Drachensteigenlassen. Man könnte es einen Nationalsport nennen. Wir durften es aber nur zu bestimmten Zeiten des Jahres betreiben. Man hatte vor Jahren entdeckt, daß es in Strömen regnete, wenn in den Bergen Drachen aufstiegen; damals hatte man gemeint, die Regengötter seien böse darüber, daher war das Drachensteigenlassen nur im Herbst, in der trockenen Jahreszeit Tibets, erlaubt. Zu gewissen Zeiten des Jahres werden die Menschen in den Bergen nie laut schreien, da sich die schweren, von Indien herkommenden Wolken, durch den Widerhall der Stimmen erschüttert, ihrer Last zu schnell entledigen und an der unrechten Stelle Regengüsse verursachen. Am ersten Herbsttag wurde nun vom Dache des Potala aus ein einsamer Drachen emporgeschickt, und innerhalb weniger Minuten tummelte sich über Lhasa eine Menge von Drachen in allen Formen, Größen und Farben, sich windend und hin und her flatternd im heftigen Wind.

Ich liebte es, Drachen steigen zu lassen, und hielt darauf, daß mein Drachen sich als einer der ersten in die Luft erhob. Wir alle machten unsere Drachen selbst, meist mit einem Bambusrahmen und fast immer mit feiner Seide bezogen. Wir erhielten dieses gute Material ohne Schwierigkeiten, denn es war ein Ehrenpunkt für den Haushalt, wenn der Drachen erstklassig war. Den kastenförmig gebauten Körper statteten wir häufig mit einem wilden Drachenkopf und mit Schwingen und Schweif aus.

Wir lieferten Schlachten, in denen wir versuchten, die Drachen unserer Rivalen herunterzuholen. Wir steckten Glasscherben in die Drachenschnur, wir überzogen sie zum Teil mit Leim und bestreuten sie mit Glassplittern in der Hoffnung, die Schnüre der andern damit durchschneiden und so den stürzenden Drachen erbeuten zu können.

Manchmal stahlen wir uns des Nachts ins Freie und ließen unsere Drachen mit einer kleinen Butter-Lampe im Innern des Kopfes oder des Körpers aufsteigen. Vielleicht würden die Augen rot glühen und der Körper in verschiedenen Farben leuchtend am dunklen Nachthimmel sichtbar sein. Besonders gerne taten wir das, wenn die riesigen Yak-Karawanen aus dem Lho-dzong-Bezirk erwartet wurden. In kindlicher Unschuld meinten wir, die unerfahrenen Bewohner weit entfernter Orte wüßten nichts von so »modernen« Erfindungen wie unseren Drachen, und zogen aus, um sie durch Schrecken ein wenig zu belehren.

Wir hatten einen Kunstgriff erfunden, drei verschiedene Muscheln auf bestimmte Art in die Drachenkörper zu legen, so daß sie, wenn der Wind durchblies, einen geheimnisvoll klagenden Ton hervorbrachten. Wir verglichen ihn mit dem Schrei feuerspeiender Drachen in der Nacht und hofften, er würde den Handelsleuten einen heilsamen Schrecken einjagen. Manch ein köstliches Prickeln lief uns das Rückgrat hinab, wenn wir an diese Männer dachten, die sich erschrokken in ihre Decken hüllen würden, wenn sich unsere Drachen über ihnen bewegten.

Mein Spiel mit den Drachen sollte mir, obwohl ich das zu jener Zeit noch nicht wußte, im späteren Leben sehr zugute kommen, als ich wirklich in ihnen flog. Jetzt war es nur ein Zeitvertreib, wenn auch ein aufregender. Wir hatten ein besonderes Spiel, das recht gefährlich hätte werden können: wir verfertigten riesige Drachen – ungefähr zwei bis zweieinhalb Meter im Geviert mit nach zwei Seiten hin ausladenden Flügeln. Wir legten sie auf eine ebene Stelle neben einer Schlucht, wo ein besonders starker Aufwind heraufkam. Dann bestiegen wir unsere Ponys, schlangen das eine Ende des Strickes um unsern Leib und galoppierten los, so schnell unsere Ponys laufen konnten. Der Drachen erhob sich in die Luft und stieg immer höher empor, bis er diesen besonderen Aufwind erreichte. Da gab es einen Ruck, und der Reiter wurde plötzlich von seinem Pony emporgehoben, vielleicht drei Meter hoch in die Luft, und sank dann langsam, schwingend, zur Erde nieder. Manche armen Wichte wurden beinahe entzweigerissen, wenn sie vergaßen, die Füße aus den Steigbügeln zu ziehen, doch ich, der ich nie sehr gut ritt, konnte immer vom Pferd loskommen, und emporgehoben zu werden war ein Vergnügen. Ich war irrsinnig abenteuerlustig, ich entdeckte, daß ich höher kam, wenn ich im Augenblick des Aufsteigens fest an dem Strick zog, und durch weiteres geschicktes Ziehen konnte ich meine Flüge um Sekunden verlängern.

Einmal zog ich besonders fest, der Wind tat das seine dazu und trug mich auf das flache Dach eines Bauernhauses, auf dem das Brennmaterial für den Winter aufgehäuft war.

Tibetanische Bauernhäuser haben flache Dächer mit einer kleinen Vormauer, die den getrockneten, als Brennmaterial verwendeten Yak-Dünger vor dem Abstürzen schützt. Dieses Haus aber war nicht, wie es gebräuchlicher ist, aus Steinen gebaut, sondern aus getrockneten Lehmziegeln, und außerdem hatte es auch keinen Kamin: eine Öffnung im Dach diente dazu, den Rauch des Feuers unten abziehen zu lassen. Meine plötzliche Landung am Ende eines Strickes brachte das Brennmaterial in Unordnung, und als ich über das Dach geschleift wurde, fegte ich den größten Teil davon durch das Loch auf die unglücklichen Bewohner hinunter.

Ich machte mich nicht beliebt. Mein Erscheinen, dazu noch durch das Loch, wurde mit Zornesausbrüchen begrüßt, und nachdem ich von dem wütenden Hausvater die erste Tracht Prügel bekommen hatte, wurde ich zu einer weiteren Dosis der Besserungsmedizin vor meinen Vater geschleppt. In jener Nacht lag ich auf dem Gesicht!

Am nächsten Tag hatte ich die unangenehme Aufgabe, durch die Ställe zu gehen, um Yak-Dünger zu sammeln, den ich zu dem Bauernhaus tragen und wieder auf dem Dach aufschlichten mußte, eine schwere Arbeit, denn ich war noch nicht sechs Jahre alt. Doch alle außer mir waren befriedigt; die anderen Jungen hatten etwas zu lachen, der Bauer hatte das Doppelte an Brennmaterial, und mein Vater hatte bewiesen, daß er ein genauer, gerechter Mann war. Und ich? Ich verbrachte auch die nächste Nacht auf dem Gesicht, und ich war nicht wund vom Reiten!

Man könnte meinen, das sei eine sehr rauhe Erziehungsweise, doch in Tibet ist kein Platz für Schwächlinge. Lhasa liegt dreitausendsechshundert Meter über dem Meeresspiegel, und seine Temperatur schwankt zwischen Extremen. Andere Bezirke liegen noch höher, ihre Lebensbedingungen sind noch schwerer, und Schwächlinge könnten andere sehr leicht gefährden. Aus diesem Grunde und nicht aus einer grausamen Absicht heraus war das Training so hart.

In noch größerer Höhe tauchen die Leute neugeborene Kinder in eisige Flüsse, um zu prüfen, ob sie stark genug sind, um weiterleben zu dürfen. Sehr oft sah ich in Höhen von mehr als fünftausend Metern über dem Meeresspiegel kleine Prozessionen sich solch einem Flusse nähern. An seinem Ufer macht die Prozession halt, und die Großmutter übernimmt das Kind. Um sie herum gruppiert sich die Familie, Vater, Mutter und die nächsten Verwandten. Das Kind wird entkleidet, die Großmutter beugt sich vor und taucht den kleinen Körper ins Wasser, so daß nur Kopf und Mund der Luft ausgesetzt bleiben. In der schneidenden Kälte wird das Kind zuerst rot, dann blau, und seine Schreie des Protestes hören auf. Es sieht aus wie tot, doch die Großmutter hat viel Erfahrung in solchen Dingen, das Kleine wird aus dem Wasser gehoben, getrocknet und eingewickelt. Wenn das Kind am Leben bleibt, dann ist es der Ratschluß Gottes. Wenn es stirbt, ist ihm viel Leiden auf der Erde erspart worden. Das ist gewiß die humanste Methode in einem so eiskalten Land. Weit besser, wenn einige Kinder sterben, als wenn sie in einem Land, in dem es nur wenig ärztliche Hilfe gibt, zu unheilbaren Kranken werden.

Nach dem Tode meines Bruders mußte ich noch eifriger lernen, denn sobald ich sieben Jahre alt war, sollte meine Schulung für die Laufbahn beginnen, die die Astrologen rieten. In Tibet hängt jeder Entschluß von der Astrologie ab, vom Kauf eines Yaks angefangen bis zur Entscheidung über die Berufswahl. Nun kam der Zeitpunkt heran; kurz vor meinem siebenten Geburtstag wollte meine Mutter ein wirklich großes Fest veranstalten, zu dem Vornehme und Hochgestellte eingeladen werden sollten, um die Voraussagung der Astrologen mitanzuhören.

Meine Mutter war korpulent, sie hatte ein rundes Gesicht und schwarzes Haar. In Tibet tragen die Frauen eine Art Holzrahmen auf dem Kopf, über den das Haar so wirkungsvoll wie möglich drapiert wird. Die Rahmen sind sehr kunstvoll gearbeitet, häufig sind sie aus rotlackiertem Holz, mit Jade und Korallen eingelegt und mit Halbedelsteinen besetzt. Wenn das Haar gut geölt ist, wirken sie prächtig.

Die Frauen tragen in Tibet sehr bunte Gewänder mit viel Rot und Grün und Gelb. Meistens haben sie eine einfarbige Schürze mit einem Querstreifen in einer lebhaft abstechenden, doch harmonierenden Farbe. Das linke Ohr trägt einen Ohrring, dessen Größe vom Range der Trägerin abhängig ist. Meine Mutter hatte ein über fünfzehn Zentimeter langes Ohrgehänge.

Nach unserer Meinung sollten Frauen durchaus die gleichen Rechte haben wie die Männer, doch in der Führung des Haushalts tat meine Mutter noch mehr, sie war die unumschränkte Herrscherin, eine Autokratin, die wußte, was sie wollte und es immer erreichte.

In der Geschäftigkeit und Unruhe der Vorbereitungen im Hause und in den Gärten war sie tatsächlich in ihrem Element. Da mußten Anordnungen getroffen, Befehle gegeben und neue Pläne ausgedacht werden, um die Nachbarn an Glanz zu übertreffen. Darin war sie großartig; da sie mit meinem Vater weite Reisen nach Indien, nach Peking und Shanghai gemacht hatte, stand ihr eine Fülle ausländischer Ideen zur Verfügung.

Sobald der Termin für das Fest bestimmt war, begannen die schriftkundigen Mönche, die Einladungen sorgfältig auf dem dicken, handgemachten Papier zu schreiben, das für sehr wichtige Mitteilungen immer verwendet wurde. Jede Einladung war ungefähr dreißig Zentimeter breit und über einen halben Meter lang: jede Einladung trug das Familiensiegel meines Vaters, und da meine Mutter ebenfalls aus einer der oberen zehn Familien stammte, mußte auch ihr Siegel darauf sein. Außerdem hatten Vater und Mutter ein gemeinsames Siegel, das machte zusammen drei. Dadurch wurden die Einladungen zu imposanten Dokumenten. Der Gedanke, daß dies alles nur um meinetwillen getan wurde, ängstigte mich ungeheuer. Ich wußte nicht, daß ich dabei nur von untergeordneter Bedeutung war und das gesellschaftliche Ereignis im Vordergrund stand. Wenn man mir erklärt hätte, die Pracht des Festes sollte das Ansehen meiner Eltern noch vergrößern, hätte mir das ganz und gar nichts gesagt, so hielt meine Angst an.

Wir hatten besondere Boten für die Zustellung dieser Einladungen aufgenommen; jeder Mann saß auf einem Vollblutpferd. Jeder trug einen gespaltenen Stab, in dem die Einladung steckte. Den Stab krönte eine Reproduktion des Familienwappenschildes. Die Stäbe waren fröhlich geschmückt mit gedruckten Gebeten, die im Winde flatterten. Es war ein wüstes Gedränge im Hof, als sich alle die Boten anschickten, zu gleicher Zeit aufzubrechen. Die Aufseher waren heiser vom Schreien, Pferde wieherten, und die riesigen schwarzen Bulldoggen bellten wie irrsinnig. Nach einem letzten Schluck tibetanischen Biers stellten die Boten ihre Krüge klirrend nieder, die schweren Tore öffneten sich rasselnd, und die Rotte der Männer galoppierte mit wildem Geschrei hinaus.

In Tibet überbringen die Boten eine schriftliche Mitteilung und fügen ihr eine mündliche Version bei, die oft ganz anders lauten kann. In alten Zeiten pflegten die Banditen den Boten aufzulauern, sie machten sich die geschriebenen

Mitteilungen zunutze, um vielleicht ein unbehütetes Haus zu überfallen oder eine Prozession anzugreifen. So bildete sich die Gewohnheit heraus, eine irreführende Botschaft niederzuschreiben, die die Banditen oft an Orte lockte, wo man ihrer habhaft werden konnte. Und diese alte Sitte der schriftlichen und mündlichen Mitteilungen ist ein Überrest aus der Vergangenheit. Selbst heute noch können die beiden Botschaften voneinander abweichen, doch immer wurde die mündliche Version als die richtige angesehen.

Im Hause war überall Lärm und Unruhe. Die Wände wurden gereinigt und neu gemalt, die Böden wurden geputzt und ihre Holzbretter poliert, bis es ordentlich gefährlich war, darüberzugehen. Die geschnitzten Holzaltäre in den größten Zimmern wurden glänzendgerieben und frisch lackiert, und viele neue Butter-Lampen wurden aufgestellt. Manche dieser Lampen waren aus Gold und manche aus Silber, doch sie waren alle so gut poliert, daß es schwer war, die silbernen von den goldenen zu unterscheiden. Meine Mutter und der oberste Verwalter eilten die ganze Zeit hin und her, tadelten hier und gaben dort einen Auftrag und machten den Dienern das Leben sauer. Wir hatten zu jener Zeit über fünfzig Dienstleute und nahmen für den bevorstehenden Anlaß noch andere dazu auf. Sie wurden stark beschäftigt, doch alle arbeiteten voller Eifer. Selbst der Hof wurde gescheuert, bis die Steine glänzten wie neu aus dem Steinbruch gekommen. Die Zwischenräume wurden mit farbigem Material ausgefüllt, um ihr festliches Aussehen noch zu erhöhen. Als alles fertig war, wurden die unglücklichen Diener vor meine Mutter beordert und bekamen den Befehl, nur die reinsten der reinen Gewänder anzulegen.

In den Küchen herrschte große Geschäftigkeit; die Speisen

wurden in riesigen Mengen zubereitet. Tibet ist ein natürlicher Kühlschrank, Eßwaren können dort zubereitet und dann beinahe unbegrenzt lange aufgehoben werden. Das Klima ist sehr, sehr kalt und dabei trocken. Doch selbst wenn es wärmer wird, halten sich vorrätige Speisen wegen der Trockenheit. Fleisch hält sich ungefähr ein Jahr, während sich Getreidekörner jahrhundertelang halten.

Buddhisten töten nicht, daher darf nur das Fleisch von Tieren gegessen werden, die von den Felsen hinabstürzen oder durch Zufall getötet werden. Unsere Speisekammern waren wohlversorgt mit solchem Fleisch. Es gibt Metzger in Tibet, doch sie gehören einer »unberührbaren« Kaste an, und die streng orthodoxen Familien haben keinerlei Umgang mit ihnen.

Meine Mutter hatte beschlossen, die Gäste mit seltenen, teuren Speisen zu bewirten. Sie wollte ihnen eingelegte Rhododendronblüten vorsetzen. Wochen vorher waren Diener aus dem Hof in die Vorberge des Himalaja hinausgeritten, wo man die auserlesensten Blüten fand. In unserer Gegend werden die Rhododendronbäume sehr hoch, und es gibt erstaunlich viele Spielarten der Farbe und des Duftes ihrer Blüten. Die noch nicht voll erblühten Knospen werden gepflückt und sehr sorgfältig gewaschen. Sorgfältig, weil man sie, wenn sie gequetscht werden, nicht konservieren kann. Dann wird jede Blüte in einem großen Glasgefäß in eine Mischung von Honig und Wasser gelegt, wobei man sehr darauf achten muß, daß keine Luft eindringt. Die Gefäße werden verschlossen und ans Sonnenlicht gestellt und dann wochenlang täglich in regelmäßigen Intervallen gedreht, so daß alle Teile der Blüte dem Licht hinlänglich ausgesetzt werden. Die Blüte wächst sich langsam aus und sättigt sich mit Nektar aus dem Honigwasser. Manche Leute setzen die Blüten vor dem Essen gerne einige Tage lang der Luft aus, so daß sie trocken und ein wenig gekräuselt werden, ohne aber ihren Wohlgeruch oder ihre Form zu verlieren. Man streut dann ein wenig Zucker auf die Blütenblätter, um Schnee vorzutäuschen. Vater brummte über die Kosten dieser Konserven: »Wir hätten zehn Yaks samt Kälbern für die Summe kaufen können, die du für diese hübschen Blumen ausgegeben hast«, sagte er. Die Antwort meiner Mutter war typisch weiblich: »Sei kein Narr! Wir müssen Staat machen, außerdem ist dies mein Gebiet im Haushalt.«

Ein anderer Leckerbissen waren Haifischflossen. Sie wurden aus China gebracht, in Scheiben geschnitten und zu einer Suppe verkocht. Jemand sagte: »Haifischflossensuppe ist der größte kulinarische Genuß der Welt.« Ich fand aber das Zeug entsetzlich; es war eine Qual, es hinunterzuwürgen, um so mehr, als es der ursprüngliche Haifischbesitzer zu der Zeit, als es Tibet erreichte, nicht mehr erkannt hätte. Um es milde auszudrücken, sie waren ein wenig »hinüber«. Manchen schien das den Wohlgeschmack zu erhöhen.

Mein Lieblingsgericht waren saftige junge, ebenfalls aus China eingeführte Bambusschößlinge. Man konnte sie auf verschiedene Arten zubereiten, doch ich aß sie am liebsten roh mit einer ganz kleinen Prise Salz. Vor allem liebte ich die eben herausgekommenen gelblich-grünen Spitzen. Ich fürchte, viele Schößlinge verloren ihre Spitzen auf eine Art, die der Koch nur ahnen und nicht beweisen konnte! Schade, denn auch der Koch liebte sie in dieser Form.

Das Kochen besorgen in Tibet Männer; Frauen eignen sich nicht zum Tsamparühren oder zur Herstellung der richtigen Mischungen. Frauen nehmen eine Handvoll von diesem, werfen ein Stück von jenem hinein und würzen das Ganze mit der Hoffnung auf gutes Gelingen. Männer sind gründlich, sie geben sich mehr Mühe und sind daher bessere Köche. Frauen eignen sich zum Abstauben, zum Reden und, natürlich, zu einigen anderen Dingen. Jedenfalls aber nicht zur Bereitung von Tsampa.

Tsampa ist die Hauptnahrung der Tibetaner. Manche Menschen leben dort von ihrer ersten bis zur letzten Mahlzeit von Tsampa und Tee. Tsampa wird aus Gerste hergestellt, die schön knusperig goldbraun geröstet wird. Dann werden die Gerstenkörner zerrieben, so daß das Mehl herauskommt, das nochmals geröstet wird. Dieses Mehl wird dann in ein Gefäß geschüttet und heißer, gebutterter Tee dazugegossen. Die Mischung wird so lange gerührt, bis sie die Konsistenz eines Teiges bekommt. Man gibt Salz, Borax und Yakbutter dazu, um ihr einen Geschmack zu geben. Das Ergebnis – Tsampa – kann in Platten ausgerollt, in Fladen geformt oder sogar zu hübschen Formen geknetet werden. Tsampa allein ist eine monotone, aber tatsächlich eine sehr kräftige, konzentrierte Nahrung, mit der man sein Leben in jeder Höhe und unter allen Bedingungen fristen kann.

Während einige Diener Tsampa rührten, bereiteten andere Butter. Unsere Buttererzeugungsmethoden könnten nicht als hygienisch empfohlen werden. Die Butterfässer waren große Ziegenfellsäcke mit den Haaren nach innen. Sie wurden mit Yak- oder Ziegenmilch gefüllt, dann wurde der Hals zusammengedreht, umgeschlagen und zusammengebunden, so daß er nicht auslaufen konnte. Das ganze Ding wurde dann auf und ab bewegt, bis sich Butter bildete. Wir hatten eine eigene Buttertenne, die ungefähr fünfundvierzig Zentimeter hohe Steinvorsprünge hatte. Man hob die mit Milch gefüllten Säcke und ließ sie auf diese Vorsprünge niederfallen, was das »Buttern« der Milch bewirkte. Es war eintönig, zu sehen und zu hören, wie gegen zehn Diener Stunde um Stunde die Säcke hoben und fallen ließen. Beim Heben des Sackes hörte man ein eingezogenes »uh, uh«, und beim Senken ein plätscherndes »zunk«. Manchmal platzte ein alter oder ein unachtsam gehandhabter Sack. Ich erinnere mich an einen Zwischenfall mit einem sehr starken Burschen, der seine Kraft zur Schau stellen wollte. Er arbeitete doppelt so schnell als alle andern, und an seinem Hals schwollen die Adern von der Anstrengung. Jemand sagte: »Du wirst alt, Timon, du arbeitest langsamer.« Timon grunzte vor Wut und ergriff den Hals des Sackes mit seinen mächtigen Händen; er hob ihn auf und ließ den Sack hinabfallen. Aber er hatte zu fest zugepackt. Der Sack fiel zu Boden, doch Timon hielt die Hände – und den Hals – noch immer in der Luft. Gerade auf den Steinvorsprung fiel der Sack, und eine Säule von halbfertiger Butter schoß daraus hervor, mitten ins Gesicht des verdutzten Timon, in seinen Mund, in die Augen, die Ohren und das Haar. Sie rann seinen Körper hinab und hüllte ihn in fünfzig bis sechzig Liter goldenen Breis.

Durch den Lärm angelockt stürzte meine Mutter herbei. Dieses einzige Mal sah ich sie sprachlos. Vielleicht war es Ärger über den Verlust der Butter, oder sie dachte, der arme Bursche werde ersticken, doch sie packte das zerrissene Ziegenfell und schlug dem armen Timon damit über den Kopf. Er verlor den Halt auf dem schlüpfrigen Boden und fiel in die auseinanderfließende Buttersoße.

Ungeschickte Arbeiter wie Timon konnten die Butter verderben. Wenn sie beim Hinabstoßen der Säcke auf die Steinvorsprünge unachtsam waren, konnten sich die Haare an der Innenseite der Säcke ablösen und sich mit der Butter vermischen. Ein oder zwei Dutzend Haare aus der Butter herauszuklauben störte niemand, doch bei ganzen Büscheln runzelte man die Stirn. Solche Butter wurde beiseitegelegt zum Speisen der Lampen oder zum Verteilen an Bettler, die sie heiß machten und durch einen Lappen seihten. Auch die bei der Zubereitung »mißglückten« Speisen wurden für die Bettler beiseitegelegt. Wenn eine Familie ihren Nachbarn zeigen wollte, wie gut es ihr ging, wurden besonders gute Speisen hergestellt und den Bettlern als »mißglückt« vorgesetzt. Diese glücklichen, wohlverpflegten Biedermänner machten darauf die Runde bei den andern Häusern und erzählten, wie gut sie gegessen hätten. Die Nachbarn antworteten damit, daß auch sie die Bettler sehr gut bewirteten. Es gibt vieles zu erzählen über das Leben der Bettler in Tibet. Sie leiden nie Mangel; wenn sie die »Kniffe ihres Gewerbes« anwenden, leben sie außerordentlich gut. Betteln ist in den meisten östlichen Ländern keine Schande. Viele Mönche betteln sich auf ihrem Weg von Lamaserie zu Lamaserie durch. Es ist ein anerkannter Brauch und wird nicht anders betrachtet als, sagen wir, in anderen Ländern mildtätige Gaben für Wohltätigkeitseinrichtungen zu sammeln. Einen Mönch auf seiner Wanderung zu speisen, gilt als ein gutes Werk. Auch die Bettler haben ihre Gesetze. Wenn zum Beispiel jemand einem Bettler etwas gibt, wird dieser Bettler eine Weile wegbleiben und den Spender eine bestimmte Zeitlang nicht wieder aufsuchen.

Auch unsere zwei Hauspriester trugen ihr Teil zu den Vorbereitungen für das kommende Ereignis bei. Sie gingen zu jedem Tierleichnam in unseren Vorratskammern und sagten Gebete für die Seelen der Tiere her, die diese Körper bewohnt hatten. Nach unserm Glauben sind die Menschen einem Tier gegenüber, das – selbst durch Zufall – getötet und gegessen wurde, mit einer Schuld belastet. Solch eine Schuld wurde durch das Gebet eines Priesters über dem Tierkörper getilgt, man hoffte, dem Tier dadurch eine höhere Reinkarnation im nächsten Leben auf der Erde zu sichern. In Lamaserien und Tempeln verwandten manche Mönche ihre ganze Zeit auf Gebete für Tiere. Unseren Priestern oblag es auch, vor einer langen Reise Gebete über den Pferden zu sprechen, Gebete, um sie vor zu großer Ermüdung zu behüten. Übrigens wurden unsere Pferde nie zwei Tage nacheinander beansprucht. Wenn ein Pferd an einem Tag geritten wurde, mußte es am nächsten Tag ruhen. Dieselbe Regel galt für die Arbeitstiere. Und das wußten sie alle. Wenn man zufällig ein Pferd zum Reiten auswählte, das am vorhergehenden Tag geritten worden war, stand es einfach still und rührte sich nicht. Wenn ihm der Sattel abgenommen wurde, wandte es sich kopfschüttelnd ab, als wollte es sagen: »Nun, es freut mich, daß *diese* Ungerechtigkeit zurückgenommen wird.« Esel waren schlimmer. Sie warteten, bis sie beladen waren, dann legten sie sich nieder und versuchten, sich auf die Last zu wälzen.

Wir hatten drei Katzen, die dauernd beschäftigt waren. Eine lebte in den Ställen und übte dort ein sehr strenges Regiment über die Mäuse aus. Die Mäuse mußten recht vorsichtig sein, um Mäuse zu bleiben und nicht zu Katzenfutter zu werden. Des weitern wohnte ein Kater in der Küche. Er war ältlich und ein bißchen einfältig. Seine Mutter war von den Kanonen der Younghusband-Expedition im Jahre

1904 erschreckt worden, und er war zu früh geboren und der einzige Lebende von dem Wurf gewesen. Infolgedessen wurde er »Younghusband« genannt. Die dritte Katze war eine sehr würdige ältere Dame, die bei uns wohnte. Sie war ein Muster mütterlicher Pflichterfüllung und tat ihr Äußerstes, um das Geschlecht der Katzen nicht aussterben zu lassen. Wenn sie nicht ihre Jungen zu warten hatte, pflegte sie meiner Mutter von einem Raum in den andern zu folgen. Sie war klein und schwarz, und trotz ihres gesunden Appetits sah sie aus wie ein wandelndes Skelett. Tiere werden in Tibet nicht verzärtelt, sie sind auch keine Sklaven, sie sind Lebewesen, die einem nützlichen Zweck dienen, Lebewesen mit Rechten, so wie menschliche Wesen Rechte haben. Nach der buddhistischen Lehre haben alle Tiere, alle Geschöpfe Seelen und werden auf nach und nach immer höheren Stufen auf der Erde wiedergeboren.

Bald trafen die Antworten auf unsere Einladungen ein. Männer kamen im Galopp zu unsern Toren geritten und schwenkten die gespaltenen Botenstäbe. Jedesmal stieg der Verwalter aus seinem Gelaß herab, um den Boten der Vornehmen würdig zu empfangen. Der Mann riß hastig seinen Brief aus dem Stab und keuchte die mündliche Botschaft hervor. Dann sank er in die Knie und stürzte mit großer darstellerischer Kunst zu Boden, damit deutete er an, daß er alle seine Kräfte aufgeboten habe, um dem Hause Rampa seine Botschaft zu überbringen. Auch unsere Diener spielten ihre Rolle, indem sie ihn umringten und immer wieder Rufe ausstießen wie: »Armer Bursche, er hat sich so sehr beeilt. Sicher ist sein Herz gebrochen vom schnellen Reiten. Armer, prächtiger Bursche!« Ich brachte mich einmal in äußerste Ungnade durch den Ausruf: »O nein, das hat er nicht. Ich sah ihn dort unten rasten, darum konnte er das letzte Stück so schnell reiten.« Es ist besser, den Vorhang des Schweigens vor dem schmerzhaften Nachspiel fallen zu lassen, das folgte.

Endlich kam der Tag. Der gefürchtete Tag, an dem die Entscheidung über meine Laufbahn fallen sollte, ohne daß ich selbst wählen durfte. Die ersten Strahlen der Sonne erhellten die fernen Berge, als ein Diener ins Zimmer stürzte. »Wie? Noch nicht auf, Dienstag Lobsang Rampa? Du meine Güte, du *bist* ein Siebenschläfer! Es ist vier Uhr und heute ist viel zu tun. *Aufstehen!*« Ich warf meine Decke zur Seite und sprang auf die Füße. Mir sollte dieser Tag den Weg meines Lebens weisen.

In Tibet werden einem Kind zwei Namen gegeben, der erste ist der des Wochentages, an dem es geboren wurde. Ich war an einem Dienstag geboren, so war mein erster Name Dienstag. Dann Lobsang, das war der Name, den mir meine Eltern gegeben hatten. Doch wenn ein Knabe in eine Lamaserie eintrat, bekam er noch einen andern Namen, seinen »Mönchs-Namen«. Würde mir noch ein anderer Name gegeben werden? Erst die nächsten Stunden würden es lehren. Ich war damals sieben Jahre alt, ich wollte ein Bootsmann werden, der auf dem Flusse Tsang-Po hin und her kreuzte und schaukelte, vierzig Meilen weit weg. Doch halt; *wollte* ich das? Bootsleute gehören einer niederen Kaste an, weil sie in Booten aus Yak-Häuten fahren, die über Holzgestelle gespannt sind. Bootsmann? Niedere Kaste? *Nein!* Ich wollte ein Drachenflieger von Beruf werden. Das war besser, so frei zu sein wie die Luft, viel besser als in einem entwürdigenden kleinen Boot aus Häuten auf einem angeschwollenen Fluß dahinzutreiben. Ein Drachenflieger, das war es, das wollte ich werden, und wunderschöne Drachen mit riesigen Köpfen und leuchtenden Augen machen. Doch heute würden die Priester-Astrologen ihren Spruch tun. Vielleicht hatte ich mir etwas zu lange Zeit gelassen, jetzt konnte ich nicht mehr durch das Fenster steigen und entkommen. Mein Vater würde sogleich Männer aussenden, um mich zurückzuholen. Nein, schließlich und endlich war ich ein Rampa und hatte den Weg der Tradition zu gehen. Vielleicht würden die Astrologen sagen, ich solle ein Drachenflieger werden. Ich konnte nur abwarten.

DAS ENDE MEINER KINDHEIT

»Oh! Yulgye, du reißt mir ja den Kopf ab! Wenn du nicht aufhörst, werde ich bald so kahl sein wie ein Mönch.«

»Sei still, Dienstag Lobsang! Dein Zopf muß straff sein und gut gebuttert, sonst gerbt mir deine edle Frau Mutter das Fell.«

»Aber Yulgye, du mußt doch nicht so grob sein, du renkst mir den Kopf aus.«

»Ach, ich kann nicht so viel Zeit vertrödeln damit, ich muß mich beeilen.«

Ich saß auf dem Fußboden und ein rauher Diener wand mich an meinem Zopf in die Höhe. Endlich war der unglückselige Zopf so steif wie ein gefrorener Yak und glänzte wie Mondschein auf einem See.

Meine Mutter hatte alle Hände voll zu tun, so schnell lief sie hin und her, daß es mir beinahe war, als hätte ich mehrere Mütter. Die Schlußvorbereitungen mußten getroffen werden, im letzten Augenblick erteilte sie noch Aufträge und führte viele aufgeregte Gespräche. Yaso, die nur um zwei Jahre älter war als ich, war so geschäftig wie eine vierzigjährige Frau. Unser Vater hatte sich in sein Zimmer eingeschlossen und entging so der Unruhe. Am liebsten wäre ich bei ihm gewesen.

Meine Mutter wünschte, daß wir den Jo-kang, den Tempel von Lhasa, besuchten. Offenbar sollte das die späteren

Ereignisse des Tages in eine religiöse Atmosphäre hüllen. Ungefähr um zehn Uhr früh (tibetanische Zeiteinteilungen sind sehr dehnbar) erklang ein dreistimmiger Gong, um uns zu unserem Sammelplatz zu rufen. Wir stiegen alle auf die Ponys, Vater, Mutter, Yaso und ungefähr fünf andere, unter ihnen, äußerst widerstrebend, auch ich. Wir schlugen den Weg über die Lingkhor-Straße ein und verließen sie am Fuße des Potala. Das ist ein Berg von Gebäuden, über hundertzwanzig Meter hoch und mehr als dreihundertfünfzig Meter lang. Wir ritten an der Ortschaft Shö vorbei, längs der Kyi-Chu-Ebene hin, bis wir nach einer halben Stunde vor dem Jo-kang anhielten. Rings um ihn drängten sich kleine Häuser, Kaufläden und Marktbuden, um die Pilger anzulocken. Seit dreizehnhundert Jahren stand der Tempel hier und nahm die Andächtigen auf. In seinem Innern waren die Steinböden mehrere Zentimeter tief ausgetreten von den Füßen der vielen frommen Besucher. Die Pilger gingen ehrerbietig rings um den ganzen Raum, jeder drehte im Vorübergehen die Hunderte von Gebetsmühlen und wiederholte unaufhörlich das Mantra: Om! Mani padme Hum!

Riesige Holzbalken, schwarz vor Alter, stützten das Dach, und der starke Geruch des ständig brennenden Weihrauchs stieg auf wie leichte Sommerwolken am Kamm eines Gebirges. Überall an den Wänden standen goldene Bildsäulen der Gottheiten unseres Glaubens. Starke Metallschirme mit grobmaschigen Netzen, die die Sicht nicht hinderten, schützten die Standbilder vor Menschen, deren Begierde größer war als ihre Ehrfurcht. Die meisten der bekannteren Statuen waren zum Teil verdeckt von den Edelsteinen und Geschmeiden, die hilfesuchende fromme Pilger um sie aufgehäuft hatten. Leuchter aus gediegenem Gold trugen Kerzen, die beständig brannten und deren Licht während der vergangenen dreizehnhundert Jahre nicht erloschen war. Aus dunklen Nischen ertönten die Klänge der Glocken, der Gongs und das laute Dröhnen der Schneckenmuscheln. Wir machten unseren Rundgang, wie es die Tradition erforderte.

Nach Beendung unserer Gebete stiegen wir zu dem flachen Dach hinauf. Nur wenige Bevorzugte durften es besuchen; mein Vater, als einer der Kuratoren, ging immer hinauf.

Die Form unserer Regierungen (ja, Mehrzahl) dürfte die Leser interessieren.

An der Spitze des Staates und der Kirche stand als oberste Instanz der Dalai Lama. Jeder im Lande konnte sein Ansuchen an ihn richten. Wenn das Ansuchen oder die Bitte begründet, oder wenn eine Ungerechtigkeit vorgekommen war, sorgte der Dalai Lama dafür, daß die Bitte gewährt oder die Ungerechtigkeit ausgeglichen wurde. Man kann tatsächlich sagen, daß jeder im Lande, vermutlich ohne Ausnahme, ihn liebte oder verehrte. Er war ein Autokrat; er gebrauchte seine Macht und Herrschaft, doch er gebrauchte sie *nie* zu seinem eigenen Vorteil, sondern immer nur zum Wohle des Landes. Er wußte von der künftigen Kommunisteninvasion, obwohl sie damals noch in ferner Zukunft lag, und von der zeitweiligen Einschränkung der Freiheit; deshalb ließ er einige wenige von uns besonders ausbilden, damit das Wissen der Priester nicht in Vergessenheit geriete.

Unter dem Dalai Lama standen zwei Räte, deshalb schrieb ich »Regierungen«. Der eine war der Kirchenrat. Seine vier Mitglieder waren Mönche vom Grade der Lamas. Sie waren unter dem »Allinnersten« verantwortlich für die Angelegenheiten der Lamaserien und Nonnenklöster. Alle kirchlichen Dinge unterstanden ihnen.

Danach kam der Rat der Minister. Dieser Rat hatte vier Mitglieder, drei Laien und einen Geistlichen. Sie befaßten sich mit den Angelegenheiten des ganzen Landes und waren verantwortlich für die gemeinsamen Angelegenheiten von Kirche und Staat.

Zwei Beamte, die man Premierminister nennen könnte, denn das ungefähr waren sie, stellten die »Verbindung« zwischen den beiden Räten her und trugen dem Dalai Lama ihre Meinungen vor. Sie waren sehr wichtig während der seltenen Zusammenkünfte der Nationalversammlung. Dies war eine Körperschaft von einigen fünfzig Männern, die die bedeutendsten Familien und Lamaserien in Lhasa vertraten. Sie kamen nur bei den ernstesten Ereignissen zusammen, wie im Jahre 1904, als der »Allinnerste« anläßlich der britischen Besetzung von Lhasa in die Mongolei ging. Diesbezüglich haben viele Leute im Westen die sonderbare Vorstellung, er sei feige »davongelaufen«. Kriege um Tibet könnte man einer Schachpartie vergleichen. Wer den König gefangen hat, hat das Spiel gewonnen. Der Dalai Lama war unser »König«. Ohne ihn wäre nichts dagewesen, für das wir hätten kämpfen können: er *mußte* sich in Sicherheit bringen, um das Land zusammenzuhalten. Jene, die ihn in irgendeiner Weise der Feigheit zeihen, wissen einfach nicht, worüber sie reden.

Die Nationalversammlung konnte auf beinahe vierhundert Mitglieder anwachsen, wenn alle die führenden Männer aus den Provinzen hereinkamen. Es gibt fünf Provinzen: die Hauptstadt, wie Lhasa oft genannt wurde, lag in der Provinz Ü-Tsang. Shigatse liegt im selben Bezirk. Gartok ist die westliche, Chang die nördliche Provinz Tibets, während die Provinzen Kham und Lho-dzong im Osten, beziehungsweise im Süden liegen. Im Laufe der Jahre wuchs die Macht des Dalai Lama, er stützte sich immer weniger auf die Hilfe der Räte oder der Versammlung. Und nie war das Land besser regiert.

Vom Dach des Tempels hatte man eine herrliche Aussicht. Im Osten dehnte sich die Ebene von Lhasa aus, grün, üppig und übersät mit Bäumen. Zwischen den Bäumen glitzerte Wasser, die Bäche von Lhasa plätscherten dahin, um sich mit dem sechzig Kilometer entfernten Tsang-Po zu vereinigen. Im Norden und Süden stiegen die mächtigen Bergketten empor, die unser Tal umgaben und ihm den Eindruck der Abgeschlossenheit von der übrigen Welt verliehen. An ihrem Fuße lagen zahllose Lamaserien. Höher oben drängten sich die kleinen Einsiedeleien schwindelerregend an die steilen Hänge. Vom Westen blickten die Zwillingsberge Potala und Chakpori herüber, dieser letztere war als der Tempel der Medizin bekannt. Zwischen ihnen glänzte das Westliche Tor im kalten Morgenlicht. Der Himmel war von tiefem Purpurrot, das neben dem reinen Weiß des Schnees auf den fernen Gebirgen noch tiefer wirkte. Hoch oben trieben leichte, langgestreckte Wolken. Viel näher, in der Stadt selbst, sahen wir unter uns die Ratshalle, die sich an die Nordwand des Tempels schmiegte. Gleich daneben lag die Schatzkammer, und ringsherum standen die Buden der Händler, neben denen der Markt lag, auf dem man beinahe alles kaufen konnte. Und ganz nahe, ein wenig östlich, verdeckte ein Nonnenkloster das Gelände der Leichenbetreuer.

In der Umgebung des Tempels hörte das Gemurmel der Pilger nie auf, die von weither gereist kamen, um ihn, eine der heiligsten Stätten des Buddhismus, zu besuchen.

Sie brachten dort ihre Gaben dar und hofften, eine heilige Segnung zu erhalten. Manche führten Tiere mit, die sie vor den Metzgern bewahrt und um ihr kärgliches Geld gekauft hatten. Es bedeutet sehr viel, das Leben von Tieren oder Menschen zu retten, und ist ein großes Verdienst.

Während wir dort oben standen und auf die alten, doch immer neuen Szenen hinabblickten, hörten wir das Ansteigen und Verebben psalmodierender Mönchsstimmen, die tiefen Bässe der älteren Männer und den hohen Diskant der Akoluthen. Wir hörten das Rollen und Dröhnen der Trommeln und den goldenen Schall der Tuben. Aufschreie und leises Herzklopfen und das Gefühl des Gefangenseins in einem hypnotischen Spannungsfeld.

Mönche gingen geschäftig hin und her und kümmerten sich um ihre verschiedenen Obliegenheiten, manche in gelben, manche in purpurroten Gewändern. Sehr viele von ihnen waren in bräunliches Rot gekleidet, das waren die »gewöhnlichen« Mönche. Die mit viel Gold waren aus dem Potala, ebenso wie die in den kirschroten Gewändern. Akoluthen in Weiß und Polizei-Mönche in dunklem Braun eilten umher. Alle, oder beinahe alle, hatten eines gemeinsam: ob ihre Gewänder neu oder alt waren, beinahe alle hatten Flickflecke aufgenäht, zur Erinnerung an die Flickflecke an Buddhas Kleidern. Fremde, die tibetanische Mönche oder Abbildungen von ihnen sahen, erwähnen manchmal die »geflickte Kleidung«. Die Flickflecke also gehören zu ihrem Anzug. Die Mönche der zwölfhundert Jahre alten Ne-Sar-Lamaserie tun es besonders auffällig und wählen ihre Flickflecke in einer helleren Schattierung.

Mönche tragen die rote Ordenskleidung; doch es gibt viele Schattierungen des Rot, je nach der Art, in der der Wollstoff gefärbt ist. Von der Farbe der Kastanien bis zu der der Ziegel ist alles noch »rot«. Bestimmte, nur im Potala beschäftigte dienstleistende Mönche tragen goldene, ärmellose Schauben über ihren roten Gewändern. Gold ist in Tibet eine heilige Farbe – Gold ist unveränderlich und daher immer rein – und es ist die offizielle Farbe des Dalai Lama. Einige Mönche in seinem persönlichen Dienst dürfen goldene Gewänder *über* ihren gewöhnlichen roten tragen.

Als wir über die Dächer des Jo-kang hinblickten, sahen wir viele Priester mit solchen goldenen Schauben. Wir blickten zu den flatternden Gebetfahnen hinauf und zu den glänzenden Kuppeln des Tempels. Der Himmel sah prächtig aus, purpurrot, gesprenkelt mit kleinen langgestreckten Wolken, als hätte ein Maler seinen in Weiß getauchten Pinsel darüber ausgespritzt. Meine Mutter brach den Zauber: »Wir vergeuden die Zeit. Ich bin beunruhigt, wer weiß, was die Dienstleute daheim tun. Wir müssen uns beeilen!« So brachen wir auf und klapperten auf unsern geduldigen Ponys die Lingkhor-Straße entlang, und jeder Schritt brachte mich dem näher, das ich »Das Gottesurteil«, meine Mutter aber *ihren* »Großen Tag« nannte.

Nach Hause zurückgekehrt, kontrollierte unsere Mutter noch mit einem letzten Blick, ob alles in Ordnung war, dann aßen wir, um uns für die kommenden Ereignisse zu stärken. Wir wußten, daß bei einem solchen Anlaß die Gäste gut gefüttert und gesättigt wurden, doch die armen Gastgeber leer ausgingen. Und später hätten wir keine Zeit mehr gehabt zu essen.

Geräuschvoll kamen die Musikanten-Mönche mit ihren Instrumenten an und wurden in den Garten geführt. Sie waren beladen mit Tuben, Klarinetten, Gongs und Trommeln. Ihre Cimbeln trugen sie um den Hals gehängt. Sie redeten viel, während sie in den Garten gingen, und verlangten Bier, das sie in die richtige Stimmung bringen sollte, um gut zu spielen. Während der nächsten halben Stunde hörte man entsetzliche Laute und schrille Töne der Tuben, als sie ihre Instrumente stimmten.

Aufregung brach im Hof aus, als die ersten Gäste gesichtet wurden, die mit flatternden Wimpeln in einer Kavalkade von bewaffneten Männern heranritten. Die Eingangstore wurden aufgerissen, und in zwei Reihen standen unsere Bedienten auf beiden Seiten Spalier, um die Ankömmlinge zu begrüßen. Der Verwalter stand da und neben ihm seine zwei Gehilfen, beladen mit einer Auswahl von Seidenschärpen, die in Tibet zur Begrüßung verwendet werden. Es gibt acht Arten von Schärpen, und immer muß die richtige dargeboten werden, sonst wäre es eine Beleidigung. Der Dalai Lama gibt und empfängt nur Schärpen der ersten Ordnung. Wir nennen diese Schärpen »Khata«, und die Art und Weise, wie sie dargereicht werden, ist folgendermaßen: der Geber, wenn er vom gleichen Range ist, steht einen guten Schritt entfernt mit weit ausgestreckten Armen. Der Empfänger steht ebenso mit weit ausgestreckten Armen einen guten Schritt entfernt. Der Geber macht eine kurze Verbeugung und legt die Schärpe über die Handgelenke des Empfängers, der sich verneigt, die Schärpe von seinen Handgelenken nimmt, sie bewundernd umdreht und einem Diener einhändigt. Wenn der Geber einer Persönlichkeit von viel höherem Rang eine Schärpe überreicht, kniet er – oder sie – mit herausgestreckter Zunge (ein tibetanischer Gruß ähnlich dem Abnehmen des Hutes) und legt den Khata zu Füßen des

Empfängers nieder. In einem solchen Fall legt der Empfänger seine Schärpe um den Hals des Gebers. In Tibet müssen Geschenke sowie Gratulationsbriefe immer von dem entsprechenden Khata begleitet werden. Die Regierung verwendete gelbe Schärpen anstelle der sonst üblichen weißen. Der Dalai Lama legte, wenn er jemandem die allerhöchste Ehrung erweisen wollte, einen Khata um dessen Hals und band einen roten Seidenfaden mit einem dreifachen Knoten in den Khata. Wenn er zugleich seine Hände so herzeigte, daß die Handflächen nach oben sahen – war man in der Tat geehrt. Wir Tibetaner sind überzeugt, daß die ganze Lebensgeschichte eines Menschen in den Handflächen geschrieben steht, und der Dalai Lama bewies einem, dem er seine Hände so herzeigte, die freundlichsten Absichten. In späteren Jahren wurde mir zweimal diese Ehre zuteil.

Unser Verwalter stand beim Eingangstor, und rechts und links von ihm seine beiden Helfer. Er verbeugte sich vor den Neuangekommenen, nahm ihren Khata entgegen und reichte ihn dem Helfer an seiner Linken. Zur gleichen Zeit händigte ihm der andere Helfer von rechts her die entsprechende Schärpe ein, mit der er die Begrüßung erwiderte. Er nahm sie und legte sie über die Handgelenke oder um den Hals (je nach dem Rang) des Gastes. Alle diese Schärpen wurden immer wieder verwendet.

Der Verwalter und seine Gehilfen bekamen mehr und mehr zu tun. In hellen Haufen trafen die Gäste ein. Von den benachbarten Gütern, aus der Stadt Lhasa und aus den entfernteren Bezirken, alle kamen sie im Trab über die Lingkhor-Straße und bogen in unsern Privatweg im Schatten des Potala ein. Damen, die eine lange Strecke geritten waren, trugen eine Gesichtsmaske aus Leder, um die Haut und den

Teint vor dem sandgeladenen Wind und der Sonne zu schützen. Oft waren die Züge der Trägerin in groben Umrissen auf der Maske abgebildet. An Ort und Stelle angekommen, legte die Dame ihre Maske und ihren Yakfellmantel ab. Ich war immer fasziniert von den gemalten Zügen auf den Masken, je häßlicher oder älter die Frau, desto schöner und jünger waren ihre Züge auf der Maske.

Im Hause herrschte große Geschäftigkeit. Immer mehr Sitzkissen wurden aus den Vorratsräumen gebracht. Wir benützen in Tibet keine Stühle, sondern wir sitzen mit gekreuzten Beinen auf Kissen, die ungefähr siebzig Zentimeter im Quadrat groß und zwanzig Zentimeter hoch sind. Die gleichen Kissen verwenden wir, um darauf zu schlafen, doch dann werden mehrere aneinandergelegt. Uns sind sie weitaus bequemer als Stühle oder hohe Betten.

Die ankommenden Gäste wurden mit gebuttertem Tee bewirtet und in einen großen Raum geführt, der in einen Speisesaal umgewandelt worden war. Hier konnten sie sich mit Erfrischungen bedienen und sich vor dem Beginn des eigentlichen Festes stärken. Gegen vierzig Frauen aus den führenden Familien waren mit ihren Begleiterinnen angekommen. Mit einigen der Damen führte meine Mutter ein Gespräch, während andere im Hause herumgingen, den Hausrat besichtigten und seinen Wert abschätzten. Das Haus war überschwemmt von Frauen jeden Alters, jeder Größe und Gestalt. Sie tauchten aus den entlegensten Räumen auf, zögerten nicht einen Augenblick, vorübergehende Diener um den Preis des einen oder um den Wert des anderen Gegenstandes zu fragen. Kurz, sie betrugen sich wie die Frauen in der ganzen Welt. Schwester Yaso paradierte in neuen Kleidern, ihr Haar war in eine Frisur gelegt, die ihr hochelegant, mir aber entsetzlich vorkam; doch ich war immer voreingenommen, wenn es sich um Frauen handelte. Jedenfalls waren sie an jenem Tage zahlreich erschienen.

Außerdem war noch eine Reihe anderer Frauen da, das machte alles noch komplizierter; von einer Frau der höchsten Schichten in Tibet erwartete man, daß sie riesige Vorräte an Kleidern und prächtige Geschmeide besaß. Die mußte sie zeigen, und da dies langes Um- und Ankleiden erfordert hätte, engagierte man besondere Mädchen – »Chung-Mädchen« – als eine Art Mannequins. Sie gingen herum und trugen Mutters Kleider zur Schau, saßen und tranken unzählige Tassen Buttertee, und zogen sich dann zurück, um wieder andere Kleider und Juwelen anzulegen. Sie mischten sich unter die Gäste und gingen meiner Mutter in allen Dingen als Ersatzhausfrauen an die Hand. Während dieses Tages kleideten sie sich vielleicht fünf- oder sechsmal um.

Die Männer interessierten sich mehr für die Unterhaltungen in den Gärten. Eine Gruppe von Akrobaten war engagiert worden, um einen Zug von Heiterkeit in das Fest zu bringen. Drei von ihnen hielten einen gegen fünf Meter langen Balken aufrecht, und ein anderer Akrobat kletterte hinauf und stand auf dem oberen Ende des Balkens auf dem Kopf. Dann rissen die andern den Balken unter ihm weg, er fiel, überschlug sich und landete unten katzenartig auf den Füßen. Ein paar kleine Jungen, die zugesehen hatten, liefen unverzüglich in eine entlegene Ecke, um dort die Vorführung nachzuahmen. Sie fanden einen ungefähr zweieinhalb oder drei Meter langen Balken, stellten ihn auf, und der Beherzteste kletterte hinauf und versuchte oben auf dem Kopf zu stehen. Mit einem furchtbaren »Salto« kam er herunter, gerade auf die Köpfe der andern. Doch abgesehen von geschwollenen Gesichtern und hühnereigroßen Beulen war nichts passiert.

Meine Mutter kam mit einigen Damen in den Garten, um den Unterhaltungen beizuwohnen und die Musik zu hören. Das letztere war nicht schwer; die Musikanten waren jetzt von reichlichen Mengen tibetanischen Biers gut in Stimmung.

Für diese Gelegenheit war meine Mutter besonders gut gekleidet. Sie trug einen dunkel-rötlichbraunen Yakwollrock, der beinahe bis zu den Fußknöcheln reichte. Ihre hohen Schuhe aus tibetanischem Filz waren vom reinsten Weiß, mit blutroten Sohlen und geschmackvoll garnierten roten Schäften. Ihre boleroartige Jacke war rötlich-gelb, beinahe wie das Mönchsgewand meines Vaters. Später, in meinen Medizinerjahren, hätte ich sie beschrieben als »jodverfärbten Verband«! Darunter trug sie eine purpurrote Seidenbluse. Die Farben stimmten alle harmonisch zueinander und entsprachen den Farben der verschiedenartigen Mönchsgewänder.

Über ihre rechte Schulter hing ein Schärpenband aus Brokatseide, das an der linken Seite der Taille von einem massiven Goldring gehalten wurde. Von der Schulter bis zum Taillenknoten war das Schärpenband blutrot, doch von dort an wechselten seine Schattierungen vom zarten Zitronengelb zum tiefen Safran am Saume des Rockes.

Um ihren Hals hing eine Goldschnur mit drei Amulettsäckchen, die sie immer trug und die ihr zur Hochzeit mit meinem Vater geschenkt worden waren, eines von ihrer Familie, eines von der Familie meines Vaters und eines – eine seltene Auszeichnung – vom Dalai Lama. Sie trug viele Geschmeide, denn die Frauen in Tibet tragen Schmuck und Staat entsprechend ihrer Stellung im Leben. Man erwartet dort von einem Ehemann, daß er Juwelen und Putz kauft, sooft er im Rang vorrückt.

Meine Mutter war in der letzten Zeit tagelang damit beschäftigt gewesen, ihr Haar in hundertacht Flechten legen zu lassen, jede ungefähr von der Dicke einer Peitschenschnur. Hundertacht ist in Tibet eine heilige Zahl, und man hielt Frauen, die genügend Haar hatten, um es in so viele Flechten teilen zu können, für sehr glücklich. Das madonnenartig gescheitelte Haar wurde über einen Holzrahmen gespannt, den man wie einen Hut oben auf dem Kopf trug. Aus rotlackiertem Holz, war er mit Diamanten, Jade und Goldplättchen besetzt. Das Haar lag über ihm wie Kletterrosen über einem Gitter.

Am Ohr trug meine Mutter eine Korallenschnur, deren Gewicht so groß war, daß sie einen roten Faden um das Ohr binden mußte, der es trug, wenn sie nicht Gefahr laufen wollte, ihr Ohrläppchen zu zerreißen. Das Ohrgehänge reichte beinahe bis zu ihrer Taille; ich wartete gespannt darauf, zu sehen, wie sie den Kopf nach der linken Seite drehen konnte!

Die Gäste gingen herum, bewunderten die Gärten oder saßen in Gruppen beisammen und besprachen gesellschaftliche Ereignisse. Die Damen besonders waren eifrig in ihr Gespräch vertieft. »Ja, meine Liebe, Frau Doring läßt einen neuen Fußboden legen. Fein mit Feldkieseln, auf Hochglanz poliert.« »Hast du gehört, daß dieser junge Lama, der bei Frau Rakasha wohnte...« und so fort. Doch alle warteten wirklich auf das Hauptereignis des Tages. Das war alles nur eine Vorbereitung für das Kommende, für die Weissagungen der Astrologen-Priester über meine Zukunft und ihre Vorschriften für die Laufbahn, die ich einschlagen sollte. Von ihnen hing mein künftiger Lebensweg ab.

Als sich der Tag seinem Ende zuneigte, als die Schatten immer länger wurden, ließ die Unternehmungslust der Gäste nach. Die Erfrischungen hatten sie gesättigt, und sie waren in empfänglicher Stimmung. Wenn die riesigen Mengen von Speisen aufgegessen waren, brachten ermüdete Diener neue, und auch das hörte mit der Zeit auf. Die Leute, die gemietet waren, um für Unterhaltung zu sorgen, wurden müde, einer nach dem andern stahl sich zu den Küchen, um ein wenig auszuruhen und Bier zu trinken.

Die Musikanten waren noch gut im Zug, sie bliesen ihre Tuben, schlugen die Cimbeln und bearbeiteten hingebungsvoll und vergnügt ihre Trommeln. Durch all den Lärm und das Getöse waren die Vögel von ihren gewohnten Schlafplätzen in den Bäumen verscheucht worden. Und nicht nur die Vögel waren verscheucht. Die Katzen hatten sich bei der Ankunft der ersten geräuschvollen Gäste schnell an irgendeinen sicheren Zufluchtsort zurückgezogen. Sogar die riesigen schwarzen Bulldoggen, die das Haus bewachten, schwiegen. Sie waren so lange gefüttert worden, bis sie nichts mehr verzehren konnten und ihr tiefes Gebell im Schlaf verstummte.

In den ummauerten Gärten glitten, als es dunkler wurde, kleine Knaben wie Gnomen zwischen den gepflegten Bäumen hin und her und schwenkten leuchtende Butter-Lampen und rauchende Weihrauchfässer, und mitunter sprangen sie in sorgloser Fröhlichkeit auf die niederen Äste.

Das ganze Gelände war übersät mit goldenen Weihrauchbecken, aus denen dicke Säulen von duftendem Rauch aufstiegen. Alte Frauen bedienten sie und drehten dabei klappernde Gebetmühlen, die mit jeder Umdrehung Tausende von Gebeten zum Himmel sandten.

Mein Vater befand sich in einem Zustand unaufhörlicher Angst! Seine ummauerten Gärten waren im ganzen Land berühmt wegen ihrer kostspieligen ausländischen Pflanzen und Sträucher. Jetzt sah seiner Meinung nach das Ganze aus wie ein schlecht geführter Zoo. Er wanderte händeringend umher und stieß kleine, verzweifelte Seufzer aus, wenn Gäste stehen blieben und eine Knospe berührten. In besonderer Gefahr waren die Aprikosen- und Birnen- und die kleinen Zwergapfelbäume. Die größeren und höheren Bäume, Pappeln, Weiden, Wacholder, Birken und Zypressen waren mit den Bändern der Gebetfahnen bekränzt, die im sanften Abendwind leise flatterten.

Schließlich erstarb das Tageslicht, als die Sonne hinter den weit entfernten Gipfeln des Himalaja unterging. Aus den Lamaserien erklangen die Tuben, die das neuerliche Schwinden eines Tages verkündeten, und sogleich wurden Hunderte von Butter-Lampen entzündet. Sie hingen von den Ästen der Bäume herab, sie schwangen an den vorspringenden Dachtraufen der Häuser, und andere schwammen auf dem ruhigen Wasser des künstlichen Sees. Hier wurden sie von den Wasserlilienblättern festgehalten wie Boote von einer Sandbank, dort trieben sie gegen die Schwäne, die Schutz suchend auf die Insel zuschwammen.

Ein tief tönender Gong erklang, alle wandten sich, um die herannahende Prozession zu sehen. Im Garten war ein großes Zelt errichtet, das nach der einen Seite hin vollständig offen war. Darin war ein Podium, auf dem vier unserer tibetanischen Sitzkissen lagen. Nun näherte sich die Prozession dem Zelt. Vier Diener trugen steil aufragende Stangen mit großen Fackeln an den oberen Enden. Dann kamen vier Tubenbläser, die auf silbernen Tuben eine Fanfare bliesen. Ihnen folgten meine Eltern, sie gingen bis zu dem Zelt und bestiegen das Podium. Dann kamen zwei alte Männer, sehr alte Männer aus der Lamaserie des Staatsorakels. Diese zwei alten Männer aus Nechung waren die erfahrensten Astrologen des Landes. Ihre Weissagungen erwiesen sich jedesmal als richtig. In der vorhergehenden Woche waren sie zum Dalai Lama berufen worden, um ihm zu weissagen. Nun sollten sie dasselbe für einen siebenjährigen Knaben tun. Tagelang hatten sie sich mit ihren Himmelskarten und Berechnungen beschäftigt. Lange hatten sie über Trigone, Ekliptik und Sesquiquadrate diskutiert und über den Einfluß von Oppositionen dieser oder jener Planeten. Ich werde in einem späteren Kapitel über die Astrologie sprechen.

Zwei Lamas trugen die Aufzeichnungen und die Himmelskarten der Astrologen. Zwei andere traten vor und halfen den alten Sehern die Stufen zu dem Podium hinaufsteigen. Seite an Seite standen sie da wie zwei Elfenbeinfiguren. Ihre kostbaren Gewänder aus gelber, chinesischer Brokatseide unterstrichen nur ihr Alter. Auf dem Kopf trugen sie große Priesterhüte, und ihre runzeligen Nacken schienen sich unter der Last zu beugen.

Die Gäste versammelten sich um das Zelt und setzten sich auf dem Boden auf Kissen nieder, die die Diener herbeibrachten. Alle Gespräche verstummten, da sich die Leute bemühten, die schrille, pfeifende Stimme des obersten Astrologen zu verstehen. »Lha dre mi cho-nang-chig« (Götter, Teufel und Menschen verhalten sich alle auf die gleiche Weise), sagte er, »so kann die vermutliche Zukunft vorhergesagt werden.« Eine Stunde lang redete er, dann hielt er zehn Minuten inne, um auszuruhen. Darauf fuhr er fort und umriß noch eine weitere Stunde lang die Zukunft. »Ha-le! Ha-le!« (Außerordentlich! Außerordentlich!) riefen die gebannten Zuhörer.

Und so wurde es geweissagt. Ein Knabe von sieben Jahren sollte nach einer harten Schulung in eine Lamaserie eintreten und dort zum Priester-Arzt ausgebildet werden. Er sollte viel Schweres erdulden, seine Heimat verlassen und unter fremde Menschen gehen. Er sollte alles verlieren und neu beginnen müssen und sich schließlich durchsetzen.

Nach und nach zerstreute sich die Gesellschaft. Die Gäste, die von weither gekommen waren, sollten die Nacht in unserm Hause verbringen und erst am Morgen abreisen. Andere brachen gleich auf mit ihrem Gefolge und mit Fackeln, um den Weg zu erhellen. Sie sammelten sich im Hof, heisere Rufe erklangen und das Scharren von Pferdehufen. Wieder öffnete sich das schwere Tor, und sie ritten hinaus. Das Trappeln der Pferde und die Stimmen der Reiter verloren sich in der Ferne, und dann war draußen nur noch die Stille der Nacht.

Im Hause herrschte immer noch reges Leben. Die letzten Genießer stärkten sich für die kommende Nacht, tranken Unmengen von Tee und verzehrten die Speisen. Alle Zimmer waren besetzt, und für mich war nirgends Platz. Trostlos wanderte ich umher und stieß achtlos gegen Steine und alles, was mir sonst in den Weg kam, doch auch das brachte keine Hilfe. Niemand nahm Notiz von mir, die Gäste waren müde und zufrieden, die Diener müde und reizbar. »Die Pferde haben mehr Mitgefühl«, klagte ich im stillen, »ich werde hingehen und bei ihnen schlafen.«

In den Ställen war es warm, und das Heu war weich, doch ich konnte lange nicht schlafen. Sooft ich einschlummern wollte, stieß mich ein Pferd in die Rippen oder es weckte mich ein plötzlicher Lärm aus dem Haus. Nach und nach verklangen die Geräusche. Ich stützte mich auf einen Ellbogen und blickte hinaus, die Lichter verflackerten eines nach dem andern in Dunkelheit. Und bald war draußen nur noch das kalte, blaue Licht des Mondes, das die schneegekrönten Berge lebhaft zurückstrahlten. Die Pferde schliefen, manche standen dabei auf den Füßen, manche lagen auf der Seite. Schließlich überwältigte auch mich die Müdigkeit. Am nächsten Morgen wurde ich unsanft aus dem Schlaf gerüttelt: »Komm heraus, Dienstag Lobsang. Ich muß die Pferde striegeln, du bist hier im Weg.« So stand ich auf und ging ins Haus, um etwas zu essen zu suchen. Da herrschte große Geschäftigkeit. Die Gäste machten sich zum Aufbruch bereit, und meine Mutter eilte abschiednehmend von einer Gruppe zur andern. Unser Vater besprach mit einem seiner Freunde die Verbesserungen, die er in Haus und Garten vorzunehmen gedachte. Er erzählte ihm, er wolle Glas aus Indien kommen lassen, um die Fenster in unserm Haus zu verglasen. In Tibet gab es kein Glas, im Lande wurde keines erzeugt, und die Kosten der Einfuhr aus Indien waren sehr hoch. Die Fenster haben in Tibet mit gewachstem Papier bespannte Rahmen, das durchscheinend, aber nicht durchsichtig ist. Vor den Fenstern hingen schwere Holzladen, nicht so sehr zum Schutz vor Einbrechern, als um das Eindringen des groben Sandes zu verhindern, den die heftigen Winde mit sich führen. Dieser Sand (manchmal glich er eher kleinen Kieseln) drang durch jedes ungeschützte Fenster. Auch Gesicht und Hände zerschnitt er, wenn sie ihm ausgesetzt waren, und während der Zeit der starken Winde waren Reisen voller Gefahr. Die Bewohner von Lhasa pflegten den Berg genau im Auge zu behalten, und wenn ihn plötzlich ein schwarzer Nebel verhüllte, suchte sich jeder in Sicherheit zu bringen, bevor ihn der peitschende Wind ereilte, der blutige Wunden schlug. Doch nicht nur die Menschen waren auf ihrer Hut: auch die Tiere waren wachsam, und es war kein ungewöhnlicher Anblick, Pferde und Hunde den Menschen auf der Suche nach einem schützenden Obdach voraneilen zu sehen. Katzen wurden *nie* von einem Sturm ereilt, und die Yaks waren völlig unempfindlich.

Nach dem Aufbruch der letzten Gäste wurde ich vor meinen Vater gerufen; er sagte: »Geh ins Marktviertel und kaufe, was du brauchst, Tzu weiß, was erforderlich ist.« Ich dachte an die Dinge, die ich haben mußte, eine Tsampaschale aus Holz, einen Becher und einen Rosenkranz. Der Becher würde aus drei Teilen bestehen, einem Ständer, dem Becher selbst und dem Deckel. Dieser würde aus Silber sein. Der Rosenkranz würde aus hundertacht glänzendpolierten Holzperlen bestehen. Hundertacht, die heilige Zahl, weist auch auf die Dinge hin, deren ein Mönch eingedenk sein soll.

Wir ritten hinaus, Tzu auf seinem Pferd und ich auf meinem Pony. Sobald wir den Hof verlassen hatten, wandten wir uns nach rechts, und bogen, als wir die Gürtelstraße hinter dem Potala verließen, wieder nach rechts hin gegen das Marktviertel zu ab. Ich blickte um mich, als sähe ich die Stadt zum ersten Mal. Ich fürchtete, ich sollte sie heute zum letzten Mal sehen. Die Läden waren überfüllt mit feilschenden Handelsleuten, die eben in Lhasa angekommen waren. Einige hatten Tee aus China gebracht, andere Stoffe aus Indien. Wir drängten uns durch die Menge zu den Läden hin, die wir besuchen wollten; jeden Augenblick rief Tzu einem alten Freund aus früheren Tagen einen Gruß zu.

Ich brauchte ein bräunlichrotes Gewand. Es sollte recht weit sein, nicht nur, weil ich im Wachsen war, sondern auch noch aus einem andern, ebenso praktischen Grund. In Tibet tragen die Männer lose Gewänder, die um die Mitte fest zusammengebunden sind. Der obere Teil wird hinaufgezogen und bildet eine Tasche, in der der Tibetaner alles verwahrt, was er mit sich zu tragen für nötig hält. Im allgemeinen wird ein Mönch hier seine Tsampaschale tragen, einen Becher, ein Messer, verschiedene Amulette, einen Rosenkranz, ein Säckchen mit gerösteter Gerste und einen Vorrat von Tsampa. Doch muß man bedenken, daß ein Mönch alle seine irdischen Besitztümer mit sich trägt.

Tzu kontrollierte meine armseligen kleinen Einkäufe strenge, nur die allerwichtigsten Dinge erlaubte er mir zu kaufen, und auch die durften nur von mittelmäßiger Qualität sein, wie es sich für einen »armen Akoluthen« ziemte. Alles zusammen waren es Sandalen mit Yakledersohlen, ein kleiner Ledersack für geröstete Gerste, eine hölzerne Tsampaschale, ein Holzbecher – nichts mit Silber, wie ich es erhofft hatte! – und ein Messer. Das sollten neben einem sehr einfachen Rosenkranz, den ich selbst glänzend reiben mußte, meine einzigen Besitztümer sein. Mein Vater war ein mehrfacher Millionär, er besaß riesige Güter im ganzen Land, Juwelen und sehr viel Gold. Doch ich sollte während meiner Ausbildungszeit, solange mein Vater lebte, nur ein ganz armer Mönch sein.

Noch einmal betrachtete ich die Straße, die zweigeschossigen Häuser mit den langen, vorstehenden Dachtraufen. Ich betrachtete die Läden mit ihren Ständen vor den Türen, auf denen die Haifischflossen und die Satteldecken ausgelegt waren. Noch einmal hörte ich den munteren Reden der Händler und ihrer Kunden zu, die gutmütig scherzend um die Preise der Waren feilschten. Nie hatte die Straße anziehender ausgesehen, und ich gedachte der Glücklichen, die sie täglich sahen und auch weiterhin täglich sehen würden.

Die wilden Hunde liefen herum, beschnüffelten dieses und jenes und begrüßten einander mit Knurren, Pferde wieherten einander leise zu, während sie ihre umherschwärmenden Herren erwarteten. Yaks stießen gutturale Laute aus, während sie sich durch das Gedränge der Fußgänger schoben. Was für geheimnisvolle Dinge mochten hinter den papierbespannten Fenstern verborgen liegen. Was für merkwürdige Waren aus aller Herren Länder waren durch jene starken Tore geschafft worden, und was hätten die offenen Laden zu erzählen, wenn sie sprechen könnten.

Alles betrachtete ich, die Straße schien mir wie ein alter Freund. Ich dachte nicht daran, daß ich sie je wiedersehen würde, wenn auch nur selten. Ich dachte an Dinge, die ich gerne getan, und an Dinge, die ich gerne gekauft hätte. Meine Träumerei wurde rauh unterbrochen. Eine riesige, drohende Hand senkte sich auf mich herab, faßte mein Ohr und zerrte es heftig, während die Stimme Tzus laut und für alle Welt hörbar schrie: »Vorwärts, Dienstag Lobsang, sind deine Füße eingefroren? Ich weiß nicht, was heutzutage mit den Jungen ist, zu meiner Zeit war das nicht so.« Tzu schien es gleichgültig zu sein, ob ich ohne Ohr hinter ihm zurückblieb oder ob ich es behielt, indem ich ihm folgte. Ich hatte keine andere Wahl als »vorwärts« zu gehen. Den ganzen Heimweg ritt Tzu voraus und brummte und stöhnte über die »heutige Generation, Taugenichtsgesellschaft, bis in die Knochen faule Herumlungerer, die in Wolkenkuckucksheim leben«. Wenigstens einen Vorteil hatte es: als wir in die Lingkhor-Straße einbogen, blies dort ein schneidender Wind, und Tzus riesiger Leib vor mir gewährte mir Schutz.

Zu Hause besah meine Mutter die Dinge, die wir eingekauft hatten. Zu meinem Bedauern war sie einverstanden damit und fand, sie seien gut genug. Ich hatte im stillen gehofft, sie würde unzufrieden sein mit Tzu und sagen, ich sollte Dinge von besserer Qualität mitbekommen. So wurde meine Hoffnung auf einen Silberbecher neuerlich zerstört, und ich mußte mich mit dem hölzernen zufrieden geben, der auf einer Handdrehbank in den Basars von Lhasa gedrechselt war.

Auch meine letzten freien Tage durfte ich nicht für mich

haben. Meine Mutter schleppte mich in den andern großen Häusern von Lhasa herum, ich sollte dort Respektsbesuche machen, doch ich fühlte keinen Respekt! Meine Mutter hatte Freude an diesen Ritten, am Austausch gesellschaftlicher Redensarten und an dem höflichen Geschwätz, aus dem sich die tägliche Runde zusammensetzte. Mich langweilte es tödlich; für mich war es eine wahre Feuerprobe, da ich entschieden nicht mit den Eigenschaften geboren war, die einen die Toren mit heiterem Gleichmut ertragen lassen. Ich wollte draußen im Freien sein und mich die wenigen restlichen Tage hindurch vergnügen. Ich wollte draußen sein und meine Drachen steigen lassen, mit meinem Stab springen und mit der Armbrust schießen; statt dessen wurde ich wie ein preisgekrönter Yak herumgeschleppt und garstigen alten Frauen vorgeführt, die nichts zu tun hatten als den ganzen Tag auf seidenen Kissen zu sitzen und Diener zu rufen, die ihren geringsten Launen willfahrten.

Doch nicht nur meine Mutter verursachte mir so viel Herzweh. Vater mußte die Drepung-Lamaserie besuchen und nahm mich mit, um sie mir zu zeigen. Drepung ist die größte Lamaserie der Welt mit ihren zehntausend Mönchen, ihren hohen Tempeln, den kleinen Steinhäusern und terrassierten Gebäuden, die Schicht um Schicht emporstiegen. Diese Gemeinschaft glich einer ummauerten Stadt, und wie eine rechte Stadt war sie auch autark. Drepung bedeutet »Reis-Haufen«, und aus einiger Entfernung sah sie wirklich aus wie ein Haufen Reis, als ihre Türme und Kuppeln im Licht glänzten. Damals allerdings war ich nicht eben in der Stimmung, die Schönheiten der Architektur zu würdigen: ich war äußerst verdrossen, meine wertvolle Zeit auf diese Weise vergeuden zu müssen.

Mein Vater verhandelte mit dem Abt und dessen Begleitern, und ich trieb mich wie ein herrenloses Strandgut trostlos herum. Ich erbebte vor Schrecken, als ich sah, wie einige der kleinen Novizen behandelt wurden. Der Reis-Haufen bestand eigentlich aus sieben Lamaserien in einer; aus sieben verschiedenen Orden mit sieben getrennten hohen Schulen setzte er sich zusammen. Er war so groß, daß er nicht von einem einzelnen Mann geleitet wurde. Vierzehn Äbte regierten hier, und sie hielten strenge Zucht. Ich war froh, als dieser »schöne Ausflug durch sonnige Gegenden« – um den Ausdruck meines Vaters zu zitieren – ein Ende nahm, doch noch froher war ich darüber, daß ich *nicht* nach Drepung geschickt werden sollte oder nach Sera, drei Meilen nördlich von Lhasa.

Schließlich neigte sich die Woche ihrem Ende zu. Meine Drachen wurden mir weggenommen und beiseitegelegt; meine Bogen und schöngefiederten Pfeile wurden zerbrochen zum Zeichen dafür, daß ich nun kein Kind mehr war und für solche Sachen keine Verwendung hatte. Ich hatte das Gefühl, daß auch mein Herz dabei zerbrochen wurde, doch dem schien niemand Bedeutung zuzumessen.

Bei Einbruch der Nacht sandte mein Vater nach mir; ich ging in sein Zimmer mit den schönen Verzierungen und den alten, wertvollen Büchern an den Wänden. Er saß neben dem Hauptaltar, der in seinem Zimmer stand, und hieß mich vor ihm niederknien. So begann die Zeremonie der Öffnung des Buches. In dem dicken, über neunzig Zentimeter langen und gegen dreißig Zentimeter breiten Band waren alle Geschicke unserer Familie in vergangenen Jahrhunderten ausführlich aufgezeichnet. Die Namen der ersten unseres Stammes waren darin eingetragen und eingehende Berichte über die Taten, auf Grund derer sie in den Adelsstand erhoben worden waren. Es erzählte von den Diensten, die wir unserm Lande und unserm Herrscher erwiesen hatten. Auf den alten, vergilbten Blättern las ich Geschichte. Heute wurde das Buch zum zweiten Mal für mich aufgeschlagen. Zum ersten Mal war es geöffnet worden, um meine Konzeption und Geburt einzutragen. Hier standen die Daten, auf denen die Astrologen ihre Voraussagungen aufgebaut hatten. Hier waren die originalen, damals hergestellten Geburtsfiguren aufgezeichnet. Nun mußte ich selbst meine Unterschrift in das Buch setzen, denn morgen würde ein neues Leben für mich beginnen, wenn ich in die Lamaserie eintrat.

Die schweren, geschnitzten Holzdeckel wurden langsam wieder daraufgelegt und die goldenen Klammern, die die dicken, handgemachten Bogen aus Wacholderpapier zusammenpreßten, darübergeklemmt. Das Buch war schwer, sogar mein Vater wankte ein wenig unter seiner Last, als er aufstand, um es in das goldene Kästchen zurückzulegen, das es schützte. Ehrerbietig wandte er sich, um das Kästchen unter dem Altar in der tiefen Nische im Stein zu bergen. Über einem kleinen silbernen Heizbecken erwärmte er Wachs, goß es auf den Stein, der die Nische verschloß, und drückte sein Siegel darauf, damit das Buch unangetastet bliebe.

Er wandte sich wieder zu mir und machte es sich auf seinen Kissen bequem. Er berührte einen Gong neben seinem Ellbogen, und ein Diener brachte ihm gebutterten Tee. Lange herrschte Schweigen, dann begann er von der unbekannten Geschichte Tibets zu erzählen; Geschichte, die sich über Tausende und Tausende von Jahren erstreckte, eine Erzählung, die bis in die Zeit der Großen Flut zurückreichte. Er sprach von den Zeiten, da Tibet einst vom Meer bespült war, und wie dies Ausgrabungen bewiesen hätten. Auch jetzt noch, sagte er, konnte jeder, der bei Lhasa grub, versteinerte Meerestiere und fremdartige Muscheln ans Tageslicht fördern. Auch von Menschenhand hergestellte Gegenstände gab es da, aus seltsamem Metall, von denen man nicht wußte, wozu sie gebraucht wurden. Oft machten Mönche, die bestimmte Höhlen besuchten, solche Funde und brachten sie meinem Vater. Er zeigte mir einige. Dann änderte er seinen Ton.

»Nach dem Gesetz«, sagte er, »soll ein junger Adeliger mit Strenge behandelt werden, ein Sohn armer Leute aber mit Milde. Du wirst einer schweren Prüfung unterzogen werden, bevor du in die Lamaserie aufgenommen wirst.« Als unerläßliche Bedingung schärfte er mir unbedingten Gehorsam gegen alle Befehle ein, die mir gegeben werden würden. Seine abschließenden Bemerkungen bezogen sich nicht auf einen guten Schlaf in der Nacht; er sagte: »Mein Sohn, du meinst, ich sei hart und nicht besorgt um dich, doch meine ganze Sorge gilt dem Namen der Familie. Ich sage dir, wenn du die Prüfung für den Eintritt nicht bestehst, dann kehre nicht hierher zurück. Du wirst in diesem Hause wie ein Fremder sein.« Damit winkte er mir ohne ein weiteres Wort, ihn zu verlassen.

Vorher schon, früher am Abend, hatte ich meiner Schwester Yaso Lebewohl gesagt. Sie war sehr traurig gewesen, denn wir hatten oft miteinander gespielt, und sie war erst neun Jahre alt, während ich sieben wurde – morgen. Meine Mutter war nicht aufzufinden. Sie war zu Bett gegangen, und ich konnte nicht Abschied nehmen von ihr. Zum letzten Mal ging ich meinen einsamen Weg zu meinem eigenen Zimmer und legte die Kissen zurecht, die mein Bett bildeten.

Ich legte mich nieder, doch ich schlief nicht, ich lag wach und überdachte die Dinge, die mir mein Vater eben gesagt hatte. Ich dachte an die heftige Abneigung meines Vaters gegen Kinder, und ich dachte an das gefürchtete Morgen, wo ich zum ersten Mal fern von daheim schlafen würde. Langsam wanderte der Mond über den Himmel. Draußen flatterte ein Nachtvogel an den Fensterrahmen. Vom Dach oben kam das Geräusch von Gebetfahnen, die gegen ihre glatten Holzstangen schlugen. Ich schlief ein, doch als die ersten schwachen Strahlen der Sonne das Licht des Mondes ablösten, wurde ich von einem Diener geweckt, der mir eine Schale mit Tsampa und einen Becher gebutterten Tee brachte. Während ich diese magere Kost verzehrte, polterte Tzu ins Zimmer. »Nun, Junge«, sagte er, »unsere Wege trennen sich hier. Dem Himmel sei Dank dafür. Nun kann ich zu meinen Pferden zurückkehren. Aber mach deine Sache gut; vergiß nichts von allem, das ich dich gelehrt habe.« Damit machte er auf den Fersen kehrt und verließ das Zimmer.

Obwohl ich es zu jener Zeit nicht würdigte, war dies das freundlichste Verfahren. Bewegte Abschiedsszenen hätten es mir um sehr vieles schwerer gemacht, mein Vaterhaus zu verlassen, zum ersten Mal und für immer, wie ich dachte. Wenn meine Mutter wach gewesen wäre, um sich von mir zu verabschieden, hätte ich sie zweifellos zu überreden versucht, mir zu erlauben, daheim zu bleiben. Viele tibetanische Kinder führen ein sehr angenehmes Leben, meines war nach jedem Maßstab gemessen hart, und daß mir niemand Lebewohl sagte, war, wie ich später entdeckte, eine Anordnung meines Vaters, damit ich früh im Leben Selbstbeherrschung und Festigkeit lernte.

Ich beendete mein Frühstück, schob die Tsampaschale und

den Becher vorne in mein Gewand und rollte ein zweites Gewand und ein Paar Filzschuhe in ein Bündel. Als ich durch das Zimmer ging, bat mich ein Diener, leise zu gehen, um die Schläfer im Hause nicht zu wecken. Ich ging den Gang entlang. Die erste Dämmerung war der Dunkelheit gewichen, die dem wirklichen Morgengrauen vorangeht. Ich stieg die Stufen hinab und ging meinen Weg zur Straße. So verließ ich mein Elternhaus. Einsam, voller Angst und mit wehem Herzen.

AN DEN TOREN DES TEMPELS

Steil führte die Straße empor zur Chakpori-Lamaserie, dem Tempel der tibetanischen Medizin. Eine strenge Schule! Ein paar Meilen ging ich, während es heller wurde, und vor dem Eingangstor stieß ich auf zwei andere, die wie ich Einlaß begehrten. Wir betrachteten einander prüfend, und keiner von uns, glaube ich, war sehr erbaut von dem, was er an den andern sah. Doch wir entschieden uns, verträglich zu sein, wenn wir die gleiche Schulung durchmachen müßten.

Eine Zeitlang klopften wir zaghaft, doch nichts ereignete sich. Dann bückte sich einer der andern Jungen, hob einen großen Stein auf, und es gelang ihm wirklich, genügend Lärm zu machen, um die Aufmerksamkeit auf uns zu ziehen. Ein Mönch erschien, er schwang einen Stock, der für unsere erschrockenen Augen aussah wie ein junger Baum. »Was wollt ihr, ihr jungen Teufel?« rief er. »Meint ihr, ich hätte nichts besseres zu tun, als das Tor zu öffnen für solche wie ihr?« »Wir wollen Mönche werden«, antwortete ich. »Ihr seht mir eher aus wie Affen«, sagte er. »Wartet dort und rührt euch nicht, der Meister der Akoluthen wird kommen, wenn er fertig ist.« Die Tür flog zu, beinahe hätte sie einen der andern Jungen, der sich unvorsichtig weit vorgewagt hatte, rücklings auf den Boden geworfen. Wir setzten uns auf die Erde nieder, unsere Beine waren müde vom Stehen. Leute kamen und gingen durch das Tor der Lamaserie. Ein angenehmer Essensgeruch drang durch ein kleines Fenster bis zu uns und quälte uns mit Gedanken an Stillung unseres wachsenden Hungers. Essen, so nahe und doch so unerreichbar.

Endlich wurde das Tor heftig aufgestoßen, ein großer, hagerer Mann stand auf der Schwelle. »Nun!« schrie er, »und was wollt ihr, ihr elenden Taugenichtse?« »Wir wollen Mönche werden«, sagten wir. »Du meine Güte«, rief er, »was für ein Gezücht kommt heutzutage in die Lamaserie!« Er winkte uns zu, die riesige ummauerte Einhegung zu betreten, die die Gründe der Lamaserie umgab. Er fragte uns, was wir wären, wer wir wären, und sogar, *warum* wir wären. Wir merkten ohne Schwierigkeit, daß wir ihm nicht sehr imponierten. Zum ersten, dem Sohn eines Hirten, sagte er: »Geh schnell hinein, wenn du deine Prüfung bestehst, kannst du hierbleiben.« Zum nächsten: »Du, Junge. *Was* hast du gesagt? Der Sohn eines Metzgers? Ein Fleischaufschneider? Ein Übertreter der Gesetze Buddhas? Und du kommst hierher? Fort mit dir, schnell, sonst lasse ich dich um die Ringstraße herumpeitschen.« Der arme, unglückliche Junge vergaß seine Müdigkeit, mit einem Satz sprang er davon, als der Mönch nach ihm schlug. Blitzschnell rannte er fort, und kleine Wolken aufgewirbelten Staubes blieben hinter seinen Füßen zurück, die den Boden eilig berührten.

Nun stand ich allein hier, an meinem siebenten Geburtstag. Der hagere Mönch richtete seine grimmigen Blicke auf mich, beinahe meinte ich, auf der Stelle zusammenzuschrumpfen vor Angst. Drohend hob er seinen Stock. »Und du? Was ist mit dir los? Oho! Ein junger Prinz, der geistlich werden will. Wir müssen erst sehen, aus was für Stoff du gemacht bist; hier ist nicht der Ort für verzärtelte, überfütterte Muttersöhnchen. Geh vierzig Schritte zurück und bleib so lange in der Kontemplationsstellung sitzen, bis ich dir andere Weisungen gebe, und *zucke nicht mit der Wimper!«* Damit wandte er sich unvermittelt um und ging davon. Betrübt hob ich mein armseliges kleines Bündel auf und ging die vierzig Schritte zurück. Ich kniete nieder und setzte mich, wie befohlen, mit gekreuzten Beinen hin. So saß ich den ganzen Tag. Bewegungslos. Der Sand trieb über mich hin und bildete kleine Hügel in den Höhlungen meiner nach aufwärts gekehrten Handflächen, er häufte sich auf meinen Schultern und legte sich in mein Haar. Als die Dämmerung einsetzte, wuchs mein Hunger, und meine Kehle war rauh vom quälenden Durst, denn seit dem ersten Licht des Morgengrauens hatte ich nichts zu essen oder zu trinken bekommen. Die vorübergehenden Mönche, und das waren viele, beachteten mich nicht. Herumstreifende Hunde blieben eine Weile stehen und beschnüffelten mich neugierig, dann gingen auch sie ihres Weges. Eine Rotte von kleinen Jungen kam vorüber. Einer warf unbekümmert einen Stein nach mir. Er traf mich an einer Seite des Kopfes, so daß er blutete. Ich wagte es nicht, mich zu bewegen. Wenn ich die Probe auf meine Ausdauer nicht bestand, würde mir mein Vater nicht erlauben, das Haus zu betreten, das mein Heim gewesen war. Ich hatte keinen Ort, wo ich hingehen konnte. Nichts konnte ich tun. Nichts blieb mir übrig, als bewegungslos sitzenzubleiben, mit Schmerzen in allen Muskeln und steif in jedem Gelenk.

Die Sonne versank hinter den Bergen, und der Himmel verdunkelte sich. Hell leuchteten die Sterne in der Finsternis. Aus den Fenstern der Lamaserie flackerten die Flammen tausender kleiner Butter-Lampen auf. Ein kalter Wind blies, die Blätter der Weiden rauschten und raschelten, und rings um mich erhoben sich alle die leisen Laute, aus denen die seltsamen Geräusche der Nacht bestehen.

Aus den zwingendsten Gründen rührte ich mich noch immer nicht. Ich hatte zu große Angst, mich zu bewegen, und ich war zu steif dazu. Nun hörte ich ein Schlürfen wie von nahenden Sandalen eines Mönchs, die über den groben Sand glitten; die Schritte eines alten Mannes, der tastend seinen Weg in der Dunkelheit suchte. Eine Gestalt tauchte vor mir auf, die Gestalt eines alten, vom Verlauf harter Jahre gebeugten und krummgewordenen Mönches. Seine Hände zitterten vor Alter, ein Umstand, der mich besorgt machte, als ich sah, wie er den Tee verschüttete, den er in der einen Hand trug. In der andern hielt er eine kleine Schale mit Tsampa. Beides reichte er mir. Zuerst griff ich nicht danach. Er ahnte, was ich dachte, und sagte: »Nimm es, mein Sohn, denn während der Stunden der Dunkelheit darfst du dich bewegen.« So trank ich den Tee und leerte den Tsampa in meine eigene Schale. »Nun schlafe«, sagte der alte Mönch, »doch beim ersten Sonnenstrahl nimm deinen Platz hier in derselben Stellung wieder ein, denn das ist eine Prüfung, nicht eine mutwillige Grausamkeit, wie du jetzt vielleicht glaubst. Nur die, die diese Prüfung bestehen, können die höheren Grade unseres Ordens erlangen.« Damit nahm er den Becher und die Schale und ging weg. Ich stand auf und streckte die Beine, dann legte ich mich auf die Seite und aß den Rest des Tsampa. Nun war ich rechtschaffen müde; ich grub eine Vertiefung für mein Hüftbein, schob mein zweites Gewand unter den Kopf und legte mich nieder.

Meine sieben Jahre waren keine leichten Jahre gewesen.

Mein Vater war immer streng, furchtbar streng gewesen, doch dies war meine erste Nacht fern von daheim, und ich hatte den ganzen Tag in einer Stellung verbracht, hungrig, durstig und bewegungslos. Ich hatte keine Ahnung, was der morgige Tag bringen und was man noch von mir verlangen werde. Jetzt aber mußte ich allein unter einem eiskalten Himmel schlafen, allein mit meiner Angst vor der Dunkelheit, allein mit meinen Ängsten vor dem kommenden Tag.

Ich meinte, ich hätte eben die Augen geschlossen. als mich der Klang einer Tuba erweckte. Ich schlug die Augen auf, ich sah, es war die falsche Dämmerung, das erste Licht des nahenden Tages, das der Himmel hinter den Bergen reflektierte. Hastig setzte ich mich auf und nahm wieder die Kontemplationsstellung ein. Nach und nach erwachte die Lamaserie über mir zum Leben. Zuerst hatte sie ausgesehen wie eine schlafende Stadt, eine leblose, unbewegte Masse. Nun klang es wie ein leises Seufzen, wie wenn ein Schläfer erwachte. Es wurde zu einem Murmeln und dann zu einem tiefen Summen, wie das Summen von Bienen an einem heißen Sommertag. Gelegentlich war der Ton einer Tuba zu hören, gleich dem leisen Zwitschern eines entfernten Vogels, und das tiefe Brummen einer Muschel, wie wenn ein Ochsenfrosch in einem Sumpf quakte. Als es lichter wurde, bewegten sich kleine Gruppen geschorener Köpfe hinter den offenen Fenstern hin und her, den Fenstern, die im frühen Licht der Vordämmerung wie leere Augenhöhlen an einem blankgescheuerten Schädel ausgesehen hatten.

Der Tag schritt vor, meine Glieder wurden immer steifer, doch ich wagte es nicht, mich zu bewegen, und ich hatte Angst, einzuschlafen; denn wenn ich mich bewegte und meine Prüfung nicht bestand, dann hätte ich keinen Ort gehabt, wo ich hingehen konnte. Mein Vater hatte mir deutlich gesagt, daß auch er mich nicht haben wollte, wenn mich die Lamaserie nicht aufnahm. In kleinen Gruppen kamen die Mönche aus den verschiedenen Gebäuden und gingen an ihre geheimnisvollen Geschäfte. Kleine Jungen streiften herum, manchmal warfen sie einen Hagel von Sand und kleinen Kieseln nach mir oder sie machten häßliche Bemerkungen. Da ich keine Antwort gab, wurden sie ihres abscheulichen Spiels bald müde und entfernten sich, um ein geeigneteres Opfer zu suchen. Als es gegen Abend zu dunkeln begann, flackerten in den Gebäuden der Lamaserie die kleinen Butter-Lampen nach und nach wieder auf. Bald war die Dunkelheit nur mehr von dem schwachen Licht der Sterne erhellt, denn es war die Zeit, in der der Mond spät aufgeht, er war nun jung und konnte nicht schnell reisen, wie man bei uns sagt.

Mir wurde übel vor Angst; hatte man mich vergessen? War dies eine weitere Prüfung, eine, bei der ich ohne Nahrung bleiben mußte? Den ganzen langen Tag hatte ich mich nicht gerührt, und jetzt war ich erschöpft vor Hunger. Plötzlich stieg eine Hoffnung in mir auf, beinahe wäre ich auf die Füße gesprungen. Da war wieder das schlürfende Geräusch, ein dunkler Schatten näherte sich mir. Doch nun sah ich, daß es ein großer schwarzer Hund war, der etwas hinter sich herzog. Er nahm keine Notiz von mir, er ging, ohne sich um mein Befinden zu kümmern, seine nächtlichen Wege. Meine Hoffnung schwand, ich hätte weinen können. Aber so schwach wollte ich nicht werden, ich hielt mir vor Augen, daß nur Mädchen und Frauen so töricht sind.

Endlich hörte ich den alten Mann kommen. Diesmal blickte er mich gütiger an und sagte: »Hier ist Speise und Trank, mein Sohn, doch es ist noch nicht zu Ende. Noch den morgigen Tag mußt du durchhalten, nimm dich in acht, daß du dich nicht bewegst, denn sehr viele scheitern in der elften Stunde.« Mit diesen Worten machte er kehrt und ging weg. Während er geredet, hatte ich den Tee getrunken und den Tsampa wieder in meine eigene Schale geleert. Wieder legte ich mich nieder, keineswegs glücklicher als in der vorhergehenden Nacht. Als ich so dalag, dachte ich über die Ungerechtigkeit alles dessen nach; ich wünschte es nicht, ein Mönch von irgendeiner Sekte oder von irgendeinem Grad zu werden. Doch ich hatte nicht die Wahl, ebensowenig wie ein Packtier, das über einen Gebirgspaß getrieben wird. So schlief ich ein.

Am nächsten, dem dritten Tag, als ich wieder in meiner Kontemplationsstellung dasaß, spürte ich, daß ich schwächer wurde und schwindlig. Die Lamaserie schien in einem mit Bergen und Mönchen reichlich durchsetzten Gewoge schwankender Gebäude, hellfarbiger Lichter und purpurner Flecke zu schwimmen. Mit Anspannung meiner ganzen Energie gelang es mir, diesen Schwindelanfall abzuschütteln. Ich hatte große Angst bei dem Gedanken, daß ich jetzt schwach werden könnte, jetzt, nach all den Leiden, die ich durchgemacht hatte. Die Steine unter mir schienen sich nun in Messerschneiden verwandelt zu haben, die mich an störenden Stellen wund rieben. In einem meiner lichten Momente dachte ich, welches Glück, daß ich nicht eine Henne war, die Eier ausbrüten und noch länger sitzenbleiben mußte als ich.

Die Sonne schien stillzustehen, der Tag erschien mir endlos, doch zu guter Letzt nahm das Licht ab, und der Abendwind begann mit einer Feder zu spielen, die ein vorüberfliegender Vogel verloren hatte. Noch einmal erschienen die kleinen Lichter, eines nach dem andern, in den Fenstern. »Hoffentlich sterbe ich heute nacht«, dachte ich, »ich kann das nicht länger ertragen.« In diesem Augenblick erschien die große Gestalt des Meisters der Akoluthen drüben im Tor. »Komm her, Junge!« rief er. Bei dem Versuch, mit meinen steifgewordenen Beinen aufzustehen, fiel ich vorwärts auf das Gesicht nieder. »Junge, wenn du Ruhe brauchst, kannst du noch eine weitere Nacht hierbleiben. Ich warte nicht länger.« Hastig ergriff ich mein Bündel und wankte auf ihn zu. »Geh hinein und nimm am Abendgottesdienst teil, am Morgen suchst du mich dann auf.«

Drinnen war es warm, und es roch angenehm nach Weihrauch. Mit meinen vom Hunger geschärften Sinnen spürte ich, daß ganz in der Nähe Nahrung zu finden war, so folgte ich einer Schar, die sich nach rechts hin bewegte. Essen – Tsampa, gebutterter Tee. Ich drängte mich bis in die erste Reihe vor, als hätte ich eine lebenslange Übung darin. Ein paar Mönche machten fruchtlose Versuche, nach meinem Zopf zu greifen, als ich zwischen ihren Beinen hin und her kletterte, doch ich war auf der Suche nach *Essen*, und nichts konnte mich aufhalten.

Mit einer Stärkung im Leibe fühlte ich mich etwas wohler, ich folgte dem Zug der Mönche zu dem inneren Tempel und zum Abendgottesdienst. Ich war zu müde, um etwas davon zu erfassen, doch niemand beachtete mich. Als die Mönche hinausgingen, schlüpfte ich hinter einen riesigen Pfeiler und streckte mich mit meinem Bündel unter dem Kopf auf dem Steinboden aus. Ich schlief.

Ein betäubendes Krachen – ich meinte, mein Kopf sei geborsten – und der Klang von Stimmen. »Neuer Junge.

Einer von den Vornehmen. Kommt, wir wollen ihn würgen!« Einer aus der Schar der Akoluthen schwang mein zweites Gewand hin und her, das er mir unter dem Kopf weggezogen hatte, ein anderer hatte meine Filzschuhe. Eine weiche, breiige Masse von Tsampa flog mir ins Gesicht. Es regnete Schläge und Püffe auf mich nieder, doch ich wehrte mich nicht, ich dachte, es könnte ein Teil der Prüfung sein, und ich müßte zeigen, daß ich dem sechzehnten Gesetze gehorchte, das befahl: Trage Leiden und Pein mit Geduld und Sanftmut. Plötzlich schrie eine laute Stimme: »Was geht hier vor?« Erschrocken flüsterten die Jungen: »Oh, der alte Knochenraßler geht auf Raub aus!« Als ich den Tsampa aus den Augen wischte, streckte der Meister der Akoluthen den Arm aus und zerrte mich am Zopf in die Höhe. »Memme, Schwächling! *Du* einer der künftigen Führer? Bah! Da hast du, und da!« Schläge, harte Schläge hagelten auf mich herab. »Nichtswürdiger Schwächling, kann sich nicht einmal verteidigen!« Die Schläge schienen kein Ende nehmen zu wollen. Ich glaubte die Abschiedsworte des alten Tzu zu hören: »Mach deine Sache gut, vergiß nichts von allem, was ich dich gelehrt habe.« Ohne mich zu bedenken, drehte ich mich um und wandte einen kleinen Trick an, einen Druck, wie Tzu es mich gelehrt hatte. Überrumpelt flog der Meister, vor Schmerz nach Luft schnappend, über meinen Kopf, stürzte auf den Steinboden und glitt auf seiner Nase dahin, ihre ganze Haut schürfte sich ab, und er kam erst zum Stillstand, als sein Kopf mit einem lauten Krach an einen der steinernen Pfeiler stieß. »Das ist der Tod für mich«, dachte ich, »das ist das Ende aller meiner Qualen.« Die Welt schien stillzustehen. Die andern Jungen hielten den Atem an. Mit lautem Gebrüll sprang der große, knochige Mönch auf die

Füße, Blut strömte aus seiner Nase. Er brüllte tatsächlich, er brüllte vor Lachen. »Ein junger Kampfhahn, eh? Oder eine bissige Ratte; welches von beiden? Ah, das müssen wir herausfinden.« Er wandte sich um, er wies nach einem großen, linkischen, vierzehnjährigen Burschen und sagte: »Du, Ngawang, du bist der stärkste Raufbold in der Lamaserie, zeig uns, ob der Sohn eines Yaktreibers besser ficht als der Sohn eines Fürsten, wenn es zum Kampf kommt.«

Zum ersten Mal war ich Tzu, dem alten Polizei-Mönch, dankbar. In seiner Jugend war er ein gewandter Judo-Champion* von Kham gewesen. Er hatte mich »alles gelehrt, was er wußte« – wie er sagte. Ich hatte mit erwachsenen Männern kämpfen müssen und war in dieser Kunst, bei der Kraft oder Alter keine Rolle spielen, tatsächlich sehr tüchtig geworden. Jetzt, wo ich wußte, daß meine Zukunft vom Ausgang dieses Kampfes abhing, war ich zuletzt ganz glücklich.

Ngawang war ein starker, gut gebauter Junge, doch sehr unbeholfen in seinen Bewegungen. Ich sah, daß er an eine Art stürmischen Ringkampfes gewöhnt war, bei der ihm seine Kraft zugute kam. Er stürzte auf mich los in der Absicht, mich zu packen und wehrlos zu machen. Dank Tzu und seinem zu Zeiten grausamen Training hatte ich nun keine Angst. Als Ngawang vorstürmte, sprang ich zur Seite und verdrehte ihm den Arm. Seine Füße glitten unter ihm weg, er beschrieb einen halbkreisförmigen Bogen und landete auf dem Kopf. Einen Augenblick lang lag er stöhnend da, dann sprang er wieder auf die Füße und stürzte sich auf

* Das tibetanische System ist anders und entwickelter, doch ich will es in diesem Buch »Judo« nennen, da der tibetanische Name den Lesern des Westens nichts sagen würde.

mich. Ich fiel zu Boden und verrenkte ihm, als er über mir vorbeikam, ein Bein. Diesmal überschlug er sich und landete auf seiner linken Schulter. Noch immer hatte er nicht genug. Er wandte sich vorsichtig um, sprang dann zur Seite und ergriff einen schweren Weihrauchkessel, den er an den Ketten gegen mich schwang. Einer so langsamen, schwerfälligen Waffe kann man sehr leicht ausweichen. Ich trat unter seinen kreisenden Arm und bohrte einen Finger leicht in den unteren Teil seines Nackens, wie Tzu es mir oft gezeigt hatte. Wie ein Fels über einen Berghang stürzte er nieder, seine kraftlos gewordenen Finger ließen die Ketten los, und der Weihrauchkessel flog mitten in die Gruppe der zusehenden Jungen und Mönche.

Ngawang blieb beinahe eine halbe Stunde lang bewußtlos. Dieser besondere »Griff« wird oft angewendet, um den Geist für astrale Wanderung und ähnliche Vorhaben vom Körper frei zu machen.

Der Meister der Akoluthen trat auf mich zu, gab mir einen Schlag auf den Rücken, der mich beinahe vornüber aufs Gesicht geworfen hätte, und tat den etwas ungereimten Ausspruch: »Junge, du bist ein Mann!« Meine äußerst verwegene Antwort war: »Bitte, habe ich mir dann etwas zu essen verdient, Meister? Ich bekam sehr wenig in der letzten Zeit.« »Mein Junge, iß und trink so viel du magst, und nachher sag einem von diesen Schlingeln – du bist jetzt ihr Aufseher – er soll dich zu mir führen.«

Der alte Mönch, der mir das Essen gebracht hatte, kam herbei und sagte zu mir: »Mein Sohn, du hast dich gut gehalten, Ngawang war der Matador unter den Akoluthen. Nun sollst du seinen Platz einnehmen und die Aufsicht mit Güte und Freundlichkeit führen. Du bist gut geschult worden, sieh zu, daß du deine Kenntnisse in der richtigen Weise anwendest, und daß sie nicht in falsche Hände fallen. Jetzt komm mit mir, ich werde dir etwas zu essen und zu trinken verschaffen.«

Der Meister der Akoluthen begrüßte mich freundlich, als ich sein Zimmer betrat. »Setz dich nieder, Junge, setz dich nieder! Ich will nun sehen, ob deine geistige Erziehung ebensogut ist wie die körperliche. Ich werde dich zu fangen suchen, Junge, also sei auf deiner Hut!« Er stellte mir eine erstaunliche Menge von Fragen, die einen mündlich, die andern schriftlich. Sechs Stunden lang saßen wir einander gegenüber auf unseren Kissen, dann erklärte er, er sei zufrieden. Ich fühlte mich wie eine schlecht gegerbte Yakhaut, feucht und schlaff. Er erhob sich. »Junge«, sagte er, »folge mir, ich werde dich zum Abt führen, eine seltene Ehre, doch du wirst erfahren, warum. Komm!«

Ich folgte ihm durch die weitläufigen Gänge, vorbei an den Ämtern des Klosters, an den inneren Tempeln und den Schulräumen. Über Treppen hinauf ging es, dann wieder durch gewundene Gänge, an den Hallen der Götter vorüber und an den Vorratskammern für Kräuter. Und noch ein zweites Mal über Treppen empor, bis wir endlich auf ein flaches Dach kamen und auf das Haus des Abtes zuschritten, das darauf errichtet war. Durch das mit Gold panelierte Tor, an den goldenen Buddhas und dem Sinnbild der Medizin vorüber gingen wir, und in das Privatgemach des Abtes. »Verneige dich, Junge, verneige dich und tue dasselbe wie ich. Herr, hier ist der Knabe Dienstag Lobsang Rampa.« Damit verneigte sich der Meister der Akoluthen dreimal und warf sich dann auf den Boden nieder. Ich tat dasselbe, bebend vor Eifer, das Richtige in der richtigen Weise zu tun. Der über das Leid erhabene Abt sah uns an und sagte: »Nehmt Platz!« Wir setzten uns nach tibetanischer Art mit gekreuzten Beinen auf Kissen.

Lange Zeit betrachtete mich der Abt ohne zu sprechen. Dann sagte er: »Dienstag Lobsang Rampa, ich weiß alles über dich, alles, was prophezeit ist. Deine Ausdauer wurde in einer harten Prüfung erprobt, doch das mit gutem Grund. Diesen Grund wirst du in späteren Jahren erfahren. Jetzt erfahre, daß von tausend Mönchen immer nur einer tauglich ist für höhere Dinge, für eine höhere Entwicklung. Die andern leben in der Menge und tun ihre täglichen Obliegenheiten. Sie sind die Handwerker, jene, die die Gebetmühlen drehen, ohne nachzudenken, warum. An ihnen gebricht es uns nicht, doch es gebricht uns an solchen, die unser Wissen weitertragen sollen, wenn unser Land später von einer fremden Wolke überschattet sein wird. Du wirst besonders ausgebildet werden, gründlichst ausgebildet, und in wenigen kurzen Jahren wird dir mehr Wissen vermittelt werden, als sich ein Lama sonst in einem ganzen langen Leben erwirbt. Der Weg wird hart sein und oft beschwerlich. Das Hellsehen zu entwickeln ist mühsam, und sich in den astralen Ebenen zu bewegen, erfordert unerschütterliche Nerven und eine steinharte Entschlossenheit.«

Ich hörte gespannt zu und nahm jedes seiner Worte in mich auf. Das schien mir alles viel zu schwer. Ich war nicht so kraftvoll. Er fuhr fort: »Du wirst hier in der Medizin und in der Astrologie ausgebildet werden. Es wird dir jede Hilfe gewährt werden, die wir geben können. Du wirst auch in den esoterischen Wissenschaften ausgebildet werden. Dein Weg ist dir vorgezeichnet, Dienstag Lobsang Rampa. Obwohl du erst sieben Jahre alt bist, rede ich zu dir wie zu einem Mann, denn so bist du erzogen worden.« Er neigte den Kopf, der Meister der Akoluthen stand auf und verbeugte sich tief. Ich tat dasselbe, und wir gingen miteinander zurück. Erst als wir wieder im Zimmer des Meisters waren, brach er das Schweigen. »Junge, du wirst die ganze Zeit schwer arbeiten müssen. Doch wir wollen dir helfen, soviel wir können. Jetzt werde ich dir den Kopf scheren lassen.« Wenn in Tibet ein Junge in den geistlichen Stand eintritt, wird sein Haar abgeschnitten bis auf eine Locke. Diese Locke wird erst entfernt, wenn ihm sein »geistlicher Name« gegeben wird und er seinen früheren Namen ablegt, doch darüber später etwas mehr.

Der Meister der Akoluthen führte mich durch gewundene Gänge zu einem kleinen Raum, dem »Barbierladen«. Hier hieß man mich am Boden Platz nehmen. »Tam-chö«, sagte der Meister, »scher den Kopf dieses Jungen, nimm auch die Namenslocke weg, denn er bekommt seinen Namen sogleich.« Tam-chö trat vor, ergriff meinen Zopf mit der rechten Hand und hob ihn in die Höhe. »Ah! mein Junge. Ein schöner Zopf, gut gebuttert und gut gepflegt. Ein Vergnügen, ihn abzuschneiden.« Von irgendwoher brachte er eine riesige Schere zum Vorschein – so eine, wie sie unsere Diener zum Beschneiden der Bäume verwendeten. »Tishe«, schrie er, »komm, halte dieses Tauende!« Tishe, der Gehilfe, kam herbeigelaufen und zog meinen Zopf so straff an, daß er mich beinahe vom Boden aufgehoben hätte. Mit vorgeschobener Zunge und vielen kleinen Grunzlauten handhabte Tam-chö die jämmerlich stumpfe Schere, bis mein Zopf abgeschnitten war. Das war nur der Anfang. Der Gehilfe brachte eine Schale mit heißem Wasser, so heiß, daß ich vor

Schmerz vom Boden aufsprang, als er es mir über den Kopf goß. »Was ist los, Junge, hast du dich verbrannt?« Als ich bejahte, sagte er: »Mach dir nichts daraus, mit heißem Wasser ist das Haar leichter zu entfernen!« Er nahm ein dreikantiges Rasiermesser auf, das sehr an die Geräte erinnerte, mit denen zu Hause die Böden gescheuert wurden. Endlich, nach einer Ewigkeit, wie mir schien, war mein Kopf seiner Haare entblößt.

»Komm jetzt mit mir«, sagte der Meister. Er führte mich in sein Zimmer und holte ein großes Buch hervor. »Nun, wie sollen wir dich nennen?« Er murmelte noch etwas vor sich hin, dann sagte er: »Ah, hier sind wir: von nun an wirst du Yza-mig-dmar-Lah-lu heißen.« Hier in diesem Buch will ich aber den Namen Dienstag Lobsang Rampa beibehalten, da das für den Leser leichter ist.

Ich fühlte mich so nackt wie ein frischgelegtes Ei und wurde nun in ein Klassenzimmer geführt. Da ich zu Hause eine so gute Erziehung bekommen hatte, nahm man an, ich wüßte mehr als ein durchschnittlicher Schüler, und ich wurde in die Klasse der siebzehnjährigen Akoluthen eingereiht. Ich fühlte mich wie ein Zwerg unter Riesen. Die andern hatten gesehen, wie ich Ngawang erledigte, so hatte ich keine Schwierigkeiten mit ihnen außer einem Zwischenfall mit einem großen, einfältigen Burschen. Er stellte sich hinter mich und legte seine großen, schmutzigen Hände auf meinen wunden Schädel. Ich langte einfach hinauf und drückte die Finger in seine Ellbogenspitzen, mit einem lauten Schmerzensschrei zog er die Hände zurück. Wenn man zwei »empfindliche Stellen« zugleich berührt, kann man sehen, was sich ereignet! Tzu hatte mich wirklich gut ausgebildet. Die Judo-Lehrer, denen ich in derselben Woche noch vorgestellt wurde, kannten Tzu alle; alle sagten sie, er sei der beste Judo-Sachverständige in ganz Tibet. Von nun an ließen mich die Jungen völlig in Ruhe. Unser Lehrer, der uns den Rücken gekehrt hatte, als der Bursche die Hände auf meinen Kopf legte, merkte bald, was vorging. Er lachte so sehr über den Ausgang, daß er uns früher weggehen ließ.

Es war jetzt halb neun Uhr abends, so hatten wir ungefähr dreiviertel Stunden Zeit bis zum Beginn des Gottesdienstes im Tempel um neun Uhr fünfzehn. Doch meine Freude war von kurzer Dauer; als wir den Raum verließen, winkte mir ein Lama zu. Ich ging hin, und er sagte: »Komm mit mir!«

Während ich ihm folgte, überlegte ich, was für ein neues Leiden wohl auf mich warten mochte. Er trat in ein Musikzimmer, in dem sich gegen zwanzig Jungen befanden, Neueingetretene wie ich, wie ich wußte. Drei Musiker saßen mit ihren Instrumenten da, einer vor einer Pauke, einer hatte eine Muschel und der dritte eine silberne Tuba. »Wir wollen singen«, sagte der Lama, »damit ich eure Stimmen für den Chor beurteilen kann.« Die Musiker begannen ein sehr bekanntes Lied zu spielen, das jeder singen konnte. Wir setzten ein. Der Musikmeister zog die Brauen in die Höhe. Sein verlegener Gesichtsausdruck wich einem qualvollen. Abwehrend hob er beide Hände. »Halt!« schrie er, »halt! Sogar die Götter müssen sich winden vor Schmerz bei diesem Gesang. Nun beginnt noch einmal und tut es richtig.« Wir setzten neuerlich ein. Wieder unterbrach er uns. Diesmal kam der Musikmeister geradewegs auf mich zu. »Tölpel«, rief er, »du willst dich wohl lustig machen über mich. Die Musiker werden spielen, und du singst allein, wenn du nicht mit den andern zusammen singen willst!« Noch einmal begannen die Musiker. Noch einmal begann ich zu singen. Doch nicht für lange. Der Musikmeister winkte wie rasend ab. »Dienstag Lobsang, zu deinen Begabungen gehört die Musik *nicht*. In den ganzen fünfundfünfzig Jahren, die ich hier bin, hörte ich noch nie jemand so außerhalb der Tonart singen. Außerhalb der Tonart? Da ist überhaupt keine Tonart! Junge, du wirst nie mehr singen. Während der Gesangsstunden wirst du etwas anderes studieren. Bei den Gottesdiensten im Tempel wirst du nicht mitsingen, sonst störst du den ganzen Gesang. Jetzt entferne dich, du unmusikalischer Bursche!« Ich entfernte mich.

Ich ging müßig umher, bis ich die Tuben hörte, die verkündeten, es sei Zeit zum Versammeln für den Abendgottesdienst. Gestern abend – du lieber Himmel – war das erst gestern abend gewesen, als ich die Lamaserie betreten hatte? Es schien mir Jahrhunderte her zu sein. Ich ging wie im Schlaf, und ich war wieder hungrig. Vielleicht war das gut so, denn wenn ich satt gewesen, wäre ich auf der Stelle eingeschlafen. Da packte mich jemand am Gewand, und ich flog in die Luft empor. Ein hochgewachsener, freundlich aussehender Lama hatte mich auf seine breiten Schultern gehoben. »Komm her, Junge, du wirst zum Gottesdienst zu spät kommen, und da erginge es dir übel. Wenn du zu spät kommst, versäumst du auch das Abendessen, und du fühlst dich dann so leer wie eine Trommel.« Noch immer trug er mich, trat in den Tempel und stellte sich gerade hinter den Kissen der Akoluthen auf. Behutsam ließ er mich auf ein Kissen hinab, das vor ihm lag. »Sieh mir zu, Junge, und gib die gleichen Antworten wie ich, doch wenn ich singe, dann mußt *du* – haha! – still sein.« Ich war wirklich dankbar für seine Hilfe, so wenige Menschen waren je freundlich zu mir gewesen; früher waren mir Belehrungen auf der einen Seite zugeschrien, auf der anderen eingeprügelt worden.

Ich mußte eingeschlafen sein, denn als ich plötzlich auffuhr, merkte ich, daß der Gottesdienst beendet war und daß mich der hochgewachsene Lama schlafend in den Speisesaal getragen und Tee, Tsampa und gekochte Gemüse vor mich hingestellt hatte. »Iß es auf, Junge, dann geh zu Bett. Ich werde dir zeigen, wo du schläfst. Diese Nacht darfst du bis fünf Uhr früh schlafen, dann komm zu mir.« Das war das letzte Wort, das ich hörte, bis mich ein Junge, der am Tag vorher freundlich zu mir gewesen war, um fünf Uhr früh mit Mühe weckte. Ich sah, daß ich in einem großen Raum auf drei Kissen lag. »Der Lama Mingyar Dondup trug mir auf, dafür zu sorgen, daß du um fünf Uhr geweckt wirst.« Ich erhob mich und schichtete meine Kissen an der Wand auf, da ich sah, daß es die andern so gemacht hatten. Die Jungen gingen hinaus, und der, der mich geweckt hatte, sagte: »Wir müssen uns beeilen mit dem Frühstück, dann soll ich dich zum Lama Mingyar Dondup führen.« Nun begann ich mich etwas heimischer zu fühlen, nicht, daß mir der Ort gefallen oder daß ich gewünscht hätte, dazubleiben. Aber ich sah ein, daß ich keine Wahl hatte und daß ich mir selbst am meisten nützte, wenn ich mich reibungslos eingewöhnte.

Beim Frühstück trug uns der Leser etwas aus einem der hundertzwölf Bände des Kan-gyur, der buddhistischen Schriften, vor. Er mußte gemerkt haben, daß ich an etwas anderes dachte, denn er rief: »Du dort, kleiner neuer Junge, wie war der letzte Satz? Rasch!« Blitzschnell und ganz ohne zu überlegen, antwortete ich: »Der letzte Satz, Herr, war, ›der Junge dort hört nicht zu, ich will ihn ertappen!‹« Das rief natürlich Gelächter hervor und rettete mich vor Schlägen wegen Unaufmerksamkeit. Der Leser lächelte – ein seltenes Ereignis – und erklärte, er habe nach dem Text der Schriften gefragt, doch ich sollte »diesmal so davonkommen«.

Bei allen Mahlzeiten stehen Leser an einem Pult und lesen aus heiligen Büchern vor. Den Mönchen ist es nicht erlaubt, bei den Mahlzeiten zu sprechen, noch an das Essen zu denken. Sie müssen geistliches Wissen mit ihrer Mahlzeit in sich aufnehmen. Wir saßen alle auf dem Boden auf Kissen und aßen an einem gegen fünfzig Zentimeter hohen Tisch. Wir durften während der Mahlzeiten keinen Lärm machen, und es war uns strenge verboten, die Ellbogen auf den Tisch zu stützen.

Im Kloster Chakpori herrschte wirklich eiserne Disziplin. Chakpori bedeutet »Eisen-Berg«. In den meisten Lamaserien wurde wenig auf geordnete Disziplin oder Zeiteinteilung geachtet. Die Mönche konnten arbeiten oder müßiggehen, wie es ihnen beliebte. Vielleicht einer unter Tausenden strebte danach, sich weiterzubilden, und das waren die, die Lamas wurden, denn Lama heißt »Höherer«, und nicht jeder wird so genannt. In unserer Lamaserie war die Disziplin streng, sogar ungeheuer streng. Wir sollten besonders ausgebildet und Führer unserer Kasten werden, und man hielt es für äußerst wichtig, uns an Ordnung und Selbstdisziplin zu gewöhnen. Wir Schüler durften auch nicht die weißen Gewänder der Akoluthen tragen, wir trugen die rötlichbraunen der Mönche. Es gab Mönche bei uns, die die häuslichen Arbeiten verrichteten, doch das waren Diener-Mönche, die den Haushalt der Lamaserie betreuten. Auch wir mußten turnusweise an den häuslichen Arbeiten teilnehmen, das sollte uns vor Überheblichkeit bewahren. Dauernd sollte uns der alte buddhistische Lehrsatz vor Augen stehen: »Gib ein Beispiel, tue andern nur Gutes und nie Böses. Das ist das Wesen der Lehre Buddhas.« Unser Abt, der Lama Cham-pa La, war ebenso streng wie mein Vater und forderte unbedingten Gehorsam. Einer seiner Aussprüche war: »Lesen und Schreiben sind die Tore zu jedem Können«, daher wurden wir in dieser Hinsicht eingehend geschult.

MEIN LEBEN ALS CHELA

Unser »Tag« begann auf Chakpori um Mitternacht. Wenn die Mitternachtstuba erklang und durch die spärlich erleuchteten Gänge hallte, erhoben wir uns schläfrig von unseren Bettkissen und tasteten in der Dunkelheit nach unseren Kleidern. Wir schliefen alle nackt, das ist allgemein üblich in Tibet, wo es keine falsche Sittsamkeit gibt. Sobald wir in die Kleider geschlüpft waren, schoben wir unsere Habseligkeiten vorn in den Bausch unseres Gewandes. Nicht in der besten Laune um diese Stunde, polterten wir die Gänge hinab. Einer der Sätze, die uns eingeprägt wurden, lautete: »Es ist besser, mit friedvollem Geiste zu ruhen, als zu sitzen wie Buddha und zu beten, wenn man böse ist.« Oft kam mir der unehrerbietige Gedanke: »Schön, aber warum dürfen *wir* nicht mit friedvollem Geiste ruhen? Diese mitternächtliche Störung macht *mich* böse!« Doch niemand gab mir eine befriedigende Antwort, und ich mußte mit den andern in die Gebethalle gehen. Dort bemühten sich unzählige Butter-Lampen, die dichten Weihrauchwolken mit ihren Strahlen zu durchdringen. In ihrem flackernden Licht schienen sich die riesigen Standbilder der Götter zu beleben und unsere Gesänge mit Gesten und Gebärden zu beantworten.

Zu Hunderten saßen die Mönche und Akoluthen mit gekreuzten Beinen auf Kissen auf dem Boden. Durch die ganze

Länge der Halle zogen sich ihre Reihen. Je zwei Reihen saßen einander gegenüber, so, daß die erste und zweite Reihe Gesicht zu Gesicht saß, die zweite und dritte Rücken an Rücken, und so weiter. Unsere Lieder und Gesänge bewegten sich in bestimmten Tonfolgen, denn in den östlichen Ländern ist man davon überzeugt, daß Klänge Kräfte besitzen. Genau so, wie ein musikalischer Ton ein Glas zerbrechen kann, so kann eine Folge von musikalischen Tönen metaphysische Kräfte aufbauen. Auch aus dem Kan-gyur wurde vorgelesen. Es war ein großer Eindruck, zu sehen, wie die Männer zu Hunderten in blutroten Gewändern und mit goldenen Stolen dasaßen, sich neigten und bei Trommelschlägen und dem silbernen Klang kleiner Glocken im Chor sangen. Blaue Weihrauchwolken stiegen auf und wanden sich um die Knie der Götter, und dann und wann schien es in dem unsteten Licht, als blickte uns das eine oder andere Standbild unverwandt an.

Der Gottesdienst dauerte ungefähr eine Stunde, dann kehrten wir zu unseren Kissen zurück und schliefen bis vier Uhr früh. Ungefähr um vier Uhr fünfzehn begann ein zweiter Gottesdienst. Um fünf Uhr nahmen wir unsere erste Mahlzeit ein, Tsampa und gebutterten Tee. Sogar um diese Stunde trug der Leser etwas vor, und neben ihm wachte der Zuchtmeister. Bei dieser Mahlzeit wurden alle besonderen Aufträge oder Mitteilungen ausgegeben. Manchmal wurde etwas aus Lhasa gebraucht, dann wurden die Namen der Mönche beim Frühstück genannt, die jene Dinge holen oder sammeln gehen sollten. Sie erhielten auch die besondere Dispens, für so und so lange Zeit von der Lamaserie fernzubleiben und eine bestimmte Anzahl von Gottesdiensten zu versäumen.

Um sechs Uhr versammelten wir uns im Klassenzimmer für die erste Halbzeit des Unterrichts. Das zweite unserer tibetanischen Gesetze lautete: »Du sollst religiöse Gebräuche und Studien nicht vernachlässigen.« In der Unwissenheit meiner sieben Jahre sah ich nicht ein, warum wir diesem Gesetz gehorchen mußten, obwohl das fünfte Gesetz »Du sollst die Älteren ehren und *die Leute von hoher Geburt*« umgangen und gebrochen wurde. Aus allen meinen Erfahrungen hatte ich den Schluß gezogen, es sei etwas Schimpfliches, von »hoher Geburt« zu sein. Ich jedenfalls war ihr zum Opfer gebracht worden. Damals war es mir noch nicht klar, daß nicht der Rang der Geburt von Bedeutung ist, sondern der Charakter der betreffenden Person.

Um neun Uhr vormittags wohnten wir wieder einem Gottesdienst bei, wir unterbrachen unsere Studien für ungefähr vierzig Minuten. Eine mitunter recht angenehme Pause, doch wir mußten um viertel vor zehn wieder im Klassenzimmer sein. Nun wurde ein anderer Gegenstand vorgenommen, und wir arbeiteten bis ein Uhr. Doch das war noch nicht die Zeit des Mittagessens; ein Gottesdienst von einer halben Stunde ging ihm voraus, und nachher erst bekamen wir unsern gebutterten Tee mit Tsampa. Dann folgte eine Stunde körperlicher Arbeit, denn wir sollten uns darin üben und Demut lernen. Mir wurden nicht selten die unerquicklichsten und unangenehmsten Arbeiten zugewiesen.

Um drei Uhr mußten wir uns sammeln und eine Stunde lang zwangsweise ruhen; wir durften nicht sprechen und uns nicht bewegen, wir mußten einfach still liegen. Es war eine unbeliebte Stunde, denn sie war zu kurz, um zu schlafen, und zu lang, um müßig zu sein. Wir hätten lieber etwas besseres getan! Nach dieser Ruhepause kehrten wir um vier Uhr ins Klassenzimmer zurück. Das war der gefürchtete Teil des Tages, fünf Stunden ohne Unterbrechung, fünf Stunden, in denen wir den Raum unter keiner Bedingung verlassen durften, ohne uns die schwersten Strafen zuzuziehen. Unsere Lehrer handhabten ihre dicken Stöcke mit großer Freigebigkeit, und manche von ihnen straften die Schuldigen mit wahrem Enthusiasmus. Nur sehr bedrängte oder äußerst kühne Schüler baten, »austreten« zu dürfen, auch wenn bei der Rückkehr die Strafe nicht zu vermeiden war.

Um neun Uhr schloß der Unterricht, und wir bekamen unsere letzte Mahlzeit am Tag. Sie bestand wieder aus gebuttertem Tee und Tsampa. Manchmal – nur manchmal – gab es Gemüse. Das waren gewöhnlich in Scheiben geschnittene Rüben oder ein paar sehr kleine Bohnen. Sie waren ziemlich hart, doch hungrigen Burschen schmeckten sie herrlich. Einmal, bei einem besonderen Anlaß, bekamen wir eingelegte Walnüsse; ich war damals acht Jahre alt, und ich werde den Vorfall nie vergessen. Ich aß Walnüsse besonders gern, zu Hause hatte ich sie oft bekommen. Nun versuchte ich mit aller Gewalt, einen Handel mit einem andern Jungen abzuschließen: er sollte mein zweites Gewand im Tausch gegen seine eingelegten Walnüsse haben. Der Zuchtmeister hörte es, er rief mich in die Mitte des Saales und ließ mich meine Sünde beichten. Zur Strafe für »Gefräßigkeit« mußte ich vierundzwanzig Stunden lang ohne Essen und Trinken bleiben. Mein zweites Gewand wurde mir weggenommen, denn ich hätte keine Verwendung dafür, sagte man, da ich es »gegen das vertauschen wollte, das nicht wesentlich war«.

Wir suchten unsere Schlafkissen, unsere »Betten«, um neun Uhr dreißig auf. Zum Schlafen kam niemand zu spät! Anfangs dachte ich, ich könnte die langen Stunden nicht ertragen, ich dachte, ich werde plötzlich tot umfalien, oder ich würde einschlafen und nicht mehr erwachen. Zuerst versteckte ich mich mit den andern neueingetretenen Jungen in den Ecken, um ein wenig zu schlummern. Doch nach ganz kurzer Zeit gewöhnte ich mich an die langen Stunden und merkte die Länge der Tage nicht mehr.

Dank dem Jungen, der mich geweckt hatte, stand ich kurz vor sechs Uhr früh vor der Tür des Lama Mingyar Dondup. Obwohl ich nicht geklopft hatte, rief er, ich sollte eintreten. Sein Zimmer war sehr schön, mit wunderbaren Gemälden ausgeschmückt, manche waren direkt an die Wand gemalt, andere hingen, auf Seide gemalt, an den Wänden. Auf niederen Tischen standen kleine, aus Jade, aus Gold oder aus Email gearbeitete Statuetten von Göttern und Göttinnen. Auch ein großes Rad des Lebens hing an einer der Wände. Der Lama saß in der Lotushaltung auf seinem Kissen, auf einem niederen Tisch vor ihm lagen mehrere Bücher, in einem las er, als ich eintrat.

»Setz dich hierher neben mich, Lobsang«, sagte er, »wir haben allerhand miteinander zu besprechen, doch zuerst eine für einen heranwachsenden Mann wichtige Frage: bekamst du genug zu essen und zu trinken?« Das bejahte ich. »Der Abt sagte, wir können miteinander arbeiten. Wir haben deine frühere Inkarnation verfolgt, es war eine gute. Nun wollen wir bestimmte Kräfte und Fähigkeiten in dir wieder entwickeln, die du damals hattest. Im Laufe sehr weniger Jahre wollen wir dir mehr Kenntnisse vermitteln, als sich ein Lama in einem sehr langen Leben erwirbt.« Er hielt inne und blickte mich lange und aufmerksam an. Er hatte durchdringende Augen. »Alle Menschen müssen frei ihren eigenen Weg wählen«, fuhr er fort, »du hast vierzig harte Jahre vor dir, wenn du den richtigen Weg gehst, doch er wird dich auf eine hohe Stufe im nächsten Leben führen. Der falsche Weg wird dir jetzt, in *diesem* Leben, Wohlbehagen, Bequemlichkeit und Reichtum einbringen, doch du wirst dich nicht entwickeln. Du kannst wählen und du mußt allein wählen.« Er hielt inne und blickte mich an.

»Herr«, antwortete ich, »mein Vater sagte mir, ich dürfe nicht nach Hause zurückkehren, wenn ich in der Lamaserie versagte. Wie sollte ich dann zu Wohlbefinden und Bequemlichkeit kommen, wenn ich kein Heim hätte, zu dem ich zurückkehren kann? Und wer würde mir den richtigen Weg zeigen, wenn ich ihn wählte?« Er lächelte mir zu und antwortete: »Hast du es schon vergessen? Wir haben deine letzte Inkarnation verfolgt. Wenn du den falschen Weg, den Weg der Bequemlichkeit wählst, wirst du als lebende Inkarnation in eine Lamaserie geschickt und wirst in ganz wenigen Jahren ein amtsführender Abt sein. Dein Vater würde das nicht als ein Versagen ansehen!«

Etwas an seiner Art zu sprechen gab mir den Mut, eine weitere Frage zu stellen: »Würdest *du* es für ein Versagen halten?«

»Ja«, antwortete er, »nach allem, was ich über dich weiß, würde ich es ein Versagen nennen.«

»Und wer wird mir den Weg zeigen?«

»Ich werde dein Lehrer sein, wenn du den richtigen Weg wählst, aber du sollst allein wählen, niemand kann deine Entscheidung beeinflussen.«

Ich sah ihn an, ich starrte ihn an. Und was ich sah, gefiel

mir gut. Ein breites, offenes Gesicht und eine hohe Stirn. Ja, es gefiel mir, was ich sah. Obwohl ich erst sieben Jahre alt war, hatte ich ein hartes Leben geführt, ich war vielen Leuten begegnet und ich konnte wirklich beurteilen, ob ein Mensch gut war.

»Herr«, sagte ich, »ich will gerne dein Schüler sein und den richtigen Weg wählen.« Und ein wenig bedrückt, glaube ich, fügte ich hinzu: »Aber die harte Arbeit liebe ich immer noch nicht!«

Er lachte, sein Lachen klang tief und warm. »Lobsang, Lobsang, *keiner* von uns liebt die harte Arbeit wirklich, doch wenige von uns sind so aufrichtig, das zuzugeben.« Er sah in seine Papiere. »Wir werden bald eine kleine Operation an deinem Kopf vornehmen müssen, um das Hellsehen zu entwickeln, dann werden wir dich auf hypnotischem Weg schneller unterrichten können. Wir werden dich weit vorwärtsbringen in der Metaphysik und auch in der Medizin.«

Ich fühlte mich ein wenig niedergeschlagen, wieder harte Arbeit. Es schien mir, ich hätte meine ganzen sieben Jahre hindurch schwer arbeiten müssen und wenig Zeit gehabt, zu spielen oder Drachen steigen zu lassen. Der Lama schien meine Gedanken zu kennen. »O ja, junger Mann. Viel Drachensteigenlassen wird es geben, später, oder besser: Drachenfliegen. Doch zuerst müssen wir bestimmen, wie wir deinen Studiengang am besten regeln.« Er wandte sich seinen Papieren zu. »Ich will sehen; von neun bis ein Uhr. Ja, so wird es gut gehen für den Anfang. Komm täglich um neun Uhr hierher, anstatt dem Gottesdienst beizuwohnen, und wir werden interessante Dinge besprechen. Von morgen an. Willst du deinem Vater und deiner Mutter etwas sagen lassen? Ich muß ihnen heute deinen Zopf bringen!«

Ich war ganz überwältigt. Wenn ein Junge in eine Lamaserie aufgenommen wurde, wurde ihm der Zopf abgeschnitten und sein Kopf geschoren, der Zopf wurde den Eltern übersandt, meistens brachte ihn ein kleiner Akoluth, zum Zeichen, daß ihr Sohn aufgenommen worden war. Nun wollte der Lama Mingyar Dondup meinen Zopf eigenhändig abliefern, das bedeutete, daß er mich als seinen persönlichen Schützling, als seinen »geistigen Sohn« angenommen hatte. Er war ein sehr bedeutender, ein sehr kluger Mann, einer, der in ganz Tibet großen Ruf genoß. Ich begriff, daß ich unter der Führung eines solchen Mannes nicht fehlgehen konnte.

An jenem Morgen war ich, als ich ins Klassenzimmer zurückkehrte, äußerst unaufmerksam. Meine Gedanken waren anderswo, und der Lehrer fand reichlich Gelegenheit, sich mit dem Strafen wenigstens eines kleinen Jungen zu vergnügen.

Das schien mir alles sehr hart, die Strenge der Lehrer. Doch schließlich tröstete ich mich damit, daß ich eben hergekommen war, um zu lernen. Daß ich mich deshalb reinkarniert hatte, obwohl ich mich damals nicht daran erinnern konnte, was es wohl sei, das ich wieder lernen sollte. Wir glauben in Tibet fest an die Reinkarnation. Wir glauben, daß man, wenn man ein bestimmtes fortgeschrittenes Stadium der Entwicklung erreicht, wählen kann, ob man eine andere Ebene der Existenz aufsuchen oder zur Erde zurückkehren will, um noch mehr zu lernen oder andern zu helfen. Es könnte sein, daß ein gelehrter Mann eine bestimmte Mission im Leben zu erfüllen hatte, doch starb, bevor er sein Werk beendet hatte. In diesem Fall, glauben wir, kann er zurückkehren, um seine Aufgabe zu vollenden, sofern das

Ergebnis andern zugutekommt. Sehr wenige Menschen konnten ihre Inkarnationen zurückverfolgen lassen; es mußten bestimmte Anzeichen vorhanden sein, und außerdem erforderte es viele Kosten und Zeitaufwand, wodurch es erschwert wurde. Leute mit solchen Anzeichen wurden »lebende Inkarnationen« genannt. Sie wurden in ihrer Jugend – so wie ich – mit größter Strenge behandelt, doch sie waren, wenn sie älter wurden, hoch verehrt. Ich speziell sollte einer besonderen Behandlung unterzogen werden, um mein okkultes Wissen »zurückzuholen«. Doch das wußte ich damals nicht!

Ein Hagel von Schlägen, der auf meine Schultern niederfiel, brachte mich mit einem heftigen Ruck in die Wirklichkeit des Klassenzimmers zurück: »Narr, Tölpel, Dummkopf! Sind die Dämonen des Geistes in deinen harten Schädel eingedrungen? Das ist mehr als ich tun könnte. Dein Glück, daß es jetzt Zeit ist, dem Gottesdienst beizuwohnen.« Mit dieser Bemerkung verabreichte mir der erzürnte Lehrer einen letzten herzhaften Schlag, um das Maß vollzumachen, und verließ das Klassenzimmer. Der Junge neben mir sagte: »Vergiß nicht, heute nachmittag sind wir an der Reihe, in den Küchen zu arbeiten. Hoffentlich finden wir Gelegenheit, unsere Tsampasäcke zu füllen.« Die Arbeit in den Küchen war anstrengend, die »Regelrechten« pflegten uns Schüler dort als Sklaven zu behandeln. Zwei volle Stunden schwerer Arbeit, nachher augenblicklich wieder ins Klassenzimmer. Manchmal wurden wir in den Küchen länger zurückbehalten und kamen daher später zum Unterricht. Da erwartete uns dann ein wütender Lehrer und legte sich mit seinem Stock ins Zeug, ohne uns Gelegenheit zu geben, die Ursache unseres Zuspätkommens aufzuklären.

Mein erster Arbeitstag in den Küchen wäre beinahe mein letzter Tag gewesen. Langsam und mit Widerstreben schlenderten wir in einem Rudel durch die gepflasterten Gänge auf die Küchen zu. Bei der Tür erwartete uns ein zorniger Mönch: »Kommt her, ihr faulen, unnützen Kerle«, schrie er. »Die ersten zehn von euch gehen hier hinein und schüren das Feuer.« Ich war der zehnte. Wir stiegen noch eine Treppe tiefer. Die Hitze war bedrückend. Vor uns sahen wir ein rotes Licht, das Licht des heftigen Feuers. Riesige Stöße von Yakdünger waren daneben aufgehäuft, das Brennmaterial für die Öfen. »Nehmt die Eisenschaufeln und schürt auf Tod und Leben.« Ich war ein kleiner Siebenjähriger unter meinen Mitschülern, von denen keiner jünger war als siebzehn. Ich konnte die Schaufel kaum heben, und als ich mich bemühte, das Brennmaterial ins Feuer zu werfen, stürzte ich über die Füße des Mönchs. Mit einem Wutgeheul packte er mich an der Kehle, schwang mich herum – und glitt aus. Ich flog nach hinten. Ein furchtbarer Schmerz durchzuckte mich, und es roch ekelhaft nach verbranntem Fleisch. Ich war auf das rotglühende Ende einer Eisenstange gefallen, die aus dem Ofen vorragte. Mit einem lauten Schrei fiel ich zu Boden, mitten in die heiße Asche. Knapp über meinem linken Knie, beinahe am Kniegelenk, hatte sich die glühende Stange ins Fleisch gebrannt, bis der Knochen sie aufhielt. Noch jetzt habe ich dort eine weiße Narbe, die mir manchmal Beschwerden macht. Auf Grund dieser Narbe konnten die Japaner in späteren Jahren meine Identität feststellen.

Verwirrung herrschte. Von allen Seiten kamen die Mönche gelaufen. Ich lag immer noch in der heißen Asche, wurde jedoch bald aufgehoben. An vielen Stellen war meine Haut oberflächlich verbrannt, doch die Wunde am Knie war ernst. In Eile trug man mich zu einem Lama hinauf. Er war ein Medizin-Lama und unterzog sich der Aufgabe, mein Bein zu retten. Die Stange war rostig gewesen, und als sie in das Fleisch eindrang, waren verrostete Teilchen darin zurückgeblieben. Er mußte ringsherum alles sondieren und die Stücke herausholen, bis die Wunde rein war. Dann wurde ein Verband mit pulverisierten Kräutern fest darübergebunden. Den übrigen Körper betupfte er mit einer Kräuteressenz, die die Brandschmerzen sehr linderte. In meinem Bein hämmerte es unerträglich, ich war überzeugt, ich werde nie wieder gehen können. Als er fertig war, rief der Lama einen Mönch, der mich in ein kleines Seitengemach trug, wo ich auf Kissen gebettet wurde. Ein alter Mönch kam herein, setzte sich neben mich auf den Boden und begann Gebete über mir zu murmeln. Ich dachte im stillen, es sei nett, für meine Gesundheit zu beten, *nachdem* der Unfall passiert war. Auch beschloß ich, ein gutes Leben zu führen, da ich nun am eigenen Leib erfuhr, wie es tut, wenn einen die Feuerteufel quälen. Ich dachte an ein Bild, das ich gesehen hatte, auf dem ein Teufel ein unglückliches Opfer an derselben Stelle stach, an der ich verbrannt war.

Man könnte meinen, Mönche seien entsetzliche Leute, und gar nicht so, wie man sich sie vorstellte. Aber – »Mönche« – was bedeutet das? Wir verstehen unter diesem Ausdruck jeden Mann, der im Dienste einer Lamaserie steht. Nicht notwendigerweise eine religiöse Persönlichkeit. In Tibet kann beinahe jeder ein Mönch werden. Oft wird ein Junge »als Mönch in eine Lamaserie geschickt«, ohne daß ihm dabei überhaupt eine Wahl gelassen wird. Oder ein Mann kann plötzlich der Meinung sein, er habe lang genug

Schafe gehütet und wolle nun ein sicheres Dach über dem Kopf haben, wenn die Temperatur auf vierzig Grad unter Null fällt. Er wird Mönch, nicht aus einer religiösen Überzeugung heraus, sondern zu seinem eigenen leiblichen Nutzen. Die Lamaserien hatten »Mönche« als Diener, als Baumeister, Arbeiter oder Straßenkehrer. In anderen Teilen der Welt würde man sie »Diener« nennen, beziehungsweise »Baumeister« und so fort. Die meisten von ihnen hatten schwere Zeiten hinter sich; das Leben auf vier- oder sechstausend Meter Höhe kann beschwerlich sein, und oft waren sie aus bloßer Gedankenlosigkeit oder Mangel an Einfühlungsvermögen so hart gegen uns Schüler. Für uns war der Ausdruck »Mönch« gleichbedeutend mit »Mann«. Die Mitglieder der Priesterschaft wurden ganz anders genannt. Ein *Chela* war ein junger Schüler, ein Novize oder Akoluth. Am nächsten kommt dem, was die meisten Leute unter »Mönch« verstehen, der *Trappa.* Die meisten in einer Lamaserie sind Trappas. Dann kommen wir zu dem am häufigsten falsch angewendeten Ausdruck *Lama.* Wenn die Trappas die nichtbevollmächtigten Soldaten sind, dann ist der Lama der bevollmächtigte Offizier. Nach der Art und Weise zu urteilen, in der die meisten Leute des Westens darüber sprechen und schreiben, müßte es mehr Offiziere geben als Mannschaft! Lamas sind Meister, *Gurus,* wie wir sie nennen. Der Lama Mingyar Dondup war im Begriff, mein Guru zu werden und ich sein Chela. Nach den Lamas kamen die Äbte. Nicht alle von ihnen leiteten eine Lamaserie, viele bekleideten Ämter in der höheren Verwaltung, oder sie reisten von Lamaserie zu Lamaserie. In manchen Fällen konnte ein besonderer Lama höhergestellt sein als ein Abt, es hing von der Art seiner Tätigkeit ab. Junge Männer, die

»lebende Inkarnationen« waren, so wie es von mir erwiesen war, konnten im Alter von vierzehn Jahren zu Äbten gemacht werden; es hing davon ab, ob sie die strengen Prüfungen bestanden. Diese Gruppen der Geistlichkeit waren genau und streng, doch sie waren nicht grausam; sie waren jederzeit gerecht. Ein weiteres Beispiel für den Begriff »Mönch« gibt der Ausdruck »Polizei-Mönche«. Ihre einzige Aufgabe war es, Ordnung zu halten. Sie hatten mit den Zeremonien im Tempel nichts zu tun, sie mußten nur anwesend sein, um dafür zu sorgen, daß alles in Ordnung war. Die Polizei-Mönche waren oft grausam, und auch die Diener waren es, wie gesagt. Man kann einen Bischof nicht verurteilen, weil sein Gärtnerbursche sich schlecht beträgt! Noch auch kann man von einem Gärtnerburschen erwarten, daß er ein Heiliger ist, weil er bei einem Bischof in Diensten steht.

Wir hatten auch ein Gefängnis in der Lamaserie. Es war kein schöner Aufenthaltsort, doch die Charaktere der Leute, die hineingeschickt wurden, waren ebensowenig schön. Ein einziges Mal machte ich Bekanntschaft mit ihm, als ich einen Gefangenen behandeln sollte, der krank geworden war. Ich war beinahe schon fertig ausgebildet und sollte die Lamaserie bald verlassen, da wurde ich in die Gefängniszelle gerufen. Draußen im Hinterhof stand eine Reihe von neunzig Zentimeter hohen kreisförmig gebauten Gemäuern. Ihre Steine waren so breit wie hoch. Darüber lagen Steinriegel, jeder so dick wie der Schenkel eines Mannes. Sie bedeckten eine kreisförmige Öffnung von ungefähr zwei Meter siebzig Durchmesser. Vier Polizei-Mönche faßten den mittleren Riegel und schoben ihn beiseite. Einer beugte sich vor und zog ein Yakhaarseil herauf, an dessen Ende sich eine nicht sehr haltbar aussehende Schlinge befand. Ich sah sie wenig erbaut an; ihr sollte ich mich anvertrauen? »Wenn du, ehrwürdiger Medizin-Lama«, sagte der Mann, »nun hierhertreten und deinen Fuß hier hineinstellen willst, werde ich dich hinablassen.« Besorgt schickte ich mich darein. »Du wirst ein Licht brauchen, Herr«, sagte der Polizei-Mönch, und reichte mir eine brennende Fackel aus buttergetränktem Garn. Meine Besorgnis nahm zu; ich mußte mich am Seil festhalten, mußte die Fackel halten und dabei darauf achten, weder meine Kleider in Brand zu stecken, noch das dünne, kleine Seil durchzusengen, das mich so unsicher trug. Doch ich kam hinunter, acht oder neun Meter tief, hinunter zwischen Mauern, die von Wasser glänzten, hinunter auf den schmutzigen Steinboden. Beim Licht meiner Fackel erblickte ich einen elend aussehenden armen Wicht, der an die Mauer geschmiegt dalag. Ein einziger Blick genügte, er hatte keine Aura um sich, also kein Leben mehr. Ich sprach ein Gebet für die Seele, die zwischen den Ebenen der Existenz wanderte, und schloß ihm die wilden, starren Augen, dann rief ich, sie sollten mich hinaufziehen. Meine Aufgabe war beendet, nun mußten die Zerteiler des Leibes die ihre übernehmen. Ich erkundigte mich, was für ein Verbrechen er begangen habe, und erfuhr, er sei ein herumziehender Bettler gewesen, der in der Lamaserie um Obdach und Essen gebeten und dann in der Nacht einen Mönch um seiner wenigen Habseligkeiten willen getötet hatte. Er war auf der Flucht eingeholt und an den Schauplatz seines Verbrechens zurückgebracht worden.

Doch das alles ist eine kleine Abschweifung von dem Unfall bei meinem ersten Versuch, in den Küchen zu arbeiten.

Die Wirkung der kühlenden Essenzen ließ nach, ich hatte

das Gefühl, die Haut an meinem Körper dörrte aus. Das Hämmern in meinem Bein nahm zu, es schien mir, als müßte ich zerplatzen; in meiner Fieberphantasie war ich vollkommen ausgefüllt von einer brennenden Fackel. Die Zeit schlich dahin. Durch die Lamaserie hallten Geräusche, manche von ihnen kannte ich, manche nicht. Der Schmerz jagte in großen Feuerwellen durch meinen Leib. Ich lag auf dem Gesicht, doch auch die Vorderseite meines Körpers war verbrannt, verbrannt von der heißen Asche. Da war ein leises Rascheln, jemand saß neben mir. Eine freundliche, mitleidige Stimme, die Stimme des Lama Mingyar Dondup, sagte: »Kleiner Freund, es ist zu viel. Schlafe!« Gütige Finger strichen mein Rückgrat entlang. Wieder und wieder, und dann wußte ich nichts mehr.

Eine bleiche Sonne schien mir in die Augen. Ich erwachte blinzelnd, und als mein Bewußtsein zurückkehrte, dachte ich zuerst, jemand habe mich gestoßen – und ich hätte mich verschlafen. Ich wollte aufspringen, um zum Gottesdienst zu gehen, doch ich fiel kraftlos zurück. Mein Bein! Eine beruhigende Stimme sagte: »Bleib liegen, Lobsang, heute ist ein Ruhetag für dich!« Steif drehte ich den Kopf herum und sah mit großem Erstaunen, daß ich im Zimmer des Lamas war und daß er neben mir saß. Er sah meinen Blick und lächelte. »Und warum die Verwunderung? Gehört es sich nicht, daß zwei Freunde beisammen sind, wenn einer von ihnen krank ist?« Ein wenig zaghaft antwortete ich: »Aber du bist ein hoher Lama und ich bin nur ein Junge.«

»Lobsang, wir sind in früheren Leben weit miteinander gewandert. Jetzt, in diesem Leben, erinnerst du dich noch nicht daran. Ich erinnere mich, wir waren sehr nahe beieinander in unseren letzten Inkarnationen. Nun aber mußt du ruhen und wieder zu Kräften kommen. Wir werden dir dein Bein retten, sorg dich deshalb nicht.«

Ich dachte an das Lebensrad, ich dachte an die Worte in unseren buddhistischen Schriften:

Nie ermangelt der hochherzige Mann des Gedeihens, während der Erbärmliche keinen Tröster findet.

Laßt den mächtigen Mann großmütig sein gegen den Bittenden. Laßt ihn den langen Pfad seiner Leben entlangblicken. Denn Reichtum rollt wie die Räder eines Wagens, er kommt heute zum einen und morgen zum andern. Der Bettler von heute ist morgen ein Fürst, und der Fürst kann als Bettler zurückkehren.

In diesem Augenblick begriff ich, daß der Lama, der jetzt mein Mentor war, ein wahrhaft guter Mensch war, einer, dem ich bis an die Grenzen meiner Kraft zu folgen bereit war. Offenbar wußte er sehr viel über mich, weit mehr als ich selbst wußte. Ich freute mich auf das Lernen mit ihm, und niemand sollte einen besseren Schüler haben. Deutlich fühlte ich die starke Wesensverwandtschaft zwischen uns, und ich wunderte mich über das Wirken des Schicksals, das mich in seine Hut gestellt hatte.

Ich wandte den Kopf, um durch das Fenster zu blicken. Man hatte meine Bettkissen auf einen Tisch gelegt, so daß ich hinaussehen konnte. Es war ein sehr sonderbares Gefühl, nicht auf dem Boden, sondern mehr als einen Meter über ihm in der Luft zu ruhen. In meiner kindlichen Phantasie verglich ich es mit dem Horsten eines Vogels auf einem Baum! Doch es gab viel zu sehen. In weiter Ferne, hinter den tieferen Dächern, sah ich Lhasa weit ausgebreitet im Sonnenschein liegen. Winzige, durch die Entfernung sehr verkleinerte Häuser in zarten Pastellfarben. Zwischen den grünsten der grünen Grasflächen schlängelten sich die Gewässer des Kyi-Flusses durch das flache Tal. Die Berge in der Ferne waren purpurrot und trugen weiße Hauben aus leuchtendem Schnee. Die nähergelegenen Berghänge waren übersät mit Lamaserien mit goldenen Dächern. Zur Linken bildete der Potala mit seiner riesigen Masse einen kleinen Berg. Rechts von uns lag ein Wäldchen, aus dem Tempel und Schulgebäude aufragten. Das war der Sitz des Staats-Orakels von Tibet, wo ein wichtiger Mann residierte, dessen einzige Lebensaufgabe darin bestand, die materielle Welt mit der immateriellen in Einklang zu bringen. Unten im Vorhof gingen Mönche aller Ordnungen hin und her. Manche von ihnen trugen dunkelbraune Gewänder, das waren die Arbeiter-Mönche. Eine kleine Gruppe von Knaben trug weiße, Schüler-Mönche aus einer entfernteren Lamaserie. Auch Mönche von höherem Rang gingen dort: die einen in blutroten, die anderen in purpurfarbenen Gewändern. Diese letzteren trugen vielfach goldene Stolen als Zeichen ihrer Tätigkeit bei der höheren Verwaltungsbehörde. Einige von ihnen ritten auf Pferden oder Ponys. Laien ritten farbige Tiere, während die Priester nur auf Schimmeln ritten. Das alles lenkte mich von der unmittelbaren Gegenwart ab. Ich machte mir jetzt mehr Sorgen darüber, ob ich geheilt und wieder fähig werden würde herumzugehen.

Nach drei Tagen meinte man, es sei besser, wenn ich aufstünde und mich bewegte. Mein Bein war sehr steif und schmerzte abscheulich. Die ganze Umgebung der Wunde war entzündet, und sie eiterte stark wegen der Eisenrostpartikelchen, die darin zurückgeblieben waren. Da ich nicht ohne Stütze gehen konnte, hatte man mir eine Krücke gemacht, und ich hüpfte, einem verletzten Vogel ähnlich, an ihr umher. An meinem Körper waren noch viele Brandmale und Blasen von der heißen Asche, doch alle zusammen schmerzten sie nicht so sehr wie mein Bein. Ich konnte nicht sitzen, ich mußte auf der rechten Seite oder auf dem Gesicht liegen. Selbstverständlich konnte ich nicht bei den Gottesdiensten oder im Klassenzimmer anwesend sein, daher unterrichtete mich mein Mentor, der Lama Mingyar Dondup, beinahe während der ganzen Zeit. Er gab seiner Befriedigung über den Bestand meines Wissens Ausdruck, das ich in den wenigen Jahren meines Lebens erworben hatte, und sagte: »Doch ein Teil davon ist dir unbewußt aus deiner letzten Inkarnation in Erinnerung geblieben.«

Zwei Wochen vergingen, die Brandwunden an meinem Körper verheilten zusehends. Mein Bein schmerzte noch – immerhin besserte es sich. Ich bat, die normale Einteilung wieder aufnehmen zu dürfen, da ich mir mehr Bewegung machen wollte. Es wurde mir gestattet, und ich erhielt die Erlaubnis, so zu sitzen, wie es irgend ging, oder auf dem Gesicht zu liegen. Die Tibetaner sitzen mit gekreuzten Beinen in einer Stellung, die wir die Lotushaltung nennen, doch das war mir mit meinem kranken Bein vollkommen unmöglich.

Am ersten Nachmittag nach meiner Rückkehr hatten wir wieder Küchendienst. Mir fiel die Aufgabe zu, auf einer Schiefertafel zu verzeichnen, wie viele Säcke Gerste geröstet wurden. Die Gerste wurde auf einen glühendheißen Steinboden aufgeschüttet. Darunter war der Ofen, an dem ich mich verbrannt hatte. Die Gerste wurde gleichmäßig verteilt und die Tür verschlossen. Während dieser Teil röstete, gingen wir alle durch den Gang in einen andern Raum, wo wir die vorher geröstete Gerste verarbeiteten. Dort stand ein grobes, kegelförmiges, an seiner breitesten Stelle gegen zweieinhalb Meter breites Steinbecken. Es war hohl, und seine Innenfläche hatte Kerben, in denen die Gerstenkörner hängen blieben. Ein großer, ebenso kegelförmiger Stein paßte lose in das Becken. Den Stein durchquerte ein vom Alter mitgenommener Balken, der sein Gewicht trug, und an dem kleinere Balken befestigt waren wie die Speichen eines Rades ohne Reifen. Die geröstete Gerste wurde in das Becken geschüttet, und Mönche und Schüler schoben mit aller Kraft an den Speichen, um den Stein in Gang zu bringen, der viele Tonnen schwer war. Sobald er sich einmal drehte, war es nicht mehr so arg; wir drängten uns alle zusammen und sangen Lieder. Hier durfte ich singen, ohne getadelt zu werden! Den unglückseligen Stein in Bewegung zu setzen, war fürchterlich. Alle mußten fest zupacken, bis er sich zu bewegen begann. Dann, wenn er einmal in Gang war, mußten wir sehr darauf achten, daß er nicht stehenblieb. Neue Mengen von gerösteter Gerste wurden hineingeschüttet, während die zerkleinerten Körner unten aus dem Becken herausfielen. Die ganze verarbeitete Gerste wurde weggenommen, auf heißen Steinen ausgebreitet und noch ein zweites Mal geröstet. Das war das Mehl für Tsampa. Jeder von uns Jungen trug einen Wochenvorrat von Tsampa bei sich, genauer gesagt, wir trugen die gemahlene, geröstete Gerste mit uns. Bei den Mahlzeiten schütteten wir ein wenig davon aus unseren Ledersäckchen in unsere Schalen. Wir gossen gebutterten Tee dazu, rührten es mit den Fingern an, bis die Masse teigartig war, und aßen sie dann.

Am nächsten Tag halfen wir Tee bereiten. Wir gingen in einen andern Teil der Küchen, dort stand ein Kessel, der hundertfünfzig Gallonen faßte. Er war mit Sand gescheuert worden und glänzte jetzt wie neues Metall. Früher am Tage hatte man ihn zur Hälfte mit Wasser gefüllt, das nun kochte und dampfte. Wir mußten Teeziegel holen und sie zerdrücken. Solche Ziegel waren ungefähr sieben bis acht Kilo schwer, sie wurden aus China und Indien über die Gebirgspässe nach Lhasa gebracht. Die zerdrückten Stücke wurden in das kochende Wasser geworfen. Ein Mönch gab einen Klumpen Salz dazu und ein anderer ein Quantum Soda. Sobald alles wieder kochte, wurden etliche Schaufeln abgeklärter Butter dazugegeben, und das Ganze mußte vier Stunden lang kochen. Diese Mischung hatte sehr viel Nährwert und ergab zusammen mit Tsampa eine vollwertige Nahrung. Der Tee wurde immer heißgehalten, und wenn ein Kessel verbraucht war, wurde ein anderer gefüllt und zubereitet. Die unangenehmste Arbeit bei der Bereitung des Tees war die Wartung des Feuers. Der Yakdünger, den wir anstatt Holz als Brennmaterial verwendeten, wurde in Form von Platten getrocknet, und es gab unerschöpfliche Vorräte davon. Wenn man ihn ins Feuer warf, stiegen Wolken von übelriechendem, beißendem Rauch auf. Alles in der Nähe des Rauches wurde nach und nach geschwärzt. Holzgegenstände sahen schließlich aus wie Ebenholz, und Gesichter, die ihm lang ausgesetzt waren, bekamen vom Rauch verschmutzte Poren.

Wir mußten bei diesen niederen Arbeiten helfen, nicht weil zu wenig Arbeitskräfte dagewesen wären, sondern damit die Klassenunterschiede ausgeglichen würden. Wir sagen, der einzige Feind ist der Mann, den man nicht kennt; arbeite neben einem Mann, sprich mit ihm, lerne ihn kennen, und er hört auf, ein Feind zu sein. In Tibet entäußern sich die Menschen, die einen Rang bekleiden, an einem Tag im Jahre ihrer Macht, da darf jeder Untergebene offen sagen, was er denkt. Wenn ein Abt während eines Jahres hart war, wird es ihm gesagt, und wenn die Kritik gerecht ist, darf nichts gegen den Untergebenen unternommen werden. Dieses System bewährt sich gut, es unterstützt die Gerechtigkeit der Mächtigen und gibt den niederen Ständen das Gefühl, daß sie ein Wort mitzureden haben.

Während der Schulstunden mußten wir eifrig lernen. Wir saßen in Reihen auf dem Boden. Wenn der Lehrer etwas vortrug oder an seiner Wandtafel schrieb, stand er vor uns. Doch wenn wir unsere Aufgaben machten, ging er hinter uns auf und ab, und wir mußten die ganze Zeit fest arbeiten, da wir nicht wußten, wen von uns er beobachtete. Er hatte einen sehr dicken Stock und zögerte nicht, ihn an allen unseren Körperteilen zu betätigen, die sich in seiner unmittelbaren Reichweite befanden. An Schultern, Armen, Rücken oder einem noch passenderen Ort – es machte den Lehrern nichts aus, eine Stelle war so gut wie die andere.

Wir beschäftigten uns viel mit Mathematik, da sie ein für astrologische Studien sehr wesentlicher Gegenstand war. Unsere Astrologie wurde nicht nur von ungefähr betrieben, sondern nach wissenschaftlichen Grundsätzen errechnet. Mir wurde eine Menge Astrologie eingetrichtert, weil sie für die ärztliche Tätigkeit wichtig war. Es ist besser, einen Patienten nach seinem astrologischen Typus zu behandeln, als ihm aufs Geratewohl etwas zu verschreiben und zu hoffen, es werde, da es schon einmal einem Menschen half, wieder dieselbe Wirkung tun. An der Wand hingen große astrologische Karten und andere mit Abbildungen verschiedener Kräuter. Diese letzteren wurden allwöchentlich ausgetauscht, und man erwartete von uns eine völlige Vertrautheit mit dem Aussehen all der Pflanzen. Später wurden wir auf Exkursionen mitgenommen, um solche Kräuter zu sammeln und zu verarbeiten, doch wir durften erst mitgehen, wenn wir uns gründliche Kenntnisse erworben hatten und man sich darauf verlassen konnte, daß wir die richtigen Sorten pflückten. Diese »Kräutersammel«-Expeditionen im Herbst waren eine sehr beliebte Erholung von der strengen Lebenshaltung in der Lamaserie. Mitunter dauerte so ein Ausflug drei Monate und führte uns in die Hochländer, in eisumschlossene Gebiete, sechstausend bis siebentausendfünfhundert Meter über dem Meer, wo die riesigen Eisflächen von grünen, durch heiße Quellen erwärmten Tälern unterbrochen wurden. Hier erlebte man, was vielleicht nirgends in der Welt seinesgleichen fand. Auf einer Strecke von fünfzig Metern konnte die Temperatur von vierzig Grad unter Null bis auf hundert Grad Fahrenheit oder mehr steigen. Diese Gegend war völlig unerforscht, nur wenige von uns Mönchen kannten sie.

Unser religiöser Unterricht war sehr intensiv; jeden Morgen mußten wir die Gesetze und Stufen des Mittleren Weges hersagen. Die Gesetze lauteten:

1. *Vertraue den Leitern der Lamaserie und des Landes.*
2. *Vollziehe die religiösen Gebräuche und lerne eifrig.*
3. *Ehre deine Eltern.*
4. *Achte die Tugendhaften.*
5. *Ehre die Älteren und die von hoher Geburt.*
6. *Hilf deiner Heimat.*
7. *Sei redlich und wahrhaft in allen Dingen.*
8. *Sei fürsorglich gegen Freunde und Verwandte.*
9. *Verschleudere Nahrung und Besitz nicht.*
10. *Folge dem Beispiel der Guten.*
11. *Zeige dich dankbar und vergilt Gutes mit Gutem.*
12. *Halte in allen Dingen das richtige Maß.*
13. *Mach dich frei von Eifersucht und Neid.*
14. *Gib kein Ärgernis.*
15. *Sei freundlich in Wort und Tat und füge niemand Unrecht zu.*
16. *Trage Leiden und Pein mit Geduld und Sanftmut.*

Immer wieder sagte man uns, wenn jeder diesen Gesetzen

gehorchte, gäbe es keinen Streit und keine Mißhelligkeit. Unsere Lamaserie war bekannt wegen ihrer harten Zucht und strengen Erziehung. Viele Mönche aus andern Lamaserien kamen hin, reisten jedoch bald wieder ab, um anderswo angenehmere Lebensbedingungen zu suchen. Wir hielten sie für untermittelmäßig und uns für die Elite. In vielen andern Lamaserien gab es keine Nachtgottesdienste; die Mönche legten sich bei Einbruch der Dunkelheit nieder und schliefen bis zum Morgengrauen. Uns schienen sie verweichlicht und untüchtig, und obwohl wir im stillen murrten, hätten wir doch noch mehr gemurrt, wenn man unsere Lebensform geändert und sie dem tätigkeitsarmen Niveau der andern angeglichen hätte. Das erste Jahr war besonders hart. Nach einiger Zeit wurden die, die den Strapazen nicht gewachsen waren, ausgeschieden. Nur die Stärksten hielten die Ausflüge in die eisigen Gebirgsgegenden bei den Kräutersuchexpeditionen aus; wir vom Chakpori waren die einzigen, die hingingen. In weiser Voraussicht schlossen unsere Leiter die Ungeeigneten aus, bevor sie die andern in irgendeiner Weise gefährden konnten. Während des ersten Jahres hatten wir beinahe keine Entspannung, keine Vergnügungen und Spiele. Lernen und Arbeit füllten jeden wacher Augenblick aus.

Für eines bin ich noch heute dankbar: für die Art des Auswendiglernens, die man uns beibrachte. Die meisten Tibetaner haben ein gutes Gedächtnis, doch wir, die wir zu Medizin-Mönchen ausgebildet wurden, mußten die Namen und die genaue Beschreibung einer großen Anzahl von Pflanzen kennen und auch wissen, wie man sie mischen und verwenden konnte. Wir mußten in der Astrologic gut beschlagen sein und die Texte aller unserer heiligen Bücher hersagen können. Im Laufe der Jahrhunderte hatte sich eine Methode zur Unterstützung des Gedächtnisses herausgebildet. Wir stellten uns vor, in einem von vielen Tausenden von Fächern ausgekleideten Raum zu sein. Jedes Fach trug eine deutliche Aufschrift, die von unserm Standplatz aus leicht zu lesen war. Jede Tatsache, die uns mitgeteilt wurde, mußten wir einordnen, und man hielt uns dazu an, uns vorzustellen, wie wir das entsprechende Fach öffneten und die Tatsache hineinlegten. Wir mußten es uns sehr lebendig und deutlich vergegenwärtigen, um uns von dieser »Tatsache« und dem genauen Platz des »Faches« ein Bild zu machen. Mit ein wenig Übung war es erstaunlich leicht, den Raum – in der Phantasie – zu betreten, das richtige Fach zu öffnen und die gewünschte Tatsache oder irgendeine andere herauszunehmen.

Unsere Lehrer verwendeten große Mühe darauf, unser für uns so notwendiges Gedächtnis zu schulen. Sie stellten uns plötzlich unerwartete Fragen, nur um es zu prüfen. Diese Fragen standen in gar keinem Zusammenhang miteinander, so daß sich unsere Gedanken umstellen mußten, ohne einfach einer Bahn folgen zu können. Oft fragte man uns nach selten zitierten Stellen in den Heiligen Büchern und dazwischen wieder nach Pflanzen. Die Strafen für Vergeßlichkeit waren äußerst streng; Vergessen war ein unverzeihliches Verbrechen und wurde mit harten Schlägen bestraft. Zum Nachdenken wurde uns nicht viel Zeit gelassen. Der Lehrer sagte zum Beispiel: »Du, Junge, ich will die fünfte Zeile auf der achten Seite im siebenten Buch des Kan-gyur hören, öffne das Fach, nun, wie lautet sie?« Wenn wir nicht in ungefähr zehn Sekunden antworten konnten, war es besser, keine Antwort zu geben, da die Strafe für einen wenn auch noch so kleinen Fehler, den wir machten, beinahe noch ärger war. Doch es ist ein gutes System und schult das Gedächtnis. Wir konnten Bücher nicht herumtragen. Unsere Bücher waren im allgemeinen gegen einen Meter breit und ungefähr fünfundvierzig Zentimeter lang, lose Papierblätter, die, ungebunden, von Holzdeckeln zusammengehalten wurden. Später lernte ich den ungeheuren Wert eines guten Gedächtnisses kennen.

Während der ersten zwölf Monate war es uns nicht gestattet, die Gründe der Lamaserie zu verlassen. Wer es tat, durfte nicht zurückkehren. Das war eine nur auf Chakpori eingeführte Vorschrift, weil die Disziplin dort so streng war und man fürchtete, wir würden nicht zurückkehren, wenn man uns hinausließ. Ich gebe zu, daß ich »gelaufen« wäre, hätte ich einen Ort gehabt, wohin ich hätte laufen können. Nach dem ersten Jahr hatten wir uns eingewöhnt.

Im ersten Jahr durften wir kein einziges Spiel spielen, wir wurden die ganze Zeit hindurch streng zur Arbeit angehalten; das hatte zur Folge, daß jene Schüler ausschieden, die zu schwach und nicht fähig waren, den Anstrengungen standzuhalten. Nach diesen ersten schweren Monaten meinten wir beinahe vergessen zu haben, wie man spielt. Unsere Unterhaltungen und Übungen waren dazu bestimmt, uns zu stählen und uns im späteren Leben von Nutzen zu sein. Ich liebte es immer noch sehr, auf Stelzen zu gehen, und jetzt hatte ich manchmal Zeit dafür. Unsere Stelzen waren so lang, daß die Füße um unsere ganze eigene Körperlänge über dem Boden standen. Als wir gewandter wurden, verwendeten wir noch längere, meist über drei Meter lange Stelzen. Auf ihnen stolzierten wir durch die Höfe, guckten in die Fenster und machten uns auch sonst unangenehm bemerkbar. Wir verwendeten keine Stange, um uns im Gleichgewicht zu halten; wenn wir an einer Stelle stehenbleiben wollten, traten wir von einem Fuß auf den andern, als wollten wir die Zeit messen. Dadurch konnten wir uns im Gleichgewicht und im Stand halten. Wir liefen nicht Gefahr hinunterzufallen, wenn wir gut achtgaben. Sogar Schlachten schlugen wir auf Stelzen. Wir bildeten zwei Mannschaften, meistens zehn auf einer Seite, stellten uns ungefähr dreißig Meter voneinander in einer Linie auf und stürmten dann auf ein gegebenes Zeichen mit einem wilden Geschrei gegeneinander los, das die Dämonen des Himmels in Furcht setzen sollte. Ich war, wie gesagt, in einer Klasse von viel älteren und größeren Burschen. Das hatte bei Kämpfen auf Stelzen einen Vorteil für mich. Die andern bewegten sich schwerfällig fort, während ich zwischen ihnen durchflitzen, hier eine Stelze wegziehen und dort eine fortstoßen und so die Reiter zu Fall bringen konnte. Zu Pferd war ich nicht so gewandt, doch dort, wo ich auf mich selbst angewiesen war, machte ich meinen Weg.

Wir Jungen verwendeten die Stelzen auch zum Überqueren von Flüssen. Mit einiger Vorsicht konnten wir sie durchwaten und uns einen langen Umweg bis zur nächsten Furt ersparen. Einmal, erinnere ich mich, ging ich auf ungefähr zwei Meter langen Stelzen spazieren. Ich kam zu einem Fluß und wollte ihn überqueren. Sein Bett fiel ohne sanftere Böschung unvermittelt steil ab. Ich setzte mich am Ufer nieder und senkte meine gestelzten Beine ins Wasser. Es reichte mir bis an die Knie, und in der Mitte des Flusses stieg es bis über meine Hüften. In dem Augenblick hörte ich schnelle Schritte. Ein Mann kam eilig den Pfad entlang, er warf nur einen kurzen Blick auf den kleinen Jungen im Fluß, und als er sah, daß mir das Wasser nur bis über die Hüften ging, dachte er offenbar: »Aha, hier ist eine seichte Stelle.« Ich hörte plötzlich ein Klatschen, und der Mann war verschwunden. Dann bildete sich ein Wirbel im Wasser, sein Kopf tauchte über der Oberfläche auf, seine Hände faßten am Ufer Halt, und er zog sich ans Land. Er schimpfte entsetzlich, seine Drohungen, was er mir alles antun werde, ließen mein Blut beinahe gerinnen. Ich beeilte mich, das andere Ufer zu erreichen, und als auch ich an Land kam, lief ich so schnell, wie ich, glaube ich, noch nie auf Stelzen gegangen war.

Eine Gefahr beim Stelzengehen war der Wind, der in Tibet scheinbar immer bläst. Wir spielten zum Beispiel in einem Hof, vergaßen in der Aufregung des Spiels den Wind und überschritten die geschützte Zone hinter der Mauer. Ein Windstoß bauschte unsere Gewänder auf, und wir stürzten ab, ein Gewirre von Armen, Beinen und Stelzen. Doch es gab wenige Unfälle. Vom Judo her wußten wir, wie man fallen muß, um sich nicht zu verletzen. Oft hatten wir Beulen und geschundene Knie, aber solche Kleinigkeiten beachteten wir nicht. Natürlich waren einige darunter, die beinahe über ihren eigenen Schatten stolperten, manche ungeschickte Jungen erlernten es nie, den Sturz zu parieren, und sie trugen manchmal gebrochene Arme oder Beine davon.

Ein Bursche war da, der auf den Stelzen einen Purzelbaum zwischen den Schäften schlagen konnte. Er schien sich an den Enden der Stelzen zu halten, die Füße von den Rasten zu ziehen und sich in einem vollkommenen Salto zu überschlagen. Seine Füße flogen in die Höhe, standen genau über dem Kopf, senkten sich, und fanden die Rasten jedesmal wieder. Er machte es mehrmals nacheinander, beinahe ohne je eine Rast zu verfehlen oder den Rhythmus seines Ganges zu unterbrechen. Ich konnte auf Stelzen springen, doch als ich es zum ersten Mal versuchte, landete ich mit so großer Wucht, daß die beiden Rasten abbrachen und ich den Boden nur allzuschnell erreichte. Später sah ich zu, daß die Rasten gut an den Stelzen befestigt waren.

Kurz vor meinem achten Geburtstag teilte mir der Lama Mingyar Dondup mit, die Astrologen hätten vorausgesagt, daß der auf meinen Geburtstag folgende Tag ein günstiger Zeitpunkt wäre, um »das Dritte Auge zu erschließen«. Das regte mich keineswegs auf, ich wußte, er würde dabei anwesend sein, und ich hatte großes Vertrauen zu ihm. Er hatte mir oft gesagt, wenn mein Drittes Auge erschlossen sei, werde ich die Menschen so sehen können, wie sie sind. Für uns war der Körper eine bloße Hülle, belebt durch das größere Ich, das Über-Ich, das die Führung übernimmt, wenn man schläft oder dieses Leben verläßt. Wir glauben, daß der Mensch in diesen schwachen körperlichen Leib gekommen ist, um zu lernen und sich höher zu entwickeln. Während des Schlafes kehrt er zu einer anderen Ebene der Existenz zurück. Wenn er sich zur Ruhe legt, löst sich der Geist vom körperlichen Leib und entschwebt beim Einschlafen. Der Geist bleibt mit dem körperlichen Leib durch eine »Silber-Schnur« verbunden, die bis zum Augenblick des Todes vorhanden ist. Die Träume, die man träumt, sind auf der geistigen Ebene des Schlafes gemachte Erfahrungen. Wenn der Geist in den Körper zurückkehrt, verzerrt die Erschütterung des Erwachens die Traumerinnerung, außer man ist besonders ausgebildet worden, und daher kann einem der Traum im wachen Zustand ungeheuer unwahrscheinlich vorkommen. Doch darüber will ich später mehr sagen, wenn ich über meine eigenen Erfahrungen in dieser Hinsicht berichte.

Die Aura, die den Körper umgibt, und die zu sehen jeder unter den entsprechenden Bedingungen erlernen kann, ist ein bloßer Reflex der im Innern brennenden Lebenskraft. Wir halten diese Kraft für Elektrizität, für dasselbe wie den Blitz. Heute können die Wissenschaftler des Westens die »elektrischen Gehirnwellen« messen und beschreiben. Leute, die über solche Dinge spotten, sollten darüber nachdenken und auch über die Corona der Sonne. Da dringen Flammen Millionen Meilen weit von der Oberfläche der Sonne hinaus. Im allgemeinen können die Menschen diese Corona nicht sehen, doch in Zeiten totaler Sonnenfinsternis ist sie für jeden sichtbar, der Lust hat, sie zu betrachten. Es ist bedeutungslos, ob es die Leute glauben oder nicht. Ihr Unglaube wird die Corona der Sonne nicht auslöschen. Sie ist ständig da. Ebenso ist es mit der menschlichen Aura. Und eben diese Aura zu sehen, sollte mir unter anderen Dingen nach der Erschließung des Dritten Auges möglich werden.

DIE ERSCHLIESSUNG DES DRITTEN AUGES

Mein Geburtstag war da, ich hatte frei an dem Tag und brauchte weder dem Unterricht beizuwohnen noch den Gottesdiensten. Der Lama Mingyar Dondup sagte am frühen Morgen: »Genieße den Tag, Lobsang, wir werden bei Einbruch der Dämmerung zu dir kommen.« Es machte mir viel Vergnügen, untätig im Sonnenlicht auf dem Rücken zu liegen. Ein wenig unter mir sah ich den Potala mit seinen schimmernden Dächern. Der blaue See im Norbu Linga, dem Parkjuwel, hinter mir, erweckte meine Sehnsucht, in einem Boot dahinzutreiben.

Mit dem Sinken des Tages kam der Abend heran, ich ging in das kleine Gemach, wo ich warten sollte. Draußen hörte ich das leise Geräusch von weichen Filzschuhen auf dem Steinboden. Drei Lamas von hohem Rang betraten den Raum. Sie legten einen Kräuterumschlag um meinen Kopf und banden ihn dort fest. Später am Abend kehrten die drei zurück, einer von ihnen war der Lama Mingyar Dondup. Vorsichtig wurde der Umschlag entfernt und meine Stirn gereinigt und getrocknet. Ein kräftig aussehender Lama nahm hinter mir Platz, er legte meinen Kopf zwischen seine Knie. Der zweite Lama öffnete ein Kästchen und nahm daraus ein Instrument aus glänzendem Stahl. Es glich einem Spitzbohrer, nur war sein Schaft nicht rund, sondern er hatte die Form eines »U« und anstatt einer Spitze hatte es kleine

Zähne rings um den Rand des »U«. Eine Weile sah der Lama das Instrument an, dann zog er es durch die Flamme einer Lampe, um es zu sterilisieren. Der Lama Mingyar Dondup nahm meine Hände und sagte: »Es tut sehr weh, Lobsang, und es kann nur gemacht werden, während du bei vollem Bewußtsein bist. Es wird nicht sehr lange dauern, versuche also, so still zu halten wie möglich.« Ich sah nun verschiedene Instrumente, die sie vorbereitet hatten, und eine Reihe von Kräuteressenzen, und ich dachte im stillen, »nur Mut, Lobsang, mein Junge, sie werden auf die eine oder andere Weise mit dir fertig werden, und du kannst nichts dabei tun – außer stillhalten!«

Der Lama mit dem Instrument sah die andern an und sagte: »Alles in Ordnung? Wir wollen beginnen, die Sonne ist eben untergegangen.« Er preßte das Instrument gegen die Mitte meiner Stirn und drehte den Griff. Einen Augenblick lang hatte ich das Gefühl, als stäche mich jemand mit Dornen. Die Zeit schien stillzustehen. Es war kein besonderer Schmerz, als er in die Haut und das Fleisch eindrang, doch ich fühlte einen kleinen Schock, als sein Ende den Knochen traf. Der Lama drückte stärker, indem er das Instrument ein wenig hin und her wiegte, so daß sich die kleinen Zähne in das Stirnbein gruben. Der Schmerz war nicht stechend, es war ein Druck und ein dumpfes Schmerzgefühl. Ich rührte mich nicht, der Lama Mingyar Dondup sah zu, und ich wäre lieber gestorben als mich zu bewegen oder zu schreien. Er setzte Vertrauen in mich, so wie ich in ihn, und ich wußte, daß alles, was er tat oder sagte, richtig war. Er stand ganz nahe und beobachtete mit scharf gespannten Mundwinkeln. Plötzlich gab es einen kleinen »Knack«, das Instrument drang durch den Knochen. Augenblicklich hielt der sehr behutsame Operateur inne. Er hielt den Griff des Instrumentes fest, während ihm der Lama Mingyar Dondup ein sehr hartes, sehr reines Holzplättchen reichte, das mit Feuer und Kräutern behandelt und dadurch so hart geworden war wie Stahl. Dieses Plättchen wurde in die »U«-Schlinge des Instrumentes gefügt und vorgeschoben, so, daß es gerade in das Loch in meinem Kopf glitt. Der operierende Lama trat ein wenig zur Seite, damit auch der Lama Mingyar Dondup vor mir stehen konnte. Er nickte, worauf der Operateur das Plättchen mit unendlicher Vorsicht weiter und weiter vorschob. Plötzlich spürte ich, offenbar in der Nasenwurzel, ein scharfes Kitzeln. Es ließ nach, und ich roch zarte Düfte, die ich nicht erkannte. Auch das ging vorüber und wurde von einem Gefühl abgelöst, als stieße ich gegen einen zurückweichenden Vorhang oder würde dagegen gestoßen. Plötzlich zuckte ein blendender Blitz auf, und im selben Moment sagte der Lama Mingyar Dondup: »Halt!« Einen Augenblick lang fühlte ich einen heftigen Schmerz wie von einer sengenden weißen Flamme. Er nahm ab, erlosch, und wurde von farbigen Spiralen abgelöst und von kleinen, weißglühenden Rauchkugeln. Das Metallinstrument wurde vorsichtig entfernt. Das Holzplättchen blieb zurück, es sollte zwei oder drei Wochen lang an seinem Platz bleiben, und bis dahin mußte ich mich in dem beinahe ganz verdunkelten kleinen Raum aufhalten. Niemand durfte mich besuchen außer den drei Lamas, die mir Tag für Tag Belehrungen erteilten. Bis zur Entfernung des Plättchens durfte ich nur das Allernotwendigste essen und trinken. Als das hervorstehende Plättchen so festgebunden war, daß es sich nicht bewegen konnte, wandte sich der Lama Mingyar Dondup zu mir und sagte: »Du bist jetzt einer der unsern, Lobsang. Für den Rest deines Lebens wirst du die Menschen sehen, wie sie sind, und nicht wie sie zu sein vorgeben.« Es wunderte mich, die drei Lamas deutlich in goldene Flammen gehüllt zu sehen. Erst später begriff ich, daß ihre Aura golden war wegen des reinen Lebens, das sie führten, und daß die meisten Menschen allerdings ganz anders aussahen.

Als mein neuer Sinn sich unter der erfahrenen Leitung der Lamas entwickelte, bemerkte ich, daß es auch andere Emanationen gab, die sich über die innerste Aura hinaus vorschoben. Später lernte ich den Gesundheitszustand eines Menschen an der Farbe und Intensität seiner Aura erkennen. Ich sah auch an der Art des Fluktuierens der Farben, ob jemand die Wahrheit redete oder nicht. Indessen veranlaßte nicht nur der menschliche Körper mein Hellsehen. Man gab mir einen Kristall, den ich heute noch besitze, und ich erwarb mir viel Fertigkeit in seinem Gebrauch. Schau-Kristalle haben absolut nichts Magisches an sich. Sie sind bloße Instrumente. Genauso wie ein Mikroskop oder ein Fernrohr normalerweise unsichtbare Gegenstände auf Grund natürlicher Gesetze ins Gesichtsfeld rücken kann, so kann es auch ein Schau-Kristall. Er dient dem Dritten Auge, mit dessen Hilfe man in das Unterbewußtsein jedes Menschen eindringen und die aufgehäuften Fakten festhalten kann, nur als Brennpunkt. Der Kristall muß dem individuellen Gebrauch des Schauenden angepaßt sein. Manche Leute arbeiten am besten mit einem Bergkristall, andere ziehen eine Glaskugel vor. Noch andere nehmen eine Schale mit Wasser oder nur eine schwarze Scheibe. Es kommt nicht darauf an, was sie verwenden, im Prinzip ist der Vorgang der gleiche.

In den ersten Tagen blieb mein Zimmer beinahe vollkommen verdunkelt. Während der zweiten Woche durfte ein kleiner Lichtschimmer hereinfallen, und vom Ende dieser Woche an wurde der Raum immer mehr erhellt. Am siebzehnten Tag war er wieder voll erleuchtet, und alle drei Lamas kamen miteinander, um das Plättchen zu entfernen. Das ging sehr einfach. Am Abend vorher war meine Stirn mit einer Kräuteressenz bestrichen worden. Am Morgen kehrten die Lamas zurück, und wie beim ersten Mal nahm einer von ihnen meinen Kopf zwischen seine Knie. Der Operateur faßte das hervorstehende Ende des Holzes. Ein plötzlicher scharfer Ruck – und das war alles. Das Plättchen war heraußen. Der Lama Mingyar Dondup legte einen Bausch mit Kräutern über den sehr kleinen Fleck, der zurückgeblieben war, und zeigte mir das Holzplättchen. Es war, während es in meinem Kopf verblieben, so schwarz geworden wie Ebenholz. Der Lama, der mich operiert hatte, ging zu einem kleinen Heizbecken und legte das Holz zusammen mit ein paar Weihrauchkörnern von verschiedenen Sorten darauf. Als ihr Rauch sich vermischte und zur Decke aufstieg, war die erste Stufe meiner Einweihung erreicht. In jener Nacht wirbelte mir der Kopf beim Einschlafen; wie würde mir Tzu vorkommen, jetzt, wo ich anders sah? Mein Vater, meine Mutter, wie würden sie aussehen? Doch auf solche Fragen gab es noch keine Antwort.

Am Morgen kamen die Lamas wieder und untersuchten mich sorgfältig. Sie sagten, ich könnte nun zu den andern zurückkehren, doch ich sollte die Hälfte meiner Zeit bei dem Lama Mingyar Dondup verbringen, der mich auf besondere Art unterrichten werde. Während der andern Hälfte meiner Zeit sollte ich den Gottesdiensten und dem Unterricht im Klassenzimmer beiwohnen, nicht so sehr wegen des Wissensstoffes, als zur Ausgleichung meines Gesichtskreises.

Etwas später sollte ich auch auf hypnotischem Weg unterrichtet werden. Im Augenblick allerdings galt mein Hauptinteresse dem Essen. Während der vergangenen achtzehn Tage war ich auf sehr schmale Kost gesetzt gewesen, nun gedachte ich mich dafür schadlos zu halten. Erfüllt von diesem Gedanken lief ich zur Tür hinaus. Da näherte sich mir eine Gestalt, verhüllt von blauem Rauch, aus dem grellrote Flecke hervorleuchteten. Ich stieß einen Schrei des Entsetzens aus und stürzte ins Zimmer zurück. Die andern schauten auf, als ich mich so erschrocken gebärdete. »Da draußen auf dem Gang brennt ein Mann«, sagte ich. Der Lama Mingyar Dondup eilte hinaus und kehrte lächelnd zurück. »Lobsang, das ist ein reiner Mensch in Erregung. Seine Aura ist rauchblau, da er noch unentwickelt ist, und in den roten Flecken zeigt sich seine Gemütsbewegung an. Nun kannst du wieder gehen, um dir das Essen zu holen, nach dem dich so verlangt.«

Es war spannend, den Jungen zu begegnen, die ich so gut kannte und doch gar nicht gekannt hatte. Jetzt brauchte ich sie nur anzusehen, um ihre wahren Gedanken zu erkennen, die echte Zuneigung, die mir manche entgegenbrachten, die Eifersucht der einen und die Gleichgültigkeit der andern. Doch es war nicht so, daß ich einfach Farben sah und alles wußte; ich mußte in der Deutung dieser Farben unterwiesen werden. Ich saß mit meinem Mentor in einer versteckten Nische neben dem Eingangstor, von der aus wir die Leute beobachten konnten, die eintraten. Der Lama Mingyar Dondup sagte dann wohl: »Siehst du, Lobsang, bei dem, der da kommt, den Farbfaden über dem Herzen schwingen? Die Schattierung und das Schwingen bedeuten, daß er lungenkrank ist«, oder er sagte vielleicht, als ein Händler sich näherte: »Sieh diesen an, beachte die fliegenden Bänder und die wechselnden Farbflecke. Unser Bruder vom Handel denkt eben, er wird die einfältigen Mönche betrügen können, Lobsang, er erinnert sich daran, daß er das früher schon einmal getan hat. Wie erniedrigen sich die Menschen um des Geldes willen!« Als ein alter Mönch des Weges kam, sagte der Lama: »Den sieh dir gut an, Lobsang. Es ist ein wahrhaft heiliger Mann, aber er nimmt alles wörtlich, was in unsern Schriften steht. Bemerkst du die Verfärbungen im Gelb seines Strahlenkranzes? Das bedeutet, daß er noch nicht weit genug fortgeschritten ist, um selbständig zu urteilen.« So ging es fort, Tag um Tag. Besonders an Kranken machten wir Beobachtungen und übten die Kraft des Dritten Auges an körperlich Kranken oder Kranken am Geiste. Eines Abends sagte der Lama: »Später werden wir dir zeigen, wie du das Dritte Auge willkürlich schließen kannst, denn du wirst die Mängel der Menschen nicht immer sehen wollen, es wäre eine unerträgliche Last. Vorläufig gebrauche es die ganze Zeit, so wie du deine körperlichen Augen gebrauchst. Dann werden wir dich lehren, es zu schließen und zu öffnen wie die andern Augen.«

Vor vielen, vielen Jahren, berichten unsere Legenden, besaßen alle Menschen das Dritte Auge. Damals gingen die Götter auf der Erde und mischten sich unter die Menschen. Die Menschen wollten die Götter verdrängen und versuchten, sie zu töten; doch sie vergaßen, daß die Götter alles besser sahen als sie. Zur Strafe schloß sich das Dritte Auge des Menschen. Im Laufe der Jahrhunderte wurden manche Menschen mit der Gabe des Hellsehens geboren; sie kann bei Leuten, denen sie von Natur aus gegeben ist, durch eine angemessene Behandlung gleich der meinen um ein Tausendfaches gesteigert werden. Als eine besondere Fähigkeit mußte sie geschätzt und hochgehalten werden. Der Abt ließ mich eines Tages rufen und sagte: »Mein Sohn, du hast nun diese Fähigkeit, eine Fähigkeit, die den wenigsten gegeben ist. Gebrauche sie nur zum Guten, nie zum eigenen Gewinn. Wenn du fremde Länder durchwanderst, wirst du Leuten begegnen, die es gerne sähen, wenn du dich betrügest wie ein Zauberer auf einem Jahrmarkt. ›Beweise uns dies, beweise uns das‹, werden sie sagen. Doch ich sage dir, mein Sohn, das darf nicht sein. Diese Fähigkeit ist dir gegeben, um andern zu helfen, nicht um dich zu bereichern. Was immer dir durch das Hellsehen bekannt wird – und vieles wird dir bekannt werden! – enthülle es nicht, wenn es andern schadet oder auf den Pfad ihres Lebens Einfluß nehmen kann. Denn der Mensch muß selbst seinen eigenen Pfad wählen, mein Sohn, sage ihm, was du willst, er muß doch seinen eigenen Weg gehen. Hilf bei Krankheiten, bei Leiden, ja, doch sage nicht, was eines Mannes Pfad ablenken könnte.« Der Abt war ein sehr gelehrter Mann, er war der Leibarzt des Dalai Lama. Bevor er die Unterredung beendete, teilte er mir noch mit, daß der Dalai Lama, der mich sehen wollte, im Laufe der nächsten Tage nach mir schicken werde. Ich sollte für einige Zeit zusammen mit dem Lama Mingyar Dondup im Potala zu Gast sein.

DER POTALA

An einem Montagmorgen sagte der Lama Mingyar Dondup, der Termin für unsern Besuch im Potala sei bestimmt worden. Ende der Woche sollten wir hinkommen. »Wir müssen es proben, Lobsang, wir müssen uns ganz richtig benehmen beim Eintritt.« Ich sollte dem Dalai Lama vorgestellt werden, und mein »Eintritt« mußte formvollendet sein. In einem kleinen, unbenützten Tempel neben unserm Klassenzimmer stand eine lebensgroße Statue des Dalai Lama. Wir gingen dahin und stellten uns vor, wir seien in Audienz im Potala. »Sieh zuerst zu, wie ich es mache, Lobsang. So betrittst du den Raum, mit niedergeschlagenen Augen. Geh vorwärts und bleib ungefähr eineinhalb Meter vom Dalai Lama entfernt stehen. Streck die Zunge heraus zum Gruß und fall auf die Knie. Nun gib genau acht; halte die Arme so und verbeuge dich. Einmal, noch einmal, und noch ein drittes Mal. Du kniest mit gesenktem Kopf und legst die seidene Schärpe über Seine Füße, so. Dann nimmst du die frühere Stellung wieder ein, mit gesenktem Kopf, damit Er eine Schärpe um deinen Hals legen kann. Zähle im Geiste bis zehn, damit du keine ungebührliche Hast an den Tag legst, dann steh auf und geh rücklings zum nächsten unbesetzten Kissen.« Ich war allem gefolgt, wie es mir der Lama mit der Gewandtheit seiner langen Übung vorgezeigt hatte. Er fuhr fort: »Noch auf eines muß ich dich aufmerksam machen: bevor du nach rückwärts zu gehen beginnst, wirf einen schnellen, unauffälligen Blick auf das nächste Kissen, damit du siehst, wie es liegt. Denn wir wollen doch nicht, daß sich deine Fersen in dem Kissen verfangen und du einen Sturz parieren mußt, um dir den Hinterkopf nicht zu zerschmettern. In der Aufregung des Augenblicks kann man sehr leicht ausgleiten. Nun zeig mir, ob du es ebensogut kannst wie ich!« Ich verließ den Raum, der Lama klatschte in die Hände zum Zeichen, daß ich eintreten sollte. Ich eilte vorwärts, doch ich wurde sogleich wieder aufgehalten: »Lobsang, Lobsang, veranstaltest du hier ein Wettrennen? Mach es noch einmal, und langsam; gib dir den Takt für deine Schritte, indem du im stillen vor dich hin sagst: ›Om-ma-ni-pad-me-Hum‹! Dann wirst du wie ein würdiger junger Priester hereinkommen und nicht wie ein galoppierendes Rennpferd aus der Tsang-Po-Ebene.« Noch einmal ging ich hinaus, diesmal kam ich ganz gesetzt herein und schritt auf die Statue zu. Mit dem tibetanischen Gruß, mit vorgestreckter Zunge, kniete ich nieder. Meine drei Verneigungen müssen mustergültig gewesen sein; ich war stolz auf sie. Doch, o weh! ich hatte die Schärpe vergessen! So ging ich zum dritten Mal hinaus, um alles von vorne zu beginnen. Diesmal machte ich es richtig und legte die Schärpe zu Füßen der Statue nieder. Ich ging nach rückwärts, und es gelang mir, mich ohne auszugleiten in der Lotushaltung niederzusetzen.

»So, jetzt kommen wir zur nächsten Etappe. Du mußt deinen hölzernen Trinkbecher im linken Ärmel verbergen. Wenn du dich niedergesetzt hast, wird man dir Tee reichen. Den Becher hält man so, zwischen den Ärmel und den Unterarm geklemmt, wenn du recht vorsichtig bist, wird er nicht herausfallen. Wir wollen es mit dem Becher üben, zuerst unten und dann immer höher im Ärmel hinauf, und dabei die Schärpe nicht vergessen.« Die ganze Woche hindurch probten wir jeden Morgen, so daß ich es wie im Schlaf konnte. Zuerst fiel der Becher immer wieder heraus und hüpfte über den Boden, wenn ich mich verneigte, doch bald lernte ich den Kniff. Am Freitag mußte ich vor dem Abt erscheinen, um ihm meine Künste vorzuführen. Er sagte, sie seien »ein würdiger Tribut an die Belehrungen unseres Bruders Mingyar Dondup«.

Am nächsten Morgen, am Samstag, stiegen wir unsern Berg hinab und gingen hinüber zum Potala. Unsere Lamaserie bildete einen Teil des Potala-Komplexes, obwohl sie auf einem eigenen Berg in der Nähe der Hauptgebäude errichtet war. Sie war bekannt als der Tempel der Medizin und als Medizin-Schule. Unser Abt war der einzige Arzt des Dalai Lama, eine keineswegs beneidenswerte Stellung, da seine Aufgabe nicht darin bestand, eine Krankheit zu heilen, sondern ihn bei guter Gesundheit zu erhalten. Jede Erkrankung oder Unpäßlichkeit wurde daher als die Folge einer Unterlassung seitens des Arztes angesehen. Doch der Abt konnte nicht hingehen, wann er wollte, um den Dalai Lama zu untersuchen, sondern er mußte warten, bis er gerufen wurde, wenn der Patient krank war!

An jenem Samstag dachte ich allerdings nicht an die Sorgen des Arztes, ich hatte genug mit meinen eigenen. Vom Fuße unseres Berges aus steuerten wir durch das Gedränge der schaulustigen Reisenden und Pilger auf den Potala zu. Diese Menschen waren aus allen Gegenden Tibets gekommen, um das Heim des »Allinnersten« zu sehen, wie wir den Dalai Lama nennen. Wenn sie seiner auch nur von weitem ansichtig werden konnten, kehrten sie mit dem Gefühl zurück, für die Beschwerden ihrer langen Reise reichlich belohnt zu sein. Manche der Pilger waren monatelang zu Fuß gegangen, um dem Heiligen der Heiligen diesen einen Besuch zu machen. Da waren Landwirte, Adelige aus entfernten Provinzen, Schäfer, Handelsleute, und die Kranken, die hofften, in Lhasa geheilt zu werden. Alle drängten sie sich auf der Straße zusammen und machten den sechs Meilen weiten Rundgang um den Fuß des Potala. Manche bewegten sich auf Händen und Knien fort, andere streckten sich der Länge nach auf den Boden, standen auf und streckten sich wieder hin. Noch andere, die Kranken und Gebrechlichen, humpelten an zwei Stöcken einher, oder wurden von ihren Freunden gestützt. Überall standen die Händler. Einige schenkten heißen gebutterten Tee aus. Andere verkauften Eßwaren aller Art. Es gab dort Zaubermittel zu kaufen und »von einer heiligen Inkarnation gesegnete« Amulette. Alte Männer hängten den Leichtgläubigen gedruckte Horoskope an. Weiter unten an der Straße bemühten sich ein paar muntere Männer, Handgebetmühlen als Andenken an den Potala zu verkaufen. Auch Schreiber waren da: für eine bestimmte Summe schrieben sie einen Schein mit der Bestätigung, daß der, der sie bezahlte, Lhasa und alle die heiligen Plätze dort besucht habe. Doch wir hatten keine Zeit für solche Dinge, wir wollten zum Potala.

Die private Residenz des Dalai Lama bildete den obersten Teil des Bauwerks, denn niemand darf höher wohnen als er. Eine riesige Steintreppe führt an der Außenseite der Gebäude bis hinauf zur Höhe. Sie gleicht eher einer Straße aus Stufen als einer bloßen Stiege. Viele der höheren Beamten reiten mit ihren Pferden hinauf, um sich das Gehen zu ersparen. Wir begegneten vielen solchen Reitern, als wir hinaufstiegen. Hoch oben blieb der Lama Mingyar Dondup an einer Biegung stehen und wies hinaus: »Dort ist dein früheres Heim, Lobsang, die Diener sind sehr geschäftig im Hof.« Ich blickte hin, und vielleicht bleibt besser ungesagt, was ich fühlte. Meine Mutter ritt eben mit ihrem Gefolge von Dienern aus. Auch Tzu war dort. Nein, meine Gedanken in jenem Augenblick gehören nur mir.

Der Potala ist ein eigener Stadtbezirk. Von hier aus werden alle kirchlichen und weltlichen Angelegenheiten Tibets geleitet. Dieses Gebäude oder diese Gruppe von Gebäuden ist das lebendige Herz des Landes, der Brennpunkt aller Gedanken, aller Hoffnungen. Innerhalb dieser Mauern stehen Schatzhäuser, in denen Blöcke von Gold liegen, unzählige Säcke mit Edelsteinen und seltene Stücke aus frühester Zeit. Die heutigen Gebäude sind nur ungefähr dreihundertfünfzig Jahre alt, doch sie wurden auf den Grundmauern des früheren Palastes errichtet. Lange vorher stand eine starke Festung auf der Höhe. Tief unten im Innern des Berges, denn er ist vulkanischen Ursprungs, liegt eine riesige Höhle, von der Gänge ausgehen, deren einer zu einem See führt. Nur wenige, die allerbevorzugtesten, sind je dort gewesen oder wissen auch nur von seinem Vorhandensein.

Doch wir stiegen draußen im Licht der Morgensonne die Treppen hinauf. Überall hörten wir das Klappern von Gebetmühlen – der einzigen Form des Rades in Tibet, da eine alte Prophezeiung sagt, der Friede werde das Land verlassen, wenn die Räder hereinkommen. Endlich waren wir oben, die riesigen Wächter rissen die goldenen Tore auf, als sie den Lama Mingyar Dondup sahen, den sie alle kannten. Wir gingen weiter, bis wir den höchsten Punkt des

Daches erreichten, wo die Gräber der früheren Inkarnationen des Dalai Lama lagen und seine gegenwärtige private Residenz. Ein breiter kastanienbrauner Vorhang aus Yakwolle verdeckte den Eingang. Er wurde bei unserm Kommen zur Seite gezogen, und wir betraten eine große, von grünen Porzellandrachen behütete Halle. Viele kostbare Teppiche, auf denen religiöse Szenen und Szenen aus alten Legenden dargestellt waren, hingen an den Wänden. Auf niederen Tischen standen Statuetten verschiedener mythologischer Götter und Göttinnen und Zierstücke aus Email, die ein Sammlerherz entzückt hätten. Neben einem Türvorhang ruhte auf einem Regal das Buch der Vornehmen, ich hätte gewünscht, es öffnen und unsern Namen darin lesen zu dürfen, um Mut zu schöpfen für diesen Tag in dieser Umgebung, denn ich fühlte mich sehr klein und unbedeutend. Im Alter von acht Jahren hatte ich keine Illusionen mehr, ich überlegte, warum der Höchste im Lande mich wohl zu sehen wünschte. Ich wußte, das sei etwas sehr Außergewöhnliches, und ich nahm an, das alles würde mir neuerliche harte Arbeit eintragen, harte Arbeit oder Mühsale.

Ein Lama in einem kirschroten Gewand und mit einer goldenen Stola um den Hals redete den Lama Mingyar Dondup an, der hier wirklich sehr gut bekannt zu sein schien, wie auch sonst überall, wo ich mit ihm hingekommen war. Ich hörte: »Seine Heiligkeit interessiert sich für ihn und wünscht privat mit ihm zu sprechen, allein.« Mein Mentor wandte sich zu mir und sagte: »Es ist Zeit für dich, einzutreten, Lobsang, ich werde dir die Tür zeigen, dann gehst du allein hinein und stellst dir einfach vor, du übst wieder genau so, wie wir es die ganze Woche getan haben.« Er legte den

Arm um meine Schultern, und während er mich zur Tür führte, flüsterte er mir zu: »Du hast gar keinen Grund zur Besorgnis – geh hinein!« Mit einem kleinen Stoß in den Rücken schob er mich hinein und blieb wartend stehen. Ich trat durch die Tür, und da, am andern Ende eines großen Raumes, saß Seine Heiligkeit, der Dreizehnte Dalai Lama.

Er saß auf einem safranfarbenen seidenen Kissen. Sein Gewand glich dem eines gewöhnlichen Lamas, doch auf dem Kopf trug er einen hohen gelben Hut mit Flügeln, die ihm bis an die Schultern reichten. Er legte eben ein Buch beiseite. Ich senkte den Kopf und ging vorwärts, bis ich ungefähr eineinhalb Meter vor ihm stand, dann kniete ich nieder und verneigte mich dreimal. Bevor ich eingetreten war, hatte mir der Lama Mingyar Dondup die seidene Schärpe eingehändigt, nun legte ich sie zu Füßen des »Allinnersten« nieder. Er beugte sich vor und legte die seine über meine Handgelenke, anstatt, wie es üblich war, um meinen Hals. Nun war ich ein wenig bange, denn ich mußte jetzt rücklings zum nächsten Kissen gehen, und ich hatte bemerkt, daß sie alle in ziemlich großer Entfernung an den Wänden lagen. Der Dalai Lama sprach zum ersten Mal: »Die Kissen sind zu weit weg, als daß du rücklings hingehen könntest, dreh dich um und bring eines her, damit wir miteinander reden können.« Ich tat es und kehrte mit einem Kissen zurück. Er sagte: »Leg es hier vor mich hin und nimm Platz.« Als ich mich niedergesetzt hatte, sagte er: »Nun, junger Mann, ich habe außerordentliche Dinge über dich gehört. Du bist hellseherisch begabt, und deine Fähigkeit wurde durch die Erschließung des Dritten Auges noch gesteigert. Ich kenne die Aufzeichnungen über deine frühere Inkarnation. Ich kenne auch die Voraussagen der

Astrologen. Du wirst zuerst schwere Zeiten durchmachen, doch schließlich wirst du Erfolg erringen. Du wirst viele Länder in der Welt bereisen, Länder, von denen du noch nichts gehört hast. Du wirst Tod und Zerstörung sehen und Grausamkeiten, wie du sie dir nicht vorstellen kannst. Der Weg wird lang sein und schwer, doch der Erfolg wird sich einstellen, wie es vorausgesagt ist.« Ich wunderte mich, warum er mir das erzählte, ich wußte es alles, Wort für Wort, und hatte es gewußt, seitdem ich sieben Jahre alt geworden war. Ich wußte genau, daß ich in Tibet die Medizin und Wundarzneikunst studieren und dann nach China gehen werde, um die gleichen Fächer von Anfang an noch einmal zu studieren. Doch der »Allinnerste« sprach weiter, er warnte mich davor, irgendwelche Proben ungewöhnlicher Fähigkeiten abzulegen oder vom Ich, der Seele, zu sprechen, wenn ich in der Welt des Westens sein werde. »Ich war in Indien und in China«, sagte er, »in jenen Ländern kann man die Größeren Wirklichkeiten erörtern, doch ich bin vielen aus dem Westen begegnet. Ihre Werte sind nicht die unseren, sie beten den Handel an und das Gold. Ihre Wissenschaftler sagen: ›Zeige uns die Seele. Führe sie uns vor, laß sie uns greifen, wägen und mit Säuren untersuchen. Sage uns ihre Molekular-Zusammensetzung, ihre chemischen Reaktionen. Beweise, Beweise, wir müssen Beweise haben‹, werden sie dir sagen, ohne sich darum zu kümmern, daß ihre negative Einstellung, ihr Mißtrauen sie jeder Möglichkeit beraubt, diesen Beweis zu erhalten. Doch wir wollen Tee trinken.«

Er schlug leicht an einen Gong und gab dem Lama, der daraufhin eintrat, einen Auftrag. Dieser kehrte kurz danach mit Tee und besonderen, aus Indien eingeführten Speisen zurück. Während wir aßen, redete der »Allinnerste«, er erzählte mir von Indien und China. Er sagte, er wünsche, daß ich sehr eifrig lerne, er wolle besondere Lehrer für mich aussuchen. Da konnte ich einfach nicht an mich halten; ich platzte heraus: »Oh, niemand kann mehr wissen als mein Lehrer, der Lama Mingyar Dondup!« Der Dalai Lama sah mich an, dann legte er den Kopf zurück und lachte unbändig. Wahrscheinlich hatte noch nie jemand so zu ihm gesprochen, und keinesfalls ein acht Jahre alter Knabe. Doch es schien ihm zu gefallen. »So meinst du, Mingyar Dondup ist der richtige, nicht wahr? Sag mir, was du eigentlich über ihn denkst, du junger Kampfhahn!« »Herr!« antwortete ich, »du hast gesagt, ich hätte die besondere Kraft des Hellsehens. Der Lama Mingyar Dondup ist der beste Mensch, den ich je sah.« Der Dalai Lama lachte wieder und schlug an den Gong an seiner Seite. »Bitte Mingyar hereinzukommen«, sagte er zu dem Lama, der daraufhin erschien.

Der Lama Mingyar Dondup trat ein und machte dem »Allinnersten« seine Verbeugungen. »Hol dir ein Kissen und nimm Platz, Mingyar«, sagte der Dalai Lama. »Dein junger Mann hier hat eben ein Urteil über deinen Charakter abgegeben, mit dem ich vollkommen übereinstimme.« Der Lama Mingyar Dondup setzte sich neben mir nieder, und der Dalai Lama fuhr fort: »Du hast die volle Verantwortung für die Erziehung Lobsang Rampas übernommen. Leite sie, wie du willst, und zähle auf mich, wenn Empfehlungsbriefe nötig sind. Ich will ihn von Zeit zu Zeit sehen.« Er wandte sich zu mir und sagte: »Du hast gut gewählt, junger Mann, dein Mentor ist mein alter Freund aus früheren Tagen und er ist ein wahrer Meister des Okkulten.« Es wurden noch einige Worte gewechselt, dann standen wir auf und verließen den Raum. Ich bemerkte, daß der Lama Mingyar Dondup im stillen sehr zufrieden war mit mir, oder mit dem Eindruck, den ich gemacht hatte. »Wir werden ein paar Tage hierbleiben und einige weniger bekannte Teile der Gebäude ansehen«, sagte er. »Manche der unteren Korridore und Zimmer wurden während der letzten zweihundert Jahre nicht mehr geöffnet. Du wirst viel tibetanische Geschichte aus ihnen lernen.«

Einer der diensttuenden Lamas – in der Residenz des Dalai Lama gab es niemand unter dieser Würde – kam auf uns zu und sagte, wir sollten jeder ein Zimmer hier oben bewohnen. Er zeigte sie uns, ich war ganz ergriffen von der Aussicht über Lhasa und über die Ebene. Der Lama sagte: »Seine Heiligkeit hat angeordnet, ihr möget kommen und gehen, wie es euch angenehm ist, und keine Tür soll vor euch verschlossen bleiben.«

Der Lama Mingyar Dondup befahl mir, mich für eine Weile niederzulegen. Die Narbe am linken Bein machte mir noch große Beschwerden, sie schmerzte, und ich hinkte beim Gehen. Eine Zeitlang hatte man befürchtet, ich würde zeitlebens ein Krüppel bleiben. Ich ruhte eine Stunde, dann kam mein Mentor herein, er brachte Tee mit und etwas zu essen. »Es ist Zeit, ein paar Löcher auszufüllen, Lobsang, sie essen ausgezeichnet hier, so wollen wir es uns gutgehen lassen.« Ich ließ mich zum Essen nicht nötigen. Als wir unsere Mahlzeit beendet hatten, führte mich der Lama Mingyar Dondup aus dem Zimmer in einen andern Raum auf der entgegengesetzten Seite des flachen Daches. Hier hatten die Fenster zu meinem größten Erstaunen keine Bespannung mit Wachspapier, sondern sie waren von einem Nichts ausgefüllt, das eben noch sichtbar war. Ich streckte ganz vorsichtig die

Hand aus und berührte das sichtbare Nichts. Zu meiner Verwunderung war es kalt, beinahe so kalt wie Eis, und glatt; da dämmerte es mir: Glas! Ich hatte Glas nie vorher in Scheiben gesehen. Wir hatten für unsere Drachenschnüre zerkleinertes Glas verwendet, doch dieses war dick gewesen und man konnte nicht deutlich hindurchsehen. Es war farbig gewesen, aber dieses hier, das war wie Wasser.

Doch das war noch nicht alles. Der Lama Mingyar Dondup öffnete das Fenster und nahm ein Messingrohr auf, das ein mit Leder überzogenes Stück einer Trompete zu sein schien. Er faßte das Rohr und zog daran, vier Teile kamen, jeder aus dem vorhergehenden heraus, zum Vorschein. Er lachte über mein verwundertes Gesicht, dann streckte er das eine Ende des Rohres zum Fenster hinaus und brachte das andere nahe an sein Gesicht. Ach! dachte ich, es ist ein Instrument, auf dem er spielen wird. Doch er führte das Ende nicht an den Mund, sondern zum Auge. Er tat allerhand an dem Rohr, dann sagte er: »Schau hier durch, Lobsang, schau mit dem rechten Auge, das andere halte geschlossen.« Ich schaute, und beinahe wäre ich umgefallen vor Schrecken. Durch das Rohr kam ein Mann auf einem Pferd auf mich zugeritten. Ich sprang zur Seite und blickte mich um. Im Zimmer war niemand außer dem Lama Mingyar Dondup, und der schüttelte sich vor Lachen. Ich sah ihn argwöhnisch an, ich dachte, er hätte mich verzaubert. »Seine Heiligkeit sagte, du seist ein Meister des Okkulten«, rief ich, »aber warum hältst du deinen Schüler zum besten?« Er lachte noch mehr und riet mir, noch einmal durchzuschauen. Ich tat es mit großem Mißtrauen, mein Mentor bewegte das Rohr ein wenig, so daß ich einen andern Ausschnitt sah. Ein Fernrohr! Nie vorher hatte ich eines gesehen. Und nie werde ich den Anblick des Mannes auf dem Pferd vergessen, wie er im Innern des Rohres auf mich zugeritten kam. Oft muß ich daran denken, wenn jemand im Westen zu einem Bericht über Okkultes »Unmöglich!« sagt. Für mich war das »unmöglich«. Der Dalai Lama hatte bei seiner Rückkehr aus Indien eine Reihe von Fernrohren mitgebracht, und er liebte es sehr, die Gegend durch sie zu betrachten. Auch in einen Spiegel sah ich hier zum ersten Mal, ich erkannte das garstige Geschöpf nicht, das ich erblickte, einen kleinen Jungen mit einem blassen Gesicht, einer großen roten Narbe in der Mitte der Stirn und einer unleugbar prominenten Nase. Ich hatte früher schon mein undeutliches Abbild im Wasser gesehen, doch dieses hier war zu deutlich. Ich habe mich seither nie mehr mit Spiegeln abgegeben.

Man könnte meinen, Tibet sei ein sonderbares Land, wenn es ohne Glas, ohne Fernrohre und Spiegel auskam, doch die Leute brauchten solche Dinge nicht. Wir brauchten auch keine Räder. Räder, die zur Erhöhung der Geschwindigkeit gemacht sind und für die sogenannte Zivilisation. Wir wissen schon lange, daß in der Hast des wirtschaftlich ausgerichteten Lebens keine Zeit für die Dinge des Geistes bleibt. Unsere praktische Welt hat sich in langsamem Tempo entwickelt, so daß sich unser esoterisches Wissen erweitern und vertiefen konnte. Uns ist seit Jahrtausenden bekannt, daß es Hellsehen, Telepathie und andere ins Metaphysische reichende Dinge wirklich gibt. Es ist wahr, daß viele Lamas nackt im Schnee sitzen und durch die Kraft des Gedankens allein den Schnee rings um sich zum Schmelzen bringen können, doch führen sie solche Dinge nicht zum bloßen Vergnügen Sensationslüsterner vor. Manche Lamas, solche, die Meister des Okkulten sind, sind tatsächlich der Levitation fähig, doch sie stellen ihre Kräfte nicht zur Schau, um naive Zuseher zu unterhalten. Der Lehrer in Tibet versichert sich immer, ob sich sein Schüler moralisch dazu eignet, ihm solche Kräfte anzuvertrauen. Da der Lehrer der moralischen Integrität seines Schülers absolut sicher sein muß, folgt, daß metaphysische Kräfte niemals mißbraucht werden, weil sie nur in die rechten Hände weitergegeben werden. Jene Kräfte sind keineswegs magischer Art, sie sind nur das Ergebnis der Anwendung natürlicher Gesetze.

In Tibet entwickeln sich manche am besten in einer Gemeinschaft, während sich andere dazu in die Einsamkeit zurückziehen. Diese letzteren suchen abgelegene Lamaserien auf und gehen in eine Eremitenzelle. Das ist eine kleine, meist an den Hang eines Berges gebaute Behausung. Die Steinmauern sind dick, eineinhalb bis zwei Meter vielleicht, damit sie keine Geräusche durchlassen. Der Eremit betritt die Zelle auf seinen eigenen Wunsch, dann wird der Eingang vermauert. Drinnen ist gar kein Licht, sind keine Einrichtungsgegenstände, nur die leere Steinkammer. Einmal im Tag wird durch eine gegen Licht und Lärm abgedichtete Luke Essen hineingeschoben. Der Eremit bleibt fürs erste drei Jahre, drei Monate und drei Tage dort. Er meditiert über das Wesen des Lebens und über das Wesen des Menschen. Aus keinem wie immer gearteten Grund kann er diese Zelle mit seinem leiblichen Körper verlassen. Während der letzten Monate seines Aufenthaltes wird im Dach ein kleines Loch gemacht, damit ein dünner Lichtstrahl hineinfallen kann. Es wird täglich vergrößert, so daß sich die Augen des Eremiten wieder an das Licht gewöhnen. Sonst würde er erblinden, wenn er heraustritt. Sehr oft kehren diese Männer nach wenigen Wochen in ihre Zelle zurück und bleiben ihr Leben lang darin. Eine solche Existenz ist nicht so unfruchtbar und wertlos, wie man meinen könnte. Der Mensch ist Geist, ein in einer anderen Welt verankertes Wesen, und sobald er sich einmal von den Banden des Fleisches freimachen kann, kann er die Welt als Geist durchstreifen und kann durch die Kraft des Gedankens wirken und helfen. Gedanken sind, wie wir in Tibet wohl wissen, Energiewellen. Materie ist verdichtete Energie. Genau zielgerichtet und teilweise verdichtet, kann der Gedanke bewirken, daß sich ein Gegenstand »telekinetisch« bewegt. In anderer Art geleitet, kann sich der Gedanke als Telepathie auswirken und einen Menschen aus der Entfernung veranlassen, eine bestimmte Tat zu tun. Ist dies so schwer zu glauben in einer Welt, die es als etwas ganz Alltägliches betrachtet, daß ein Mann in ein Mikrophon spricht, um die Landung eines Flugzeugs zu ermöglichen, wenn der Pilot den Boden nicht sehen kann? Mit ein wenig Übung und ohne Skeptizismus könnte der Mensch dasselbe auf telepathischem Wege tun, anstatt sich eines manchmal unsicheren Apparates zu bedienen.

Meine eigene esoterische Entwicklung erforderte keine so lange Abschließung in völliger Dunkelheit. Sie vollzog sich in einer anderen Form, die der Mehrzahl der Männer, die Eremiten werden wollen, nicht förderlich ist. Meine Erziehung steuerte einem besonderen Ziel zu, und das war vom Dalai Lama eigens so angeordnet. Ich lernte diese Dinge auf einem anderen Weg, und auch durch Hypnose, doch darüber kann ich mich in einem Buch dieser Art nicht verbreitern. Ich kann hier nur sagen, daß mir mehr Aufklärung zuteil wurde, als der Durchschnittseremit in einem sehr langen Leben erhält. Mein Besuch im Potala stand im

Zusammenhang mit den ersten Stadien dieser Ausbildung, doch darüber später mehr.

Ich war begeistert von dem Fernrohr, ich sah immer wieder durch, um die Orte zu betrachten, die ich so gut kannte. Der Lama Mingyar Dondup erklärte mir sein Prinzip genau in allen Einzelheiten, und ich begriff, daß dabei keine Zauberei im Spiel war, sondern nur die normalen Gesetze der Natur.

Alles erklärte er mir, nicht nur das Fernrohr, er gab die Ursachen an, aus denen heraus sich etwas so und so abspielte. Ich konnte nie sagen: »Aber, das ist ja Zauberei!« ohne daß er mich über die Gesetze aufklärte, die dem Vorgang zugrunde lagen. Einmal während dieses Besuches führte er mich in ein vollständig verdunkeltes Zimmer und sagte: »Nun stell dich hierher und beobachte die weiße Wand.« Dann löschte er die Flamme der Butter-Lampe aus und tat irgend etwas an dem Fensterladen. Augenblicklich zeigte sich an der Wand vor mir ein Bild von Lhasa, doch es stand auf dem Kopf! Ich schrie auf vor Verwunderung, als ich die Männer, die Frauen und die Yaks mit den Beinen in der Luft gehen sah. Plötzlich flatterte das Bild und alles war in der richtigen Lage. Die Erklärung durch »Brechung der Lichtstrahlen« verwirrte mich mehr als alles andere; wie *konnte* man Licht brechen? Man hatte mir gezeigt, wie man Krüge mit einem lautlosen Pfiff zerbrechen könne, das war ganz einfach und keines weiteren Gedankens wert, aber *Licht brechen!* Erst als man aus einem anderen Raum einen besonderen Apparat brachte, in dem das Licht einer Lampe durch verschiedene Scheiben abgedeckt wurde, begann ich den Vorgang zu begreifen. Da sah ich, wie sich die Strahlen brachen, und danach verwunderte mich nichts mehr.

Die Schatzkammern im Potala waren gefüllt mit wunderbaren Statuen, mit alten Büchern und schönen Wandgemälden mit religiösen Darstellungen. Die sehr, sehr wenigen Leute aus dem Westen, die das eine oder andere davon sahen, halten sie für indezent. Sie stellen einen männlichen und einen weiblichen Geist in enger Umarmung dar, doch diese Bilder sind keineswegs obszön gemeint, und kein Tibetaner würde sie je dafür ansehen. Die beiden nackten Gestalten in ihrer Umarmung sollen die Ekstase ausdrücken, die aus der Vereinigung von Erkenntnis und rechtem Leben folgt. Ich gestehe, daß ich über die Maßen erschrocken war, als ich zum ersten Mal sah, wie die Christen einen gemarterten, an ein Kreuz genagelten Mann als ihr Sinnbild verehrten. Es ist sehr schade, daß wir alle die Völker anderer Länder nach unseren eigenen Normen zu beurteilen geneigt sind.

Seit Jahrhunderten waren aus verschiedenen Ländern Geschenke für den jeweiligen Dalai Lama im Potala eingetroffen. Beinahe alle diese Geschenke waren in den Schatzkammern aufbewahrt worden, und ich verbrachte eine angenehme Zeit damit, psychometrische Eindrücke zu sammeln und herauszufinden, aus welchen Gründen diese Dinge seinerzeit hergeschickt worden sein mochten. Es war tatsächlich eine Erziehung zur Beurteilung von Motiven. Dann, nachdem ich den aus dem Gegenstand gewonnenen Eindruck beschrieben hatte, las mein Mentor aus einem Buch vor, er erzählte die genaue Geschichte und was sich danach ereignet hatte. Ich freute mich, als er immer häufiger sagte: »Du hast ganz recht, Lobsang, du machst es wirklich sehr gut.«

Bevor wir den Potala verließen, besuchten wir einen der unterirdischen Gänge. Ich sollte nur diesen einen besuchen, wurde mir gesagt, da ich die andern zu einem späteren Zeitpunkt sehen werde. Wir nahmen brennende Fackeln und kletterten vorsichtig über Steine, die mir wie endlose Stufen vorkamen, an glatten Felsdurchgängen vorüber, hinab. Diese Höhlen waren, so erfuhr ich. vor unzähligen Jahrhunderten durch vulkanische Einwirkung entstanden. An den Wänden sahen wir sonderbare geometrische Figuren und Zeichnungen, die ganz ungewöhnliche Szenen darstellten. Mich interessierte es mehr, den See zu sehen, der sich, wie ich gehört hatte, von einem der Gänge aus viele Meilen weit erstreckte. Schließlich betraten wir einen Gang, der sich immer mehr erweiterte, bis plötzlich die Decke in einer Höhe verschwand, zu der das Licht unserer Fackeln nicht mehr empordrang. Nach weiteren hundert Metern standen wir am Ufer eines Gewässers, wie ich nie vorher eines gesehen hatte. Es war schwarz und still, von einer Schwärze, die es beinahe unsichtbar machte, eher schien es eine grundlose Tiefe als ein See. Nicht eine Welle kräuselte seine Oberfläche, kein Laut brach das Schweigen. Der Felsblock, auf dem wir standen, war ebenfalls schwarz, er glänzte im Lichte der Fackeln, und auf einer Seite schimmerte etwas an der Wand. Ich ging darauf zu und sah, daß dort im Felsen ein breites Goldband eingebettet war, es reichte mir vom Hals bis zu den Knien und war vielleicht fünf bis sechs Meter lang. Durch große Hitze war es einst geschmolzen und aus dem Felsen getreten und hatte beim Abkühlen Klumpen gebildet wie goldenes Kerzengerinnsel. Der Lama Mingyar Dondup brach das Schweigen: »Dieser See reicht vierzig Meilen weit bis zum Flusse Tsang-Po. Vor vielen Jahren machten ein paar verwegene Mönche ein Holzfloß und Ruder, um es vorwärtszutreiben. Sie versahen das Floß mit

Fackeln und stießen vom Ufer ab. Forschend ruderten sie mehrere Meilen weit und kamen darauf in eine noch größere Höhle, wo sie weder Wände noch Decke mehr sahen. Sie trieben mit kleinen Ruderschlägen dahin, ungewiß, nach welcher Richtung sie sich wenden sollten.«

Ich stellte mir alles, was ich hörte, lebhaft vor. Der Lama fuhr fort: »Sie waren verloren, sie wußten nicht, wo vorne war und wo hinten. Plötzlich legte sich das Floß um, ein Windstoß verlöschte ihre Fackeln, sie waren in völliger Dunkelheit und sie fühlten, daß ihr gebrechliches Fahrzeug in die Hände der Wasserdämonen geraten war. Sie wirbelten herum, schwindlig und seekrank. Sie klammerten sich an die Seile, die das Holz zusammenhielten. Bei der heftigen Bewegung spülten Wellen über sie hin, und sie wurden durch und durch naß. Immer schneller trieben sie vorwärts, sie fühlten, sie waren in der Gewalt eines unbarmherzigen Riesen, der sie ihrem Schicksal entgegenführte. Wie lange sie unterwegs waren, konnten sie nicht beurteilen. Sie hatten kein Licht, es war stockfinster, so finster, wie es oben auf der Erde niemals ist. Sie hörten ein scharrendes, kratzendes Geräusch, sie wurden gestoßen und bekamen betäubende Schläge. Sie wurden vom Floß geschleudert und mit Gewalt ins Wasser getaucht. Manche hatten gerade noch Zeit, nach Luft zu schnappen. Andere waren nicht so glücklich. Ein unstetes grünliches Licht verbreitete sich, es wurde heller. Sie wurden zusammengepreßt und herumgeworfen und dann plötzlich ins helle Sonnenlicht hinausgestoßen.

Zwei erreichten mit Mühe das Ufer, halb ertrunken, zerschlagen und blutend. Von den andern dreien war nichts zu sehen. Einige Stunden lagen sie dort zwischen Leben und Tod. Endlich raffte sich einer dazu auf, sich umzusehen. Beinahe wäre er wieder zusammengebrochen vor Erschütterung. In einiger Entfernung sah er den Potala. Ringsum waren grüne Wiesen mit weidenden Yaks. Zuerst meinten sie, sie seien tot, und dies sei ein tibetanischer Himmel. Da hörten sie neben sich Schritte, ein Schäfer blickte auf sie nieder. Er hatte die treibenden Stücke des Floßes gesehen, die wollte er verwenden und war gekommen, um sie zu sammeln. Schließlich gelang es den beiden Mönchen, ihm klarzumachen, daß sie Mönche seien, denn alle ihre Gewänder waren ihnen vom Leibe gerissen worden, und er erklärte sich bereit, zum Potala zu gehen, um Bahren zu holen. Seit jenem Tage hat man nicht viel getan, um den See zu erforschen, doch man weiß, daß Inseln darin liegen, ein Stück außerhalb der Reichweite unserer Fackeln. Eine von ihnen hat man erforscht, was gefunden wurde, wirst du später sehen, wenn du eingeweiht bist.«

Ich überdachte das alles, ich wünschte ein Floß zu haben, um den See zu erforschen. Mein Mentor, der mein Mienenspiel beobachtet hatte, lachte plötzlich und sagte: »Ja, es *wäre* ein Vergnügen, den See zu erforschen, doch warum sollen wir unsere Körper zugrunde richten, wenn wir es auf astralem Weg tun können? Du kannst es, Lobsang, in wenigen Jahren wirst du so weit sein, den See mit mir zu erforschen und einen Beitrag zu seiner gänzlichen Erkundung zu leisten. Doch vorläufig lerne, Junge, lerne! Für uns beide.«

Unsere Fackeln flackerten und drohten zu erlöschen, und ich hatte den Eindruck, wir würden bald blind in der Dunkelheit der Höhlen umhertappen. Als wir dem See den Rücken kehrten, dachte ich, es sei unklug gewesen, keine Reservefackeln mitzunehmen. In diesem Augenblick wandte sich der Lama Mingyar Dondup zur andern Wand und tastete an ihr herum. Aus einer verborgenen Nische zog er neue Fackeln heraus und zündete sie an unsern nun beinahe erloschenen an.

»Wir heben hier neue Fackeln auf, denn sonst wäre es schwer, im Dunkeln den Rückweg zu finden. Nun wollen wir gehen.«

Im Schweiße unseres Angesichts stiegen wir die abschüssigen Gänge wieder hinauf, dann und wann blieben wir eine Weile stehen, um Atem zu schöpfen und die eine oder andere der Zeichnungen an den Wänden zu betrachten. Ich verstand sie nicht, sie schienen Riesen darzustellen, und es waren so sonderbare Geräte darauf abgebildet, daß ich nichts davon begreifen konnte. Als ich einen Blick auf meinen Mentor warf, sah ich, daß er vollkommen vertraut war mit den Zeichnungen wie auch mit den Höhlen. Ich hoffte auf erneute Besuche hier unten; über all dem lag ein Geheimnis, und jedem Geheimnis versuchte ich auf den Grund zu kommen. Es verdroß mich, jahrelang an seiner Lösung herumzuraten, wenn ich die Antwort, und sei es auch auf Kosten großer Gefahren, finden konnte. Der Lama Mingyar Dondup unterbrach meine Betrachtungen: »Lobsang! Du brummst vor dich hin wie ein alter Mann. Wir haben nur noch ein paar Stufen, dann sind wir wieder im Tageslicht. Wir werden auf das Dach steigen und mit dem Fernrohr die Stelle suchen, wo die Mönche damals herauskamen.«

Oben auf dem Dach, als wir durch das Fernrohr sahen, wunderte ich mich, warum wir nicht die vierzig Meilen hinritten, um die Stelle direkt in Augenschein zu nehmen. Der Lama Mingyar Dondup sagte, es sei dort nicht viel zu sehen, auf keinen Fall mehr, als das Fernrohr zeigte. Offenbar lag der Ausfluß des Sees tief unter dem Wasserspiegel, nichts kennzeichnete ihn außer einer Baumgruppe, die auf Anordnung des früheren Dalai Lama dort gepflanzt worden war.

Am nächsten Morgen trafen wir mit Muße unsere Vorbereitungen für die Rückkehr zum Chakpori. Die Tage im Potala waren für uns richtige Festtage gewesen. Bevor wir aufbrachen, lief ich auf das Dach, um die Gegend noch einmal durch das Fernrohr zu betrachten. Auf einem der Dächer auf dem Chakpori lag ein kleiner Akoluth auf dem Rücken und las, und dann und wann warf er kleine Kieselsteine auf die kahlen Köpfe der Mönche im Hof. Durch das Glas sah ich ihn koboldhaft grinsen, als er sich zurückneigte, um den Blicken der erstaunten Mönche unten zu entgehen. Es war mir äußerst unbehaglich zumute, wenn ich mir vorstellte, daß mich der Dalai Lama zweifellos ähnliche Streiche verüben gesehen hatte. Ich beschloß, in Zukunft den Schauplatz meiner Tätigkeit nach der vom Potala aus nicht sichtbaren Seite der Gebäude zu verlegen.

Doch nun war es Zeit zum Aufbruch. Zeit, den Lamas Dank zu sagen, die sich bemüht hatten, unsern kurzen Aufenthalt so schön zu machen. Zeit, auch dem Kämmerer des Dalai Lama besonders herzlich zu danken. Er führte die Aufsicht über die »Lebensmittel aus Indien«. Ich mußte ihm gefallen haben, denn er gab mir zum Abschied ein Geschenk, das ich eiligst verspeiste. Darauf stiegen wir gestärkt die Stufen hinab, um den Eisen-Berg wieder aufzusuchen. Ungefähr auf halber Höhe hörten wir Rufen und

Schreien, und vorübergehende Mönche wiesen hinauf gegen den Berg in unserem Rücken. Wir wandten uns um, ein Mönch kam atemlos heruntergelaufen und überbrachte dem Lama Mingyar Dondup keuchend eine Botschaft. Mein Mentor blieb stehen.

»Warte hier auf mich, Lobsang, ich werde nicht lange ausbleiben.« Damit kehrte er um und stieg die Stufen wieder hinauf. Ich stand müßig herum, ich betrachtete die Gegend und sah zu meinem früheren Heim hinüber. Gedankenverloren wandte ich mich um und wäre beinahe umgefallen, als ich meinen Vater auf mich zureiten sah. Während ich ihn ansah, sah auch er mich an, er machte ein langes Gesicht, als er mich erkannte. Zu meinem unaussprechlichen Schmerz aber tat er dann, als kennte er mich nicht, und ritt weiter. Ich sah ihn davonreiten und rief: »Vater!« Doch er beachtete mich nicht und ritt unbekümmert seines Weges. Ich fühlte es heiß in meinen Augen aufsteigen, ich begann zu zittern und fürchtete, mich vor aller Augen bloßzustellen, noch dazu hier, auf den Stufen zum Potala. Da straffte ich den Rücken, mit mehr Selbstbeherrschung als ich mir zugetraut hätte, und blickte gegen Lhasa.

Nach ungefähr einer halben Stunde kam der Lama Mingyar Dondup auf einem Pferd zurück und führte ein zweites am Zügel.

»Steig auf, Lobsang, wir müssen schnell nach Sera reiten, einer der Äbte dort hatte einen schweren Unfall.«

Ich sah, daß an jedem Sattel ein Kästchen befestigt war, und nahm an, darin seien die Instrumente meines Mentors. Im Galopp ritten wir über die Lingkhor-Straße, an meinem früheren Heim vorbei, so schnell, daß die Pilger und Bettler eilig zur Seite wichen. Nach kurzer Zeit erreichten wir die

Lamaserie Sera, wo uns schon einige Mönche erwarteten. Wir sprangen von den Pferden, jeder trug ein Kästchen, und ein Abt führte uns in einen Raum, in dem ein alter Mann auf dem Rücken lag.

Sein Gesicht war bleifarben und seine Lebenskraft schien zu verflackern. Der Lama Mingyar Dondup bat um kochendes Wasser, das schon bereit war, und warf allerhand Kräuter hinein. Während ich es umrührte, untersuchte er den alten Mann, der gestürzt war und den Schädel gebrochen hatte. Ein Teil des Hinterhauptknochens war eingedrückt und übte einen Druck auf das Gehirn aus. Als die Flüssigkeit ausgekühlt war, bestrichen wir damit den Kopf des alten Mannes, und einen Teil davon verwendete mein Mentor dazu, seine Hände zu reinigen. Er nahm ein scharfes Messer aus seinem Kästchen und führte einen schnellen U-förmigen Schnitt durch das Fleisch bis auf den Knochen. Es blutete wenig, das verhinderten die Kräuter. Nun strich er noch einmal Kräuteressenz auf, schlug den Fleischlappen zurück und löste ihn vom Knochen. Sehr, sehr behutsam untersuchte er den Schädel und fand die Stelle, an der der eingedrückte Teil des Hinterhauptknochens unter seinem normalen Niveau lag. Er hatte, bevor er zu operieren begann, eine Reihe von Instrumenten in eine Schale mit einer desinfizierenden Flüssigkeit gelegt, nun nahm er daraus zwei am einen Ende abgeplattete und an dem flachen Teil ausgezackte Silberstäbe. Mit äußerster Vorsicht schob er den dünnsten Teil des Randes in die weiteste Bruchstelle des Knochens und hielt das Instrument ruhig, während er mit Hilfe des zweiten Stabes das Knochenstück fester faßte. Zart, ganz zart hob er es herauf, bis es eine Spur über der Oberfläche des Schädels lag. Dort hielt er es mit einem der

Stäbe fest und sagte: »Gib nun die Schale her, Lobsang!« Ich hielt sie so, daß er herausnehmen konnte, was er brauchte, und er nahm ein kleines Silberzäpfchen, einen nur ganz kleinen dreieckigen Keil. Diesen preßte er in den Ritz zwischen dem festen Schädelknochen und dem gebrochenen Rand, der nun um eine Spur über der Oberfläche lag. Langsam drückte er ein wenig auf den Knochen, er bewegte sich leicht, und der Lama drückte noch etwas stärker. Die normale Lage war wieder erreicht. »Es wird sich zusammenziehen, und das Silber, das nicht oxydiert, wird keine Beschwerden verursachen.« Er bestrich die ganze Fläche noch einmal mit Kräuteressenz und legte den Fleischlappen, der auf einer Seite nicht durchschnitten war, vorsichtig zurück. Mit ausgekochtem Roßhaar nähte er den Lappen an und strich eine Kräutersalbe über die operierte Stelle, die mit ausgekochter Leinwand überbunden wurde.

Die Lebenskraft des alten Abtes hatte wieder zugenommen, seitdem sein Gehirn von dem Druck befreit war. Wir stützten ihn mit Kissen, so daß er eine halb sitzende Stellung einnahm. Ich reinigte die Instrumente in einer neuen kochenden Essenz, trocknete sie an ausgekochter Leinwand und packte alles wieder sorgfältig in die zwei Kästchen. Während ich dann meine Hände reinigte, öffnete der alte Mann die Augen, er lächelte schwach, als er den Lama Mingyar Dondup sah, der sich über ihn neigte.

»Ich wußte, daß nur du mich retten kannst, deshalb sandte ich die Gedankenbotschaft zum Berg. Meine Aufgabe ist noch nicht erfüllt, ich bin noch nicht bereit, den Körper zu verlassen.«

Mein Mentor sah ihn teilnahmsvoll an und antwortete: »Du wirst dich erholen davon. Ein paar unangenehme Tage und Kopfschmerzen, und wenn das vorüber ist, kannst du wieder an deine Arbeit gehen. Einige Tage lang mußt du jemand neben dir haben, wenn du schläfst, damit du nicht flach liegst. Nach drei oder vier Tagen wirst du keine Beschwerden mehr haben.«

Ich war ans Fenster getreten und blickte hinaus. Es war interessant, die Zustände in einer andern Lamaserie zu sehen. Der Lama Mingyar Dondup kam zu mir herüber und sagte: »Du hast es gut gemacht, Lobsang, du wirst in Zukunft mein Helfer sein. Nun will ich dir diese Klostergemeinschaft zeigen, sie ist sehr verschieden von der unseren.«

Wir überließen den alten Abt der Obhut eines Lama und traten auf den Gang. In den Gebäuden war es nicht so rein wie auf Chakpori, auch schien hier keine so strenge Disziplin zu herrschen. Die Mönche konnten scheinbar kommen und gehen, wie es ihnen beliebte. Die Tempel waren ungepflegt im Vergleich mit den unseren, und sogar der Weihrauch hatte keinen so angenehmen Geruch. Viele Jungen spielten im Hof – auf Chakpori wären sie zu dieser Stunde eifrig bei der Arbeit gewesen. Die Gebetmühlen standen zum größten Teil still. Da und dort sah man einen alten Mönch sitzen, der ihre Räder drehte, doch die Ordnung, die Reinlichkeit und Disziplin, die ich als die Norm zu betrachten gewöhnt war, herrschte hier nicht. Mein Mentor sagte: »Würdest du gerne hier bleiben und ihr bequemes Leben teilen?«

»Nein«, sagte ich, »nicht gerne, sie kommen mir hier vor wie eine Horde von Wilden.«

Er lachte. »Siebentausend sind es! Doch immer bringen die wenigen Schreier die schweigende Mehrheit in Mißkredit.«

»Das mag sein«, antwortete ich, »aber sie nennen es den Rosenzaun, ich würde ihm einen andern Namen geben.«

Er sah mich lächelnd an: »Ich glaube, du würdest die Aufgabe übernehmen, diesen Lahmen auch Disziplin beizubringen.«

Tatsächlich herrschte in unserer Lamaserie die allerstrengste Zucht, während sie in den meisten andern Lamaserien viel weniger streng gehandhabt wurde; Mönche, die müßig gehen wollten, gingen dort eben müßig, und es wurde kein Wort darüber verloren. Sera, oder der Wilde Rosenzaun, wie es eigentlich genannt wird, liegt drei Meilen vom Potala entfernt und ist eine der großen, als »Die Drei Sitze« bekannten Lamaserien. Drepung ist die größte unter ihnen, es hat nicht weniger als zehntausend Mönche. Ihm steht Sera mit ungefähr siebentausendfünfhundert Mönchen an Bedeutung um einiges nach, während Ganden mit nur sechstausend Mönchen die am wenigsten bedeutende ist. Es sind ganze Städte mit Straßen, Schulen, Tempeln und all den üblichen Gebäuden, die zu einer Stadt gehören. In den Straßen patrouillierten die Männer von Kham. Heute patrouillieren dort zweifellos kommunistische Soldaten! Chakpori war eine kleine, aber bedeutende Klostergemeinschaft. Als Tempel der Medizin war es der »Sitz des Medizinischen Studiums« und war im Rat der Regierung gut vertreten.

Auf Chakpori erhielten wir »Judo«-Unterricht, wie ich es nennen will. Dieser englische Ausdruck kommt dem Begriff am nächsten, die tibetanische Beschreibung: *sung-thru kyöm-pa tü de-po le-la-po* ist unübersetzbar, ebensowenig wie das »Kunstwort« *amaree.* »Judo« ist eine sehr einfache Form unseres Systems. Es wird nicht in allen Lamaserien betrieben, doch wir auf Chakpori wurden darin ausgebildet, damit wir Selbstbeherrschung lernten, damit wir lernten, die Patienten zu medizinischen Zwecken des Bewußtseins zu berauben, und damit wir die rauheren Gegenden des Landes ungefährdet bereisen konnten. Denn als Medizin-Lamas mußten wir viel reisen.

Der alte Tzu war Judo-Lehrer gewesen, vielleicht der beste in ganz Tibet, und er hatte mich alles gelehrt, was er wußte – zu seiner eigenen Genugtuung an einer wohlerfüllten Pflicht. Die meisten Männer und Knaben kannten die einfachsten Griffe und Schläge, doch ich kannte sie im Alter von vier Jahren. Diese Fertigkeit sollte unseres Erachtens der Selbstverteidigung und der Beherrschung des eigenen Körpers dienen, nicht aber wie beim Preisfechten in Wettkämpfen vorgeführt werden. Wir finden, der starke Mann kann es sich leisten, sanftmütig zu sein, während der schwache und unsichere prahlt und stolz tut.

Unser Judo wurde dazu verwendet, Patienten – zum Beispiel beim Einrichten von Brüchen oder beim Ziehen von Zähnen – des Bewußtseins zu berauben. Es bringt keine Schmerzen mit sich und keine Gefahr. Ein Patient kann bewußtlos gemacht werden, bevor er dessen gewahr wird, und das Bewußtsein kann ihm Stunden oder auch Sekunden später ohne üble Folgen wiedergegeben werden. Sonderbarerweise wird ein Patient, der während des Sprechens bewußtlos gemacht wurde, beim Erwachen seinen Satz beenden. Wegen der offensichtlichen Gefahren dieser höheren Methode wurden nur Leute, die einer sehr genauen Prüfung auf ihren Charakter standhielten, darin wie auch in der »Augenblicks«-Hypnose unterwiesen. Außerdem wurden hypnotische Hemmungen eingeschaltet, so daß man die verliehenen Kräfte nicht mißbrauchen konnte.

Eine Lamaserie in Tibet ist nicht nur ein Ort, wo religiös veranlagte Menschen leben, sondern eine selbständige Stadt mit allen üblichen Einrichtungen und Annehmlichkeiten. Wir hatten unsere Theater, in denen wir altherkömmliche religiöse Spiele sehen konnten. Die Musiker waren immer bereit, uns zu unterhalten und zu beweisen, daß in keiner andern Lamaserie besser gespielt wurde. Mönche, die Geld besaßen, konnten in den Läden Lebensmittel, Kleider, Luxusgegenstände und Bücher kaufen. Die es ersparen wollten, erlegten ihre Barschaft in den lamaistischen Sparkassen. Auf der ganzen Welt gibt es in jedem Gemeinwesen Frevler gegen die Vorschriften. Unsere wurden von der Mönchs-Polizei verhaftet und einem unparteiischen Verhör unterzogen. Wenn sie für schuldig befunden wurden, mußten sie ihre Strafe im lamaistischen Gefängnis abbüßen. Es gab Schulen verschiedener Typen für alle geistigen Stufen. Man half begabten Jungen, ihren Weg zu machen, doch in allen andern Lamaserien außer auf Chakpori stand es dem Trägen frei, sein Leben zu verschlafen oder zu verträumen. Wir waren der Ansicht, daß man das Leben eines andern nicht beeinflussen kann, möge er seine nächste Inkarnation abwarten. Auf Chakpori war es anders; wenn einer keine Fortschritte machte, wurde er weggeschickt und mußte anderswo Zuflucht suchen, wo die Zucht nicht so streng war.

Unsere kranken Mönche wurden gut gepflegt, in den Lamaserien gab es Spitäler, dort wurden die Kranken von Mönchen behandelt, die in der Medizin und der elementaren Chirurgie ausgebildet waren. Schwerere Fälle behandelten Spezialisten wie zum Beispiel der Lama Mingyar Dondup. Seit meiner Abreise aus Tibet mußte ich oft darüber lachen, daß man im Westen erzählt, die Tibetaner meinten, das

Herz des Mannes läge auf der linken und das der Frau auf der rechten Seite. Wir sahen genug geöffnete Leichname, um die Wahrheit zu *wissen*. Sehr erheitert war ich auch über die »schmutzigen, verseuchten Tibetaner«. Leute, die solche Dinge schreiben, haben offenbar noch niemals jene bequemen Institute in England und Amerika gesehen, wo der Bewohnerschaft des Ortes »Freie und diskrete Behandlung« geboten wird. Wir *sind* schmutzig, manche unserer Frauen legen zum Beispiel Schminke auf ihr Gesicht auf und müssen ihre Lippen rot bemalen, damit man sie nicht verfehlen kann. Oft reiben sie auch ihr Haar mit Salben ein, um es glänzend zu machen oder seine Farbe zu verändern. Sie zupfen sogar die Augenbrauen aus und färben ihre Nägel, sichere Anzeichen dafür, daß die tibetanischen Frauen »schmutzig und verderbt« sind.

Doch um zu unserer lamaistischen Klostergemeinschaft zurückzukehren: oft kamen Besucher hin, Handelsleute oder Mönche. Für ihre Bequemlichkeit wurde im lamaistischen Gasthof gesorgt. Sie zahlten auch für diese Bequemlichkeit. Nicht alle Mönche lebten im Zölibat. Manche meinten, »einsame Segnung« schüfe nicht den richtigen geistigen Rahmen für die Kontemplation. Sie konnten einer besonderen Sekte der Rot-Mützen-Mönche angehören, bei der die Ehe gestattet war. Doch sie waren in der Minderzahl. Die herrschende Klasse im religiösen Leben waren die Gelb-Mützen, eine Sekte mit Zölibat. In »verheirateten« Lamaserien arbeiteten Mönche und Nonnen Seite an Seite in einem wohlgeordneten Gemeinwesen, und meist war die »Atmosphäre« dort nicht so rauh wie in einer rein männlichen Klostergemeinschaft.

Bestimmte Lamaserien hatten ihre eigenen Druckereien,

so daß sie ihre Bücher selbst drucken konnten. Gewöhnlich machten sie auch ihr Papier selbst. Das war keine sehr gesunde Beschäftigung, denn eine bei der Papiererzeugung verwendete Art der Baumrinde war sehr giftig. Sie hielt alle Insekten vom tibetanischen Papier ab, doch auch die Mönche spürten ihre schädigende Wirkung, und die Leute, die an der Herstellung des Papiers mitarbeiteten, beklagten sich oft über heftige Kopfschmerzen und noch schlimmere Leiden. In Tibet verwendeten wir keine Metalltypen. Bei uns wurden die ganzen Seiten auf Platten aus dazu geeignetem Holz vorgezeichnet, dann wurde alles herausgeschnitten, was außerhalb der vorgezogenen Konturen lag, so daß die Teile, die gedruckt werden sollten, hoch über dem restlichen Niveau der Platte stehen blieben. Manche dieser Tafeln waren gegen einen Meter breit und fünfundvierzig Zentimeter hoch, und die Ausarbeitung war sehr schwierig. Keine Platte wurde verwendet, die den geringsten Fehler aufwies. Die Blätter der tibetanischen Bücher sind nicht wie die Blätter dieses Buches, die länger als breit sind: wir verwendeten breite, kurze Bogen, die nicht gebunden wurden. Die einzelnen losen Blätter lagen zwischen geschnitzten Holzdeckeln. Beim Drucken wurde die geschnitzte Platte für eine Seite waagrecht hingelegt. Ein Mönch führte eine Tintenwalze über die ganze Oberfläche, wobei er auf eine gleichmäßige Verteilung achtete. Ein zweiter Mönch nahm ein Blatt Papier, das er schnell über die Platte breitete, und ein dritter Mönch preßte es mit einer schweren Walze fest hinunter. Ein vierter Mönch hob das gedruckte Blatt ab und reichte es einem Lehrling, der es beiseitelegte. Nicht viele Bogen wurden verdorben, man verwendete sie nie für ein Buch, sondern sie wurden für die Lehrlinge aufgehoben, die darauf übten. Auf Chakpori hatten wir gegen zwei Meter lange und über einen Meter breite geschnitzte Holzplatten: sie stellten den menschlichen Körper und seine verschiedenen Organe dar. Davon wurden Wandkarten hergestellt, die wir kolorieren mußten. Auch astrologische Karten hatten wir. Die Karten, aus denen wir Horoskope errechneten, hatten ungefähr sechzig Zentimeter im Quadrat. Es waren Himmelskarten, die den Stand der Sterne zur Zeit der Konzeption und der Geburt eines Menschen zeigten. Auf die leeren Ränder der Karten setzten wir die Daten ein, die wir in den sorgfältig ausgearbeiteten mathematischen Tabellen fanden, die wir veröffentlichten.

Nachdem wir die Rosenzaun-Lamaserie in Augenschein genommen hatten und sie, wenigstens was mich betrifft, zu ihrem Nachteil mit der unsern verglichen hatten, kehrten wir zu dem Raum zurück, in dem der alte Abt lag, um ihn noch einmal zu sehen. Während der zwei Stunden unserer Abwesenheit hatte sich sein Zustand sehr gebessert, er nahm nun viel mehr Anteil an seiner Umgebung. Sein besonderes Interesse galt dem Lama Mingyar Dondup, an dem er sehr zu hängen schien. Mein Mentor sagte: »Wir müssen uns nun verabschieden, doch hier sind Kräuterpulver für dich. Ich werde dem Priester, der dich betreut, genaue Weisungen geben, wenn wir aufbrechen.« Er nahm drei kleine Ledersäcke aus seinem Kästchen und legte sie hin. Drei kleine Säckchen, die für einen alten Mann das Leben bedeuteten anstelle des Todes.

Im vordersten Hof fanden wir einen Mönch, der zwei leider sehr muntere Ponys am Zügel hielt. Sie hatten Futter bekommen, waren ausgeruht, und verspürten jetzt Lust zu einem Galopp; ich jedoch nicht. Zu meinem Glück war der

Lama Mingyar Dondup sehr einverstanden damit, im Schritt zu reiten. Der Rosenzaun ist gegen drei Kilometer von der nächsten Biegung der Lingkhor-Straße entfernt. Ich sehnte mich nicht danach, an meinem früheren Heim vorüberzureiten. Mein Mentor schien meine Gedanken zu kennen, denn er sagte: »Wir wollen die Straße überqueren und zu der Gasse der Läden reiten. Wir haben keine Eile, morgen kommt ein neuer Tag, den wir noch nicht gesehen haben.«

Ich war fasziniert von den Läden der chinesischen Händler, ich lauschte den schrillen Stimmen, als sie um die Preise stritten und feilschten. Genau gegenüber von ihren Läden auf der andern Seite der Straße stand ein Tschorten, Symbol der Unvergänglichkeit des Ich, und dahinter ragte ein schimmernder Tempel empor, dem die Mönche des nahen Shede Gompa zuströmten. Nach einem Ritt von wenigen Minuten erreichten wir die Gäßchen mit den eng beieinanderstehenden Häusern, die sich wie schutzsuchend im Schatten des Jo-Kang zusammendrängten. »Ach!« dachte ich, »als ich zum letzten Mal hier war, war ich ein freier Mensch und wurde nicht geschult, um Mönch zu werden. Ich wollte, alles wäre ein Traum und ich könnte erwachen!« Langsam ritten wir die Straße hinab und bogen nach rechts in den Weg ein, der zur Türkisbrücke führte. Der Lama Mingyar Dondup wandte sich zu mir und sagte: »So willst du noch immer nicht Mönch werden? Es ist ein ganz schönes Leben, weißt du. Zu Ende dieser Woche wird ein Teil der Jungen wie jedes Jahr in die Berge zum Kräutersammeln gehen. Doch diesmal will ich lieber nicht, daß du mitgehst. Statt dessen könntest du mit mir lernen, damit du mit zwölf Jahren deine Prüfung machen und Trappa werden kannst. Ich habe mir vorgenommen, dich auf eine besondere Exkursion in die

Hochländer mitzunehmen, wo man sehr seltene Kräuter findet.« Eben langten wir am Ende des Dorfes Shö an und näherten uns dem Pargo Kaling, dem Westtor des Tales von Lhasa. Ein Bettler fuhr gegen die Mauer zurück: »Ho! Ehrwürdiger, heiliger Medizin-Lama, heile mich, bitte, nicht von meinem Leiden, sonst verliere ich meinen Unterhalt.« Mein Mentor blickte traurig vor sich hin, als wir durch den Tschorten ritten, der das Tor bildete. »So viele solche Bettler, Lobsang, und so unnötig. Sie machen uns außer Landes einen schlechten Ruf. In Indien, in China, überall, wo ich mit dem »Kostbaren« war, sprachen die Leute über die Bettler von Lhasa, ohne zu wissen, daß manche von ihnen reich sind. Ja, ja, vielleicht werden die Bettler nach der Erfüllung der Prophezeiung für das Jahr des Eisen-Tigers (1950 – Kommunisten besetzen Tibet) zur Arbeit angehalten werden. Du und ich, wir werden es nicht sehen, Lobsang, wir werden nicht hier sein. Dich erwarten fremde Länder. Mich erwartet eine Rückkehr zu den himmlischen Räumen.«

Der Gedanke, daß mein geliebter Lama mich verlassen, dieses Leben verlassen sollte, betrübte mich über die Maßen. Damals hatte ich noch nicht begriffen, daß das Leben auf der Erde ein Trug der Sinne ist, ein Ort der Bewährung, eine Schule. Und ich wußte noch nichts vom Betragen des Menschen gegen Schicksalsprüfungen. Jetzt weiß ich davon!

Wir ritten die Lingkhor-Straße nach links hin weiter, am Kundu Ling vorüber, und bogen dann in unsere eigene Straße ein, die zum Eisen-Berg hinaufführte. Ich wurde niemals müde, die farbigen Felsskulpturen am Abhang zu betrachten. Die ganze Vorderseite des Berges war bedeckt mit Skulpturen und Gemälden von Gottheiten. Doch der Tag neigte sich seinem Ende zu, und es blieb uns nicht mehr viel Zeit.

Während wir hinaufritten, dachte ich an die Kräutersammler. Alljährlich ging eine Gruppe vom Chakpori in die Berge, um Kräuter zu sammeln, die getrocknet und in luftdichte Säcke verpackt wurden. Dort in den Bergen war einer der großen Vorratsräume für die Heilmittel der Natur. Allerdings waren sehr wenige Leute in den Hochländern gewesen, wo es Dinge gab, die zu ungewöhnlich sind, um sie zu erörtern. Dieses Jahr, so überlegte ich, konnte ich wohl auf einen Besuch in den Bergen verzichten, und ich würde eifrig lernen, um für die Exkursion in die Hochländer bereit zu sein, sobald der Lama Mingyar Dondup sie für angezeigt hielt. Die Astrologen hatten gesagt, ich werde die Prüfung beim ersten Versuch bestehen, doch ich wußte, daß ich eifrig lernen mußte; ich wußte, die Voraussagung bedeutete, *wenn* ich eifrig genug lernte! Die Stufe meiner geistigen Entwicklung kam mindestens der eines Achtzehnjährigen gleich, denn ich hatte es immer mit Leuten zu tun, die viel älter waren als ich, und ich war auf meine eigene Kraft angewiesen.

TIBETANISCHE GLAUBENSLEHREN

Es ist vielleicht nicht ohne Interesse, wenn ich hier einiges über unsere Welt- und Lebensanschauung berichte. Unsere Religion ist eine Form des Buddhismus, doch lassen sich die Begriffe nicht wörtlich übersetzen. Wir sprechen von unserer »Religion« und nennen die Gläubigen »Zugehörige«. Die Andersgläubigen heißen »Außenstehende«. Die Bezeichnung für unsere Religion, die ihrem Wesen am nächsten kommt und im Westen bereits kursiert, ist: Lamaismus. Sie weicht vom Buddhismus insofern ab, als sie eine Religion der Hoffnung und des Glaubens an die Zukunft ist. Den Buddhismus empfinden wir als negativ, als eine Religion der Hoffnungslosigkeit. Allerdings glauben wir nicht, daß ein allgegenwärtiger Vater über jedem einzelnen wacht und ihn behütet.

Viele gelehrte Leute haben unsere Religion wissenschaftlich erforscht und ausgelegt. Viele haben uns geringschätzig beurteilt, weil ihr eigener Glaube ihr Urteil trübte und sie sich keinen anderen Gesichtspunkt zu eigen machen konnten. Manche haben uns sogar »satanisch« genannt, nur weil unsere Weltanschauung ihnen fremd war. Die meisten dieser Autoren bildeten sich ihre Meinungen nach dem Hörensagen und nach den Schriften anderer. Der oder jener beschäftigte sich mit unseren Glaubenslehren wohl auch nur ein paar Tage lang, und dünkte sich dann im Gefühl seiner Allwissenheit berufen, Bücher über das Thema zu schreiben oder Probleme zu deuten und populär darzustellen, deren Ergründung unsere tiefsinnigsten Weisen ihr ganzes Leben widmen.

Was würde man von einem Buddhisten oder Hindu denken, der ein paar Stunden lang in der christlichen Bibel geblättert hätte und dann versuchte, alle subtileren Lehren des Christentums auszudeuten? Kein einziger jener Autoren, die über den Lamaismus schrieben, hat von seiner frühesten Jugend an als Mönch in einer Lamaserie gelebt und die Heiligen Bücher studiert. Diese Bücher sind geheime Bücher; geheim insofern, als sie Leuten nicht zugänglich sind, die eine rasche, mühelose Erlösung von heute auf morgen suchen. Leute, die den Trost irgendeines Rituals wünschen, irgendeine Selbstsuggestion, können ihn erhalten, wenn sie glauben, daß ihnen dies hilft. Das ist nicht innere Wirklichkeit, sondern kindliche Selbsttäuschung. Manche mögen in dem Gedanken Trost finden, sie dürften Sünde um Sünde begehn, und wenn ihr Gewissen ihnen dann keine Ruhe läßt, müßten sie nur im nächsten Tempel eine Gabe darbringen, damit ihnen die Götter in dankbarer Erkenntlichkeit augenblicklich und ein für allemal Vergebung zuteil werden ließen und sie neue Sünden begehen dürften. Es *gibt* einen Gott, ein höchstes Wesen. Was verschlägt es, wie wir ihn nennen? Gott ist eine Wirklichkeit.

Tibetaner, die die rechte Lehre Buddhas in sich aufgenommen haben, beten nie um Barmherzigkeit oder Gnade, sondern nur darum, daß ihnen Gerechtigkeit von den Menschen widerfahre. Ein höchstes Wesen, als Inbegriff der Gerechtigkeit, kann nicht dem einen Gnade gewähren und sie dem andern verweigern, denn das höbe die Gerechtigkeit auf. Um Barmherzigkeit oder Gnade zu beten und für die Erhörung des Gebetes Gold oder Weihrauch zu geloben, würde bedeuten, daß Erlösung für den Meistbietenden zu haben, daß Gott geldbedürftig und »käuflich« wäre.

Gnade kann der Mensch seinem Mitmenschen gegenüber walten lassen, doch er tut es selten; das Höchste Wesen kann nur Gerechtigkeit üben. Wir sind unsterbliche Seelen.

ཨོཾམཎིཔདྨེཧཱུྃ།

Unser Gebet: »Om mani pad-me Hum!« – wie hier in tibetanischer Schrift wiedergegeben – wird oft wörtlich übersetzt: »Heil dem Kleinod in der Lotosblume!« Wir, die wir in seinen Sinn tiefer eingedrungen sind, wissen, daß es eigentlich bedeutet: »Heil dem höheren Ich des Menschen!« Es gibt keinen Tod. So wie man am Abend seine Kleider ablegt, so streift auch die Seele den Körper ab, wenn er in Schlaf fällt. So wie man ein Gewand weggibt, wenn es abgetragen ist, so legt auch die Seele den Körper ab, wenn er verbraucht und verschlissen ist. Tod ist Geburt. Sterben ist nur eine Entrückung auf eine andere Daseinsebene. Der Mensch, oder das Geistige im Menschen, ist ewig. Der Körper ist nur das zeitliche Gewand, in das sich das Geistige kleidet, erwählt je nach dem Sinn seiner irdischen Sendung. Die äußere Erscheinung ist bedeutungslos. Von Bedeutung ist nur die ihr innewohnende Seele. Ein großer Prophet kann in Gestalt eines Armen geboren werden – wie könnte er der Menschen Nächstenliebe unmittelbarer beurteilen! – Und ein Sünder in einem früheren Leben kann als reicher Mann wieder zur Welt kommen, damit er erfahre, ob er noch immer unrecht tut, wenn die Armut ihm nicht mehr im Nacken sitzt.

»Das Rad des Lebens«, so nennen wir das Ereignis des Geborenwerdens, des Lebens in irgendeiner Welt, des Sterbens, der Rückkehr in den rein geistigen Zustand und eines künftigen Wiedergeborenwerdens unter anderen Lebensumständen. Wenn ein Mensch in seinem Leben viel leidet, bedeutet dies nicht unbedingt, daß er in einem früheren Leben böse war; es ist für ihn vielleicht nur der beste und schnellste Weg, bestimmte Dinge zu lernen. Die praktische Erfahrung ist eine bessere Lehrmeisterin als jeder Unterricht. Einer, der Selbstmord begeht, kann wiedergeboren werden, um die Jahre nachzuholen, um die er sich in seinem früheren Leben gebracht hat, doch das heißt nicht, daß alle, die jung oder als kleine Kinder sterben, Selbstmörder waren. Das Rad des Lebens rollt für alle, Bettler und Könige, Männer und Frauen, Farbige und Weiße. Dieses Rad ist natürlich nur ein Symbol, doch ein Erkenntnis vermittelndes Symbol für alle diejenigen, die keine Zeit haben, sich in das Problem länger zu vertiefen. Man kann den tibetanischen Glauben nicht in einem oder zwei kurzgefaßten Paragraphen erläutern; die Kan-gyur oder tibetanischen Heiligen Schriften umfassen über hundert Bücher über dieses Thema, und auch in ihnen ist es nicht erschöpft. Es gibt viele Bücher, die in entlegenen Klöstern aufbewahrt und nur Eingeweihten zugänglich sind.

Seit Jahrhunderten kennen die Völker des Ostens verschiedene okkulte Kräfte und Gesetze und wissen, daß sie in der Natur begründet sind. Wissenschaftler und Forscher der östlichen Welt haben niemals versucht, diese Kräfte zu negieren, weil sie weder physikalisch gemessen noch chemisch nachgewiesen werden können, sondern sie waren bemüht, ihr Supremat über die Naturgesetze zu verstärken. So zum Beispiel interessierte uns das Zustandekommen des Hellsehens nicht, sondern nur sein Ergebnis. Manche Menschen bezweifeln die Tatsache des Hellsehens; sie gleichen Blindgeborenen, die meinen, Sehen sei unmöglich, weil sie es selber nie erlebt haben, weil sie nicht begreifen können, wie man einen Gegenstand sehen könne, wenn zwischen ihm und den Augen kein direkter Kontakt vorhanden ist.

Der Körper jedes Menschen ist in seinen Konturen von einer farbigen Aura umgeben, und wer sich darauf versteht, vermag aus der Intensität ihrer Farben auf den Gesundheitszustand, die Redlichkeit und die Entwicklungsstufe der betreffenden Person Schlüsse zu ziehen. Diese Aura ist die Ausstrahlung der inneren Lebenskraft, des Ichs, der Seele. Rings um den Kopf ist ferner ein Lichtschimmer, ein Strahlenkranz, der auch eine Emanation der Lebenskraft ist. Im Tode erlischt dieser Lichtschein, wenn das Ich auf seinem Weg zur nächsten Existenz den Körper verläßt. Es wird zu einem »Geist«. Es schweift eine Weile umher, vielleicht noch betäubt von der Erschütterung, daß es die Körperlichkeit abgestreift hat. Es ist sich dessen vielleicht noch nicht bewußt, was ihm geschieht. Darum wachen die Priester bei dem Sterbenden, damit er von ihnen die Stationen der ihm bevorstehenden Wanderung erfahre. Ruft man keine Priester, dann bleibt er vielleicht erdgebunden in den Banden des Fleisches. Es ist die Aufgabe der Priester, diese Bande zu lösen.

Zu allen Zeiten erhielt sich bei uns die Sitte eines Geleites der Geister. Der Tod hat für Tibetaner keine Schrecken, doch wir glauben, daß der Übergang aus diesem Leben in das nächste durch gewisse Vorkehrungen erleichtert wird. Ganz bestimmte Wege müssen dabei eingeschlagen werden und die Gedanken in bestimmten Bahnen laufen. Die Zeremonie findet in einem Tempel im Beisein von etwa dreihundert Mönchen statt. In der Mitte des Tempels sitzen mit einander zugekehrten Gesichtern in engem Kreis fünf Lamas, die telepathisch veranlagt sind. Während die Mönche unter der Leitung eines Abtes singen, sind die Lamas bemüht, mit abgeschiedenen Seelen in telepathischen Kontakt zu kommen. Die tibetanischen Gebete zu diesem Anlaß sind ihrem tieferen Sinn nach kaum zu übersetzen, doch sei immerhin ein Versuch gewagt:

Höret den Ruf unserer Seelen, ihr alle, die ihr führerlos im Zwischenreich wandert! Die Lebenden und die Toten leben in getrennten Welten. Wo ist ihr Antlitz zu sehen und ihre Stimme zu hören? Das erste Korn Weihrauchs ist entzündet, einen ruhelosen Geist zu beschwören, auf daß er nicht länger irre.

Höret den Ruf unserer Seelen, ihr alle, die ihr führerlos im Zwischenreich wandert! Berge türmen sich in den Himmel, doch kein Laut ist zu hören. Eine leichte Brise kräuselt die Wasser, und die Blumen stehen in Blüte. Euer Nahen scheucht die Vögel nicht auf, denn sie sehen und wittern euch nicht. Das zweite Korn Weihrauchs ist entzündet, einen ruhelosen Geist zu beschwören, auf daß er nicht länger irre.

Höret den Ruf unserer Seelen, ihr Wandernden alle! Dies ist die Welt der Täuschung. Das Leben ist nur ein Traum. Alles, was da geboren ist, muß sterben. Nur Buddhas Weg führt zum ewigen Leben. Das dritte Korn Weihrauchs ist entzündet, einen ruhelosen Geist zu beschwören, auf daß er nicht länger irre.

Höret den Ruf unserer Seelen, all ihr Mächtigen, die ihr über Bergen und Flüssen throntet und sie beherrschtet. Euer Reich dauerte nur einen Augenblick, doch der Jammer eurer Völker höret nimmer auf. Die Erde trieft von Blut, und von den Seufzern der Unterdrückten regt sich der Bäume Laub. Das vierte Korn Weihrauchs ist entzündet, die Geister der Könige und Tyrannen zu beschwören, auf daß sie nicht länger irren.

Höret den Ruf unserer Seelen, all ihr Krieger, die ihr andere überfallen, verwundet und getötet habt! Wo sind eure Heere jetzt? Die Erde stöhnt, und Unkraut überwächst die Schlachtfelder. Das fünfte Korn Weihrauchs ist entzündet, die abgeschiedenen Geister der Heerführer und Herren zu beschwören zum rechten Weg.

Höret den Ruf unserer Seelen, all ihr Künstler und Gelehrte, die ihr in harter Fron maltet und schriebt. Vergeblich habt ihr eure Augen gemüht und eure Tinte vergossen. Euer wird nicht mehr gedacht, doch eure Seelen müssen weiterleben. Das sechste Korn Weihrauchs ist entzündet, die Geister der Künstler und Gelehrten zu beschwören zum rechten Weg.

Höret den Ruf unserer Seelen, ihr schönen Jungfrauen und vornehmen Frauen, die ihr in eurer Jugend einem frischen Frühlingsmorgen gleicht. Erst umarmen euch eure Liebsten, später brechen sie eure Herzen. Der Herbst kommt und dann der Winter, die Bäume entblättern sich, die Blumen welken, und so auch eure Schönheit – zuletzt bleibt nur das Gerippe übrig. Das siebente Korn Weihrauchs ist entzündet, die ruhelosen Geister der Jungfrauen und vor-

nehmen Frauen zu beschwören, auf daß sie sich den Banden der Welt entwinden.

Höret den Ruf unserer Seelen, all ihr Bettler und Diebe und ihr, die ihr euch gegen andere versündigt habt und die ihr nun nicht Ruhe finden könnt. Eure Seele wandert ohne eines Freundes Beistand durch die Welt, und bar seid ihr der Tröstung der Gerechtigkeit. Das achte Korn Weihrauchs ist entzündet, die Geister all derer zu beschwören, die gesündigt haben und nun einsam ihres Weges wandern.

Höret den Ruf unserer Seelen, ihr Dirnen, ihr Frauen der Nacht und all ihr Sünderinnen, die ihr nun durch das Geisterreich irrt. Das neunte Korn Weihrauchs ist entzündet, euch zu beschwören, auf daß ihr befreit werdet von den Banden der Welt.

Im weihraucherfüllten Tempel werfen die buttergespeisten flackernden Lichter tanzende Schatten an die Wände hinter den goldenen Bildwerken. Die Luft ist trächtig von der angespannten Konzentration der telepathisch entrückten Mönche in ihrem Bemühen, sich mit den Abgeschiedenen in Verbindung zu setzen, die noch nicht alle Bande des Irdischen abgestreift haben.

Mönche in braunroten Kutten sitzen in Reihen einander gegenüber und stimmen die Totenlitanei an, und verborgene Pauken schlagen den Rhythmus des menschlichen Herzens. Aus anderer Richtung ertönt im Tempel wie im menschlichen Körper das Summen der inneren Organe, das Rauschen des Blutstroms und das Wehen der Luft in den Lungen. Im weiteren Verlauf der Zeremonie, die den Abgeschiedenen bestimmte Weisungen vermittelt, verändert sich das Tempo der Rhythmen des Körpers, es verlangsamt sich, und zuletzt kündigt sich in röchelnden, vibrierenden Atemzügen der

Geist an, der den Körper verläßt – dann tritt tiefe Stille ein. Die Stille des Todes. In dieser Stille manifestiert sich, jedem medial Veranlagten fühlbar, die Gegenwart anderer Wesen, die ringsum warten und lauschen. Allmählich, während die telepathischen Weisungen fortdauern, löst sich die Spannung, und die irrenden Geister treten ihren Weg in den nächsten Bereich ihrer Wanderung an.

Wir glauben fest daran, daß wir von Zeit zu Zeit immer wiedergeboren werden. Doch nicht nur auf dieser Erde. Es gibt Millionen von Welten, von denen, unserer Überzeugung nach, viele bewohnt sind. Die Bewohner jener Welten mögen von den uns bekannten Erdbewohnern sehr verschieden, sie mögen den menschlichen Geschöpfen überlegen sein. Wir Tibetaner haben uns nie zu der Anschauung bekannt, daß der Mensch das höchste und vollendetste Glied einer Entwicklung sei. Wir glauben, daß es anderwärts höherentwickelte Wesen geben könne, und daß diese möglicherweise keine Atombomben werfen. In Tibet las ich Berichte über merkwürdige Himmelserscheinungen. »Fahrzeuge der Götter« wurden sie von sehr vielen Menschen genannt. Der Lama Mingyar Dondup teilte mir mit, ein Kreis von Lamas habe eine telepathische Verbindung mit jenen »Göttern« hergestellt und diese hätten gesagt, sie beobachteten die Erde, offenbar in ähnlicher Weise, wie die Menschen wilde, gefährliche Tiere in einem zoologischen Garten beobachten.

Über »Levitation« wurde schon viel geschrieben. Sie ist ein durchaus mögliches Phänomen, wie ich des öfteren feststellen konnte, aber sie erfordert viel Übung. Man muß sich nicht unbedingt auf die Levitation festlegen, es gibt eine viel einfachere Methode: die Wanderung des Astralleibes ist leichter und sicherer. Den meisten Lamas ist sie vertraut, und jedermann, der nur ein wenig Geduld hat, kann diese förderliche und ersprießliche Kunstfertigkeit erlernen.

In den Stunden des Wachseins in unserem Erdenleben ist unser Ich an den Körper gebunden, und für jedermann, der nicht besonders geschult ist, sind Ich und Körper nicht zu trennen. Im Schlafe bedarf nur der Körper der Ruhe, der Geist führt sein eigenes Leben und sucht das geistige Reich auf, so wie ein Kind am Ende des Schultags das Elternhaus. Zwischen dem Ich und dem Körper besteht weiterhin die Verbindung durch die »silberne Schnur«, für die keine räumliche Entfernung gilt. Der Körper lebt, solange die silberne Schnur hält; im Tode wird die Schnur durchschnitten, wenn der Geist zu neuem Leben in die geistige Welt zurückkehrt, so wie des Kindes Nabelschnur durchschnitten wird, um es von der Mutter zu trennen. Die Geburt bedeutet für das Kind den Tod im behüteten Dasein des Mutterleibs. Der Tod bedeutet für den Geist die Wiedergeburt in einer freieren geistigen Welt. Solange die silberne Schnur hält, kann der Geist während des Schlafes frei umherschweifen, oder bei Menschen, die dazu methodisch geschult sind, auch bewußt. Das Umherschweifen des Geistes erzeugt Träume; es sind Eindrücke, die an der silbernen Schnur ins Bewußtsein gelangen. Wenn das physische Bewußtsein sie aufnimmt, sind sie bereits »rationalisiert« und ordnen sich in die diesseitige Vorstellungswelt ein. In der geistigen Welt gibt es keine Zeit – »Zeit« ist eine rein menschliche Erlebnisform – und so können lange, komplizierte Träume im Bruchteil einer Sekunde ablaufen. Wahrscheinlich hatte jeder Mensch schon einmal einen Traum, in dem er einer weit entfernten Person, vielleicht sogar jenseits des Ozeans, begegnete und mit ihr sprach. Er hat irgendeine Botschaft empfangen, und beim

Erwachen hat er in der Regel das bestimmte Gefühl von »etwas«, an das er sich zu erinnern versucht. Häufig hat er die dunkle Erinnerung, einem entfernten Freund oder Verwandten begegnet zu sein, und ist dann nicht überrascht, in der nächsten Zeit von ihm zu hören. In methodisch nicht geschulten Menschen ist die Erinnerung oft getrübt, und das Ergebnis ist ein unlogischer oder allenfalls ein Alptraum.

Wir Tibetaner unternehmen oft eine astrale Wanderung – nicht mit Hilfe der Levitation – und erleben den ganzen Vorgang unter der Kontrolle des Bewußtseins. Wir veranlassen unser Ich, den Körper zu verlassen, doch immer noch durch die silberne Schnur mit ihm in Verbindung zu bleiben. Wir können wandern, wohin wir wollen, und so schnell wie der Gedanke. Die meisten Menschen besitzen die Fähigkeit, eine astrale Wanderung zu unternehmen. Vielen ist der Antritt der Wanderung gelungen, doch da sie nicht methodisch geschult waren, erlitten sie einen Schock. Jeder von ihnen hatte vielleicht die Empfindung, in Schlaf zu versinken und dann plötzlich mit einemmal schockartig zu erwachen. Die Ursache hiefür ist eine zu rasche Loslösung und Entfernung des Ichs, eine unsanfte Trennung des körperlichen und des Astralleibs. Sie hat eine Kontraktion der silbernen Schnur zur Folge, und der Astralleib schnellt in den Körper zurück. Viel unangenehmer noch ist das Gefühl, wenn der Astralleib nach einer Wanderung zurückkehrt und wie ein Fesselballon an seinem Seil einige Fuß hoch über dem Körper schwebt. Irgend etwas, vielleicht ein äußeres Geräusch, veranlaßt den Astralleib, ganz schnell in den Körper zurückzukehren. Das körperliche Ich erwacht plötzlich mit dem schreckhaften Gefühl, von einer Felswand abgestürzt und gerade noch zur rechten Zeit erwacht zu sein.

Eine astrale Wanderung unter voller Kontrolle des Bewußtseins kann fast jeder Mensch unternehmen. Sie bedarf der Übung, doch, vor allem in den ersten Stadien, der Konzentration, in der der Wandernde ganz nur auf sich bezogen ist und keine Störung fürchtet. Ich schreibe hier kein Lehrbuch der Metaphysik und will daher auch keine Anleitung zu astralen Wanderungen geben, möchte jedoch betonen, daß niemand, der nicht einen erfahrenen Lehrer zur Seite hat, vor unangenehmen Erlebnissen sicher ist. Eine unmittelbare Gefahr besteht nicht, doch kann immerhin ein Schock oder eine Störung des Gefühlslebens eintreten, wenn der Astralleib nicht in der richtigen Phase den Körper verläßt oder in ihn zurückkehrt. Menschen, die an Herzschwäche leiden, sollten sich nie auf astrale Wanderungen einlassen. In der Wanderung selbst liegt keine Gefahr; eine schwere Gefahr besteht jedoch – für Menschen mit einem schwachen Herzen –, wenn eine fremde Person den Raum betritt und den Körper stört oder die »Schnur« zerreißt. Der dadurch eintretende Schock könnte tödlich sein, und das wäre insofern tragisch, als das betroffene Ich dann wiedergeboren werden müßte, um die ihm zugemessene Lebenszeit erst noch zu vollenden, ehe es seine nächste Existenz antritt.

Wir Tibetaner glauben, daß vor dem Sündenfall jeder Mensch die Fähigkeit astraler Wanderung, beziehungsweise auch des Hellsehens, der Telepathie und der Levitation besessen habe. Der Sündenfall bestand nach unserer Auffassung darin, daß der Mensch seine okkulten Kräfte für eigennützige Interessen mißbrauchte, anstatt sie im Dienste der Höherentwicklung der gesamten Menschheit anzuwenden. In der Vorzeit vermochten sich alle Menschen telepathisch miteinander zu verständigen. Jeder einzelne Stamm hatte seine eigene Sprache, die lediglich der Verständigung unter den Stammesangehörigen diente. Die telepathische Verständigung war jedoch ein Gedankenaustausch, der ohne Rücksicht auf die Verschiedenheit der Sprache möglich war. Als indes die Fähigkeit telepathischer Verständigung infolge ihres Mißbrauchs verlorenging, war das Resultat – Babel!

Wir haben keinen »Sabbath« oder »Sonntag«, sondern nur »Feiertage« am Achten und Fünfzehnten jedes Monats. An diesen Tagen finden besondere Feiern statt, die Tage gelten als geheiligt, und es wird an ihnen in der Regel keine Arbeit geleistet. Unsere Jahresfeiertage entsprechen, soweit mir bekannt ist, im allgemeinen den christlichen Festen, doch kenne ich diese nicht genau genug, um darüber zu urteilen. Unsere Jahresfeiertage sind die folgenden:

In unserem ersten Monat, der ungefähr dem Februar entspricht, feiern wir vom Ersten bis zum Dritten »Logsar«, etwa das Neujahr des westlichen Kalenders. »Logsar« ist eine Zeit der Freuden und der religiösen Andacht. Unsere höchsten Feiertage im Jahr sind die »Tage der Fürbitte« vom Vierten bis zum Fünfzehnten, in unserer Sprache »Monlam« genannt, die bedeutendsten religiösen und weltlichen Feiertage des Jahres. Der Fünfzehnte ist der Jahrestag von Buddhas Empfängnis, der nicht als populärer Festtag, sondern nur als religiöser Gedenktag gefeiert wird. Im selben Monat haben wir am Siebenundzwanzigsten noch einen Festtag, der halb religiös, halb mythisch ist, das Fest der Prozession des Heiligen Schwertes. Dies sind die Feiertage des ersten Monats.

Der einzige Feiertag des zweiten Monats, der etwa dem März entspricht, ist der Neunundzwanzigste, die Jagd und Vertreibung des Dämons des Bösen Blicks. Auch der April, der dritte Monat, bringt nur wenige allgemeine Festlichkeiten; der Fünfzehnte ist der Jahrestag der Erleuchtung.

Vom ersten Tag des vierten Monats an, also des Mai nach dem westlichen Kalender, feiern wir die Wiederkehr von Buddhas Weltentsagung. Die Tage entsprechen, wenn ich recht im Bilde bin, etwa der christlichen Fastenzeit. Während dieser Tage der Entsagung ist uns geboten, enthaltsamer zu leben. Der Fünfzehnte ist dann Buddhas Todestag. Er ist der Gedenktag für alle Abgeschiedenen, mit anderen Worten der »Allerseelentag«. Zur Beschwörung der Seelen, die noch in irdischen Banden wandern, zünden wir Räucherwerk an.

Dies sind allerdings nur die bedeutenderen Feste; neben ihnen gibt es noch eine Anzahl von weniger bedeutenden, die auch gehalten und entsprechend gefeiert werden sollen, jedoch hier nicht besonders erwähnenswert sind.

Am fünften Tag des Monats Juni mußten wir »im ärztlichen Dienst stehenden« Lamas an besonderen Zeremonien in auswärtigen Lamaserien teilnehmen. Es waren Dankeszeremonien für die Hilfeleistungen der ärztlich bemühten Mönche, deren Einsatz Buddha begründet hat. An diesem Tag konnten wir nichts Unrechtes tun, doch am nächsten Tag wurden wir von unseren Vorgesetzten für alles zur Verantwortung gezogen, was wir nach ihrer Meinung nicht recht gemacht hatten.

Der vierte Tag des sechsten Monats, also des Juli, ist Buddhas Geburtstag. Zugleich feiern wir die erste Verkündigung des Gesetzes.

Das Erntefest findet am achten Tag des neunten Monats, des Oktober, statt. Tibet ist ein wasserarmes, unter ständiger Dürre leidendes Land, wir sind in viel höherem Maße als andere Länder auf die Wasserversorgung durch unsere Flüsse angewiesen. Es gibt nur wenig Regen in Tibet, daher ist unser Erntefest zugleich ein Wasserfest, denn ohne das Wasser der Flüsse könnte im Land keine Ernte gedeihen.

Der zweiundzwanzigste Tag des zehnten Monats, November, ist der Erinnerungstag an Buddhas wunderbare Wiederkehr zur Erde aus dem Himmel. Am fünfundzwanzigsten Tag des nächsten, des elften Monats, feiern wir das Lichterfest.

Die letzten religiösen Festtage des Jahres sind der Neunundzwanzigste und der Dreißigste des zwölften Monats, die nach dem westlichen Kalender an der Wende des Januar zum Februar liegen. An ihnen vollzieht sich der Abschied des alten Jahres und die Ankunft des neuen.

Unser Kalender weicht von dem westlichen sehr wesentlich ab: wir haben einen Zyklus von sechzig Jahren, in denen jeweils zwölf Tiere und fünf Elemente die Jahre regieren. Das neue Jahr beginnt im Februar. Der gegenwärtige Jahreszyklus, der 1927 begann, ist folgender:

1927 das Jahr des Feuer-Hasen,
1928 das Jahr des Erd-Drachen,
1929 das Jahr der Erd-Schlange,
1930 das Jahr des Eisen-Rosses,
1931 das Jahr des Eisen-Schafes,
1932 das Jahr des Wasser-Affen,
1933 das Jahr des Wasser-Vogels,
1934 das Jahr des Holz-Hundes,
1935 das Jahr des Holz-Ebers,
1936 das Jahr der Feuer-Maus,
1937 das Jahr des Feuer-Ochsen,
1938 das Jahr des Erd-Tigers,
1939 das Jahr des Erd-Hasen,
1940 das Jahr des Eisen-Drachen,
1941 das Jahr der Eisen-Schlange,

1942 das Jahr des Wasser-Rosses,
1943 das Jahr des Wasser-Schafes,
1944 das Jahr des Holz-Affen,
1945 das Jahr des Holz-Vogels,
1946 das Jahr des Feuer-Hundes,
1947 das Jahr des Feuer-Ebers,
1948 das Jahr der Erd-Maus,
1949 das Jahr des Erd-Ochsen,
1950 das Jahr des Eisen-Tigers,
1951 das Jahr des Eisen-Hasen,
1952 das Jahr des Wasser-Drachen,
1953 das Jahr der Wasser-Schlange,
1954 das Jahr des Holz-Rosses,
1955 das Jahr des Holz-Schafes,
1956 das Jahr des Feuer-Affen,
1957 das Jahr des Feuer-Vogels,
1958 das Jahr des Erd-Hundes,
1959 das Jahr des Erd-Ebers,
1960 das Jahr der Eisen-Maus,
1961 das Jahr des Eisen-Ochsen – und so weiter.

Unser Glaube lehrt unter anderm, daß die in der Zukunft mit großer Wahrscheinlichkeit eintretenden Ereignisse voraussagbar seien. Die Weissagung mit welchen Mitteln immer ist für uns eine exakte Wissenschaft. Wir glauben an die Astrologie. »Astrologische Einflüsse« sind für uns nichts anderes als kosmische Strahlen, die durch die Beschaffenheit des Körpers, der sie auf die Erde reflektiert, in bestimmter Weise »gefärbt« oder verändert werden. Es ist jedermann bekannt, daß man mit Hilfe einer Kamera und mit weißem Licht ein Bild von irgendeinem Gegenstand herstellen kann. Wenn man verschiedene Filter vor der Linse der Kamera – oder vor der Lichtquelle – einsetzt, kann man auf dem zustandekommenden Photo bestimmte Effekte hervorrufen. Es gibt orthochromatische, panchromatische oder infrarote Effekte, um nur drei aus einer Anzahl von Möglichkeiten zu nennen. In ähnlicher Weise werden die Menschen durch die kosmische Strahlung beeinflußt, die sich auf die chemische und elektrische Beschaffenheit des Individuums auswirkt.

Buddha sagt: »Sterndeutung und Astrologie, Voraussage von glücklichen oder unglücklichen Lebensumständen auf Grund irgendwelcher Anzeichen, Prophezeiung von Gutem oder Bösem, alle diese Dinge sind verboten.« Doch ein späteres Gebot unserer Heiligen Bücher lautet: »Die wenigen, die solche Kräfte von Natur aus besitzen und um derentwillen sie Schmerzen und Leiden erdulden, dürfen diese Kräfte auch anwenden. Keine seelische Kraft darf jedoch dem persönlichen Vorteil oder weltlichem Ehrgeiz oder auch nur zum Beweis des Vorhandenseins solcher Kräfte dienen. Einzig so sind die nicht auf gleiche Weise Begabten geschützt.« Meine Erlangung der Kraft des »Dritten Auges« war schmerzvoll gewesen, und sie hatte die mir angeborene hellseherische Kraft gesteigert. In einem späteren Kapitel werde ich auf die Fähigkeit des Dritten Auges noch zurückkommen. Hier ist indes vielleicht die richtige Stelle, noch etwas über die Astrologie zu sagen und die Namen dreier prominenter Engländer zu nennen, weil jeder von ihnen eine astrologische Prophezeiung zu Gesicht bekam, die sich später bewahrheitete.

Seit dem Jahre 1027 wurden in Tibet alle wichtigen Entscheidungen mit Hilfe der Astrologie getroffen. Die Invasion der Engländer in meine Heimat im Jahre 1904 war genau vorausgesagt. Auf Seite 179 ist die betreffende Voraussage in tibetanischer Sprache und Schrift wiedergegeben. Sie lautet: »Im Jahre des Wald-Drachen. Der erste Teil des Jahres beschirmt den Dalai Lama, dann brechen kriegerische Räuber ein. Es sind viele Feinde, Verwirrung und Leid durch

Waffengewalt breiten sich aus, und die Menschen werden kämpfen. Am Ende des Jahres wird ein vermittelnder Sprecher den Krieg beenden.« Das war vor dem Jahre 1850 niedergeschrieben und bezieht sich auf das Jahr 1904, das »Jahr des Wald-Drachen«. Oberst Younghusband war der Kommandant der britischen Streitkräfte. Er sah in Lhasa die Voraussage. Ein gewisser Mr. L. A. Waddell, auch Angehöriger der britischen Armee, sah die gedruckte Voraussage im Jahre 1902. Und auch Mr. Charles Bell, der später

༎དབང་ཐང་བསྟུན་སྐད་གཉིས་ལོ་ཤིང་ཕོ་འབྲུག

།ལོ་སྟོད་རྒྱལ་པོ་གཉོན་ནུའི་སྐྱོང་།

།ཆོམ་རྐུན་ཐེན་ཆེ་རྫོད་འབྲུག་ཀོང་།

།དགྲ་རྐུན་ལ་སོགས་འཚེར་བ་མང་།

།མཚོན་གྱི་ཐུག་བསྡུལ་སྣ་ཚོགས་འབྱུང་།

།ཆར་བབས་སྐྱུ་རྒྱལ་པ་བུ་འཁྲུག

།ལོ་སྨད་གཡུལ་རྒྱལ་སྨན་དག་མཁན༎

nach Lhasa kam, sah sie. Einige andere Ereignisse, die ebenso genau vorausgesagt waren, sind: 1910, die chinesische Invasion in Tibet; 1911, die chinesische Revolution und die Bildung der nationalistischen Regierung; Ende 1911, die Vertreibung der Chinesen aus Tibet; 1914, der Krieg zwischen England und Deutschland; 1933, das Hinscheiden des Dalai Lama; 1935, Wiederkehr des Dalai Lama in einer neuen Inkarnation; 1950, »Böse Mächte dringen in Tibet ein«. Im Oktober 1950 überfielen die Kommunisten Tibet. Mr. Bell, später Sir Charles Bell, sah alle diese Prophezeiungen in Lhasa. Was mich selbst betrifft, so hat sich in meinem Leben *alles* erfüllt, was mir vorausgesagt war, besonders die Prüfungen.

Die Wissenschaft der Erstellung eines Horoskops – denn es ist eine Wissenschaft – läßt sich nicht auf ein paar Seiten eines Buches, wie ich es hier schreibe, erschöpfend behandeln. Kurz gesagt, besteht ein Horoskop in der Anlage einer schematischen Himmelskarte mit der Konstellation der Gestirne zur Zeit der Konzeption und der Geburt. Man muß die genaue Stunde der Geburt wissen und diese muß in die »Sternzeit« umgerechnet werden, die von allen Ortszeiten auf der Erde völlig verschieden ist. Da die Geschwindigkeit der Erde in ihrem Umlauf ungefähr 30 Sekundenkilometer beträgt, ist jede Ungenauigkeit der Zeitangabe von ungeheurer Bedeutung. Die Rotationsgeschwindigkeit der Erde wiederum beträgt am Äquator annähernd 1700 Stundenkilometer. Außerdem oszilliert die Achse der Erde während ihrer Drehung und Fortbewegung, so daß der Nordpol dem Südpol im Herbst etwa um 5000 Kilometer voraus, die Lage im Frühling jedoch umgekehrt ist. Die geographische Länge des Geburtsortes ist daher von größter Wichtigkeit.

Ist die »Geburtsfigur« (die schematische Himmelskarte) entworfen, dann können entsprechend geschulte Leute sie ausdeuten. Die Konstellation der einzelnen Planeten zueinander wird bestimmt und ihr Einfluß innerhalb der Gesamtkonstellation errechnet. Ebenso wird eine »Konzeptionsfigur« angelegt, um die Einflüsse der Gestirne in den allerersten Augenblicken der Existenz eines Individuums festzustellen. Die Geburtsfigur zeigt die Einflüsse der Gestirne in dem Augenblick, da ein Individuum in eine an sich neutrale Welt eintritt. Um etwas über die *Zukunft* zu erfahren, erstellen wir ein Horoskop für den Zeitpunkt, den wir ausdeuten wollen, und vergleichen es mit der Geburtsfigur (der »Nativität«). Es gibt Leute, die fragen: »Könnt ihr also voraussagen, wer das Pferderennen um 2 Uhr 30 gewinnen wird?« Die Antwort lautet: Nein! Nicht ohne daß wir zuerst das Horoskop für jedermann, für jedes Pferd, für jeden Pferdebesitzer gestellt hätten, der irgend etwas mit dem Rennen zu tun hat. Da ist es besser, nach üblicher Methode mit geschlossenen Augen und gespitztem Bleistift ein Pferd aus der Startliste aufs Geratewohl auszuwählen. Aber wir *können* voraussagen, ob irgendwer sich von einer Krankheit wieder erholen, ob Hans die Grete heiraten und mit ihr glücklich werden wird, kurz alles, was das Individuum betrifft. Wir können auch voraussagen, daß im Jahre des Wald-Drachen, also im gegenwärtigen Zyklus im Jahre 1964, ein Krieg ausbrechen wird, wenn England und Amerika bishin dem Kommunismus nicht Einhalt gebieten, und daß es um das Ende des Jahrhunderts zur Freude aller Beobachter auf dem Mars oder der Venus bei uns ein großartiges Feuerwerk geben wird – immer unter der Voraussetzung, daß man die Kommunisten gewähren läßt...

Ein weiteres Problem, das in der westlichen Welt oft Kopfschütteln erregt, ist die Frage, ob man den Lebensablauf eines Individuums in seinen früheren Existenzen erforschen könne. Leute, die darin nicht bewandert sind, behaupten, das sei unmöglich, so wie ein völlig Tauber immer sagen wird: »Ich höre keinen Laut, also gibt es auch keinen.« Es *ist* jedoch möglich, den Lebensablauf eines Individuums in früheren Existenzen festzustellen; es bedarf dazu nur vieler Zeit und rechnerischer Arbeit an Hand der Nativitäten. Ein beliebiger Besucher eines Flugplatzes mag die letzten Meldungen über die ankommenden Flugzeuge neugierig zur Kenntnis nehmen. Die Wartenden mögen sich in Vermutungen ergehen, doch die Beamten der Flugplatzleitung, die mit allen Einzelheiten vertraut sind, wissen alles genau. Wenn nun beispielsweise irgendein Reisender im Besitz aller Angaben über die verschiedenen Fluglinien und eines richtigen Fahrplanes wäre, dann könnte er alle Ankunftszeiten selbst genau berechnen. Ebenso können wir den Ablauf der einzelnen Leben in der Vergangenheit feststellen. Dies darzulegen, würde ein Buch für sich erfordern; daher wäre es unangebracht, darauf hier näher einzugehen. Es mag jedoch immerhin von Interesse sein, hier zu erwähnen, mit welchen Themen sich die tibetanische Astrologie beschäftigt. Wir haben neunzehn Schicksalsfragen, die mit den zwölf astrologischen »Häusern« in Zusammenhang stehen. Diese sind:

Persönlichkeit und persönliche Interessen;
Finanzielle Interessen, geldliche Gewinne oder Verluste;
Äußere Beziehungen, kurze Reisen, geistige Begabung und Eignung zu schriftlicher Verständigung;
Besitz und äußere Umstände am Ende des Lebens;
Kinder, weltliche Vergnügungen, Zukunftsaussichten;

Krankheit, Arbeit, Haustiere;
Soziale Beziehungen, Heirat, Gegnerschaften, Prozesse;
Erbschaften;
Große Reisen, Seelenleben;
Beruf und Ehrenämter;
Freundschaften und Karriere;
Schwierigkeiten, Hemmungen, geheime Sorgen.

Wir können auch annähernd die Zeit oder die äußeren Lebensumstände angeben, wann die folgenden Ereignisse eintreten werden:

Liebe, Charakter der geliebten Person, Zeit der Begegnung;
Heirat, ihr Zeitpunkt, Verlauf der Ehe;
Leidenschaften bei »hitzigem Temperament«;
Katastrophen, wie und ob sie sich ereignen;
Schicksalswendungen;
Tod, sein Zeitpunkt, seine Ursachen;
Gefangenschaft und andere Hemmnisse;
Mißhelligkeiten, vor allem in der Familie und im Geschäftsleben;
Geist und Gemüt, erreichte Entwicklungsstufe.

Obwohl ich mich viel mit Astrologie beschäftige, halte ich die Methoden der Psychometrie und der »Kristalldeutung« für rascher und für nicht weniger exakt. Sie sind auch bequemer, wenn man im Rechnen schwach ist. Psychometrie ist die Kunst, an Hand irgendeines Gegenstandes schwache Eindrücke von vergangenen Ereignissen empfangen zu können. Diese Fähigkeit hat jeder Mensch bis zu einem gewissen Grade. Besucht jemand eine heilige Stätte, etwa einen Tempel, über dem die Weihe ehrwürdigen Alters liegt, dann wird er die Empfindung haben: »Welch eine stille, beruhigende Atmosphäre!« Betritt er jedoch den Schauplatz eines furchtbaren Mordes, dann wird er aufgeregt sagen: »Oh, hier mag ich nicht sein, hier ist es unheimlich, ich will von hier fort.«

Kristalldeutung ist eine andere Art des Hellsehens. Der Kristall ist gewissermaßen eine Sammellinse für die Strahlen des Dritten Auges, ähnlich wie die Röntgenstrahlen konzentriert von einem Schirm aufgefangen werden und auf ihm ein selbstleuchtendes Bild erzeugen. Dabei sind gar keine magischen Kräfte im Spiel, sondern wir bedienen uns nur der Naturgesetze.

Wir haben in Tibet Denkmäler, die das »Naturgesetz« symbolisieren. Unsere »Tschorten«, eineinhalb bis fünfzehn Meter hoch, haben eine ähnliche Bedeutung wie die Kruzifixe und Ikonen. Überall in Tibet findet man solche Tschorten. Auf dem Stadtplan von Lhasa sind fünf zu sehen, der Pargo Kaling ist der größte und bildet zugleich eines der Stadttore. Die Tschorten haben immer die gleiche Form, wie man sie auch auf verschiedenen Zeichnungen dargestellt findet. Der quadratische Sockel bedeutet den festen Grund der Erde. Auf ihm ruht eine Kugel, die aus Wasser gebildet gedacht ist, und darüber erhebt sich ein Feuerkegel. Über ihm befindet sich eine Schale, den Luftraum symbolisierend, und noch darüber das Symbol des flackernden Geistes (des Himmelsäthers), der im Begriff ist, die materielle Welt zu verlassen. Den Aufstieg zu den höheren Elementen bilden die »Stufen der Vervollkommnung«. Das Ganze ist eine symbolische Darstellung des tibetanischen Glaubens. Wir alle werden zunächst zur Erde geboren. Im Laufe unseres Lebens steigen wir über die »Stufen der Vervollkommnung« empor, oder bemühen uns, über sie emporzusteigen. Zuletzt, wenn wir unseren letzten Atemzug tun, gehen wir in die geistige

Welt ein. Nach einem Zeitraum von jeweils verschiedener Dauer werden wir wiedergeboren, um immer neue Erkenntnisse zu sammeln. Das Rad des Lebens symbolisiert die endlose Wiederkehr von Geburt – Leben – Tod – Vergeistigung – Geburt – Leben – und so fort. Viele Gelehrte sind in dem Irrtum befangen, wir glaubten buchstäblich an die Höllenqualen, die manchmal auf dem Rad des Lebens drastisch abgebildet sind. Dies ist mitunter auch die Vorstellung primitiver Menschen, doch niemals die von aufgeklärten Gläubigen. Glauben etwa die Christen buchstäblich daran, Satan und seine Höllengeister würden sie nach dem Tode im ewigen Feuer rösten und martern? Glauben sie etwa, sie würden – als die wenigen Auserwählten – in ein Jenseits eingehen, um dort im Nachtgewand auf einer Wolke zu sitzen und die Harfe spielen zu lernen? Wir glauben, daß wir hier auf Erden belehrt werden und auf Erden unsere Höllenmartern erleiden. Das Jenseits ist für uns das Reich, in das wir eingehen, wenn wir unsere Körperlichkeit hinter uns gelassen haben, wo wir anderen Wesen begegnen, die wie wir der Körperwelt entronnen sind. Das ist nicht Geisterglaube. Es ist vielmehr der Glaube, daß wir im Schlaf oder nach dem Tode die Freiheit erlangen, auf astralen Ebenen zu wandern. Unsere Bezeichnung für die höheren Bereiche dieser Ebenen ist: »Das Land des Goldenen Lichtes«. Wir sind innerlich gewiß, daß wir im astralen Bereich nach dem Tode oder im Schlafe jenen Wesen wiederbegegnen können, die wir lieben, weil wir uns in Harmonie mit ihnen befinden; nicht aber jenen, gegen die wir eine Abneigung haben, denn das würde einen Zustand der Disharmonie voraussetzen, und einen solchen kann es im Land des Goldenen Lichtes nicht geben.

Alle diese Dinge sind längst erwiesen, und es ist jammerschade, daß in den westlichen Ländern Zweifel und Materialismus die Wissenschaft davon abhielten, sie richtig zu erforschen. Über allzuviel hat man in vergangenen Zeiten gespottet, das dann im Laufe der Jahre Wirklichkeit wurde: über das Telephon, das Radio, das Fernsehen, das Fliegen und so manches andere.

TRAPPA

In meiner Jugend war ich von dem Ehrgeiz beseelt, jede Prüfung gleich aufs erste Mal zu bestehen. Als mein zwölfter Geburtstag bevorstand, hörte ich mit meinem Studium allmählich auf, denn die Prüfung sollte am Tag nach meinem Geburtstag beginnen. Während der letzten Jahre hatte ich mich intensiv den Studien gewidmet: Astrologie, Heilkräuterlehre, Anatomie, religiöse Ethik, ja sogar richtige Zusammensetzung der Rauchopfer; tibetanische und chinesische Sprache mit besonderer Beachtung der Kalligraphie, und Mathematik. Für Spiele hatten wir nur wenig Zeit gehabt, das einzige »Spiel«, das wir pflegten, war Judo, denn Judo war Gegenstand einer strengen Prüfung. Etwa ein Vierteljahr vorher hatte der Lama Mingyar Dondup zu mir gesagt: »Nicht so viel wiederholen, Lobsang, das verwirrt nur das Gedächtnis. Sei ganz ruhig, so wie du jetzt bist, und das Wissen wird zur Stelle sein.«

So kam der große Tag heran. Um sechs Uhr morgens fand ich mich mit fünfzehn anderen Prüflingen in der Prüfungshalle ein. Zuerst hatten wir eine kurze Andachtsstunde, um die rechte innere Sammlung zu gewinnen, dann mußten wir uns auskleiden und wurden untersucht, ob keiner von uns einer unpriesterlichen Versuchung erlegen war, worauf wir reine Kleidung erhielten. Der Leiter der Prüfung führte uns aus der kleinen Kapelle der Prüfungshalle zu den getrennten Einzelzellen. Es waren aus Stein gebaute rechteckige Zellen, ein Meter achtzig zu drei Metern und etwa zweieinhalb Meter hoch. Draußen patrouillierten Polizei-Mönche während der ganzen Zeit. Jeder von uns wurde in eine solche Zelle geführt, die Tür hinter ihm geschlossen, verriegelt und versiegelt. Als wir alle in unseren Zellen eingeschlossen waren, brachten Mönche Schreibmaterialien und die erste Liste von Prüfungsfragen, die sie uns durch ein in der Wand angebrachtes kleines Schubfenster hereinreichten. Auch gebutterten Tee und Tsampa erhielten wir. Der Mönch, der das alles brachte, sagte, wir bekämen Tsampa dreimal im Tag und Tee, sooft wir wollten. Dann überließ man uns der Arbeit an unserer ersten Aufgabe. Für sechs Tage war uns je ein Thema gestellt, und wir mußten täglich vom Morgengrauen bis zum Einbruch der Dunkelheit arbeiten, bis wir nichts mehr sehen konnten. Unsere Zellen waren oben nicht durch eine Decke abgeschlossen, so daß sie Licht aus der großen Prüfungshalle empfingen.

Die ganze Zeit hindurch blieben wir in unseren Einzelzellen und durften sie unter keinerlei Vorwand verlassen. Wenn die Abenddämmerung einbrach, erschien ein Mönch am Schubfenster und sammelte ein, was wir tagsüber niedergeschrieben hatten. Daraufhin gingen wir zur Ruhe und schliefen bis zum nächsten Morgen. Aus eigener Erfahrung kann ich sagen, daß die Behandlung jedes einzelnen Prüfungsthemas vierzehn Stunden in Anspruch nahm und den Einsatz des ganzen Wissens und aller Nervenkraft jedes Prüflings erforderte. Am Abend des sechsten Tages war die schriftliche Prüfung beendet. Wir mußten die Nacht über noch in unseren Zellen bleiben, um sie am Morgen zu reinigen und sie so zu verlassen, wie wir sie vorgefunden hatten. Den Rest des Tages durften wir nach unserem Belieben verbringen. Drei Tage später, nachdem man unsere schriftlichen Arbeiten durchgesehen und alle Unzulänglichkeiten notiert hatte, wurden wir einzeln vor die Prüfungskommission gerufen, die uns nun noch einer mündlichen Prüfung über die schwachen Punkte in unseren Elaboraten unterzog. Diese mündliche Prüfung dauerte den ganzen Tag.

Am folgenden Morgen mußten wir uns alle sechzehn in einem Raum einfinden, wo wir abschließend im Judo geprüft wurden. Zunächst mußten wir über Drosselgriffe, Umklammerungen, Paraden, Überwindungstricks und Selbstkontrolle Auskunft geben. Jeder einzelne mußte mit drei andern Kandidaten ringen. Die Verstöße wurden sofort gerügt. Nach und nach wurden alle anderen ausgeschieden, und zuletzt blieb ich, dank meiner früheren Unterweisung durch Tzu, allein übrig. So wurde ich im Judo der Erste. Doch nur auf Grund meiner früheren Lehrzeit, die ich seinerzeit immer als grob und rücksichtslos empfunden hatte.

Wieder durften wir uns einen Tag lang von unseren strengen Prüfungen erholen, dann wurde uns das Prüfungsergebnis mitgeteilt. Ich und vier andere waren durchgekommen. Wir fünf waren nun »Trappas«, das heißt ärztliche Priester. Der Lama Mingyar Dondup, den ich während der ganzen Dauer der Prüfung nicht zu Gesicht bekommen hatte, ließ mich in sein Zimmer holen. Als ich eintrat, strahlte er über das ganze Gesicht. »Du hast gut bestanden, Lobsang. Du bist der Erste von allen. Unser Abt hat Seiner Heiligkeit, dem Dalai Lama, über dich berichtet. Er empfahl, dich sofort zu einem Lama zu ernennen, doch ich habe mich dagegen ausgesprochen.« Er sah meine enttäuschte Miene und fuhr erklärend fort: »Es ist besser, du studierst noch eine Zeitlang und bildest deine Fähigkeiten noch weiter aus. Wenn du heute schon eingekleidet würdest, entginge dir mancherlei Ausbildung, die für dein künftiges Leben von Bedeutung sein wird. Du darfst aber fortan in der Zelle neben mir wohnen, denn du wirst, sobald es an der Zeit ist, alle weiteren Prüfungen bestehen.«

Das dünkte mich sehr freundlich gesprochen; ich war bereit, alles zu tun, was mein Mentor für gut hielt. Ich sah ein, daß er in allem, was ich künftig erreichen würde, innerlich zutiefst beteiligt war, und daß er sich dafür verantwortlich fühlte, mich auf spätere Prüfungen in allen Gegenständen so vorzubereiten, daß ich immer der Erste wäre.

Gegen Ende der Woche meldete sich ein Abgesandter – atemlos, mit heraushängender Zunge und (scheinbar!) am Ende seiner Kräfte – mit einer Botschaft von Seiner Heiligkeit. Boten pflegten immer sehr drastisch die Eile und die Anstrengungen darzustellen, die sie auf sich genommen hatten, um sich ihres Auftrags zu entledigen. Der Potala war kaum eineinhalb Kilometer entfernt, daher erschien mir das Gebaren des Boten reichlich übertrieben.

Seine Heiligkeit gratulierte mir zu meiner Prüfung und teilte mir mit, ich hätte von nun an den Rang eines Lamas. Ich dürfte die Kutte eines Lamas tragen und hätte alle Rechte und Privilegien dieses Standes. Er stimmte jedoch dem Rat meines Mentors zu, ich möge die weiteren Prüfungen erst im Alter von sechzehn Jahren ablegen, »denn so kannst du unter Anleitung deiner Lehrer alles lernen, was du sonst entbehren müßtest, und dein Wissen wird sich durch solches Studium mehren«.

Nun war ich also ein Lama und hatte in Zukunft größere Freiheiten in meinem Studium, ohne durch den Lehrplan einer Klasse behindert zu sein. Das bedeutete gleichzeitig, daß ich mir für jedes Fach einen Lehrer wählen und den Fortgang meiner Studien ganz nach meinen Wünschen einrichten durfte.

Eine der ersten Übungen, die ich erlernen mußte, war die Entspannung, ohne die keine tiefere Versenkung in die Metaphysik möglich ist. Eines Tages kam der Lama Mingyar Dondup in meine Zelle, als ich eben in das Studium verschiedener Bücher versenkt war. Er sah mich an und sagte: »Lobsang, du siehst überanstrengt aus. Du wirst nie zu beschaulicher Betrachtung kommen, wenn du dich nicht entspannst. Ich will dir zeigen, wie ich mich darin übe.«

Er befahl mir, mich ausgestreckt hinzulegen, denn wenn man sich auch sitzend oder stehend entspannen kann, lernt man es doch am besten liegend. »Nun stell dir vor«, sagte er, »du seist von einem Felsen abgestürzt, du lägest drunten, kraftlos, mit schlaffen Muskeln, die Glieder gelöst, so wie du gefallen bist, mit halboffenem Mund, so daß die Kiefermuskeln in Ruhe sind.« Ich wandte mich hin und her, bis ich so dalag, wie er es wollte. »Jetzt stell dir vor, deine Arme und Beine seien voll ganz kleiner Lebewesen, die an deinen Muskeln zerren und dich so ständig in Bewegung halten. Befiehl jetzt diesen kleinen Wesen, deine Füße zu verlassen, so daß kein Gefühl, keine Bewegung, keine Spannung mehr in ihnen ist. Laß deinen Geist sich vergewissern, daß in deinen Füßen keine Muskeln mehr in Tätigkeit sind.« Ich lag da und versuchte mir die kleinen Lebewesen vorzustellen. Gesetzt den Fall, der alte Tzu rumorte in meinen Zehen – wie gerne wäre ich ihn los! »Dann tue dasselbe mit deinen Beinen. Die Waden; sicherlich kribbeln dort viele solche kleine Lebewesen, Lobsang. Sie haben heute morgen schwer gearbeitet, als du deine Springübungen machtest. Jetzt laß sie ruhen. Schick sie hinauf in deinen Kopf. Sind sie alle fort? Bist du ganz sicher? Laß deinen Geist Umschau halten. Sie sollen jetzt die Muskeln in Frieden lassen, so daß sie ganz schlaff und weich werden.« Plötzlich hielt er inne und zeigte auf meine Hüfte: »Da schau!« sagte er, »da hast du einen vergessen. Da sitzt noch so ein kleiner Kerl und spannt einen Muskel in deinem Oberschenkel an. Jag ihn fort, Lobsang, jag ihn fort!« Endlich waren auch meine Beine entspannt, und er war zufrieden.

»Jetzt tue dasselbe mit deinen Armen«, sagte er; »beginne mit deinen Fingern. Jag die kleinen Wesen fort, über die Handgelenke zu den Ellbogen, zu den Schultern. Stell dir vor, daß du sie alle abkommandierst, bis keine Anstrengung, keine Spannung, keine Empfindung zurückbleibt.« Nachdem ich seinen Rat befolgt hatte, sagte er: »So, jetzt kommen wir zum Rumpf. Nimm an, dein Rumpf wäre ein Mönchskloster, und stell dir vor, alle Mönche zerrten da drinnen an deinen Muskeln, um sie in Tätigkeit zu versetzen. Schick sie fort. Zuerst aus dem unteren Teil deines Rumpfes. Sie sollen deine Muskeln in Ruhe lassen. Befiehl ihnen, sie sollen ihre Arbeit einstellen und verschwinden, so daß dein Rumpf nur noch von außen durch die Haut zusammengehalten wird, daß alle Organe erschlaffen, ruhen und in ihrer natürlichen Lage sind. Dann ist dein Körper entspannt.«

Er war mit meinen Bemühungen sichtlich zufrieden, denn er fuhr fort: »Das Wichtigste bei der Entspannung ist aber wohl der Kopf. Sehen wir einmal, was sich da machen läßt. Zunächst dein Mund. An den beiden Mundwinkeln hast du je einen Muskel. Die mußt du entspannen, Lobsang, links und rechts. Du sollst jetzt weder sprechen noch essen, also entspanne sie, bitte. Deine Augen sind weit offen. Warum? Sie brauchen jetzt gar kein Licht aufzunehmen, also senke die Augenlider, nur ganz leicht, ohne Anstrengung.« Er wandte sich ab und sah durch das offenstehende Fenster. »Der feinste Gradmesser der Entspannung ist das Sonnenlicht draußen. Da kannst du von den Katzen lernen, die es am besten verstehen, sich zu entspannen.«

Niedergeschrieben mutet dies alles breit an, und gelesen scheint es kompliziert, aber in der Praxis und mit ein bißchen Übung kann man sich in einer Sekunde vollkommen entspannen. Die Methode ist unfehlbar. Jedermann, der unter den Segnungen der Zivilisation leidet, täte gut daran, die Methode und die weiteren geistigen Übungen zu befolgen. Was letztere betrifft, unterwies mich der Lama Mingyar Dondup noch gesondert. Er sagte: »Es hat wenig Sinn, sich physisch zu entspannen, wenn man geistig angespannt ist. Wenn du dich körperlich entspannt hast, lenke deine Aufmerksamkeit einen Augenblick lang auf deine Gedanken. Laß sie ohne innere Beteiligung an dir vorüberziehen und sieh ihnen auf den Grund. Dann wirst du merken, wie nichtssagend und gleichgültig sie sind. Gebiete ihnen Einhalt und laß keine neuen Gedanken in dir entstehen. Konzentriere dein geistiges Auge auf einen dunklen Fleck, der das Nichts, die völlige Leere darstellt, und laß die Gedanken diese Leere durchkreuzen. Zuerst wird es ihnen gelingen. Dann hole sie zurück und lasse sie noch einmal den dunklen Raum passieren. Stelle dir das lebhaft vor, beobachte sie dabei, und binnen kurzem wirst du mühelos nur noch den dunklen Raum vor dir sehen und völlige geistige und körperliche Entspannung genießen.«

Auch hiebei ist die Erläuterung wieder viel komplizierter als der Vorgang selbst. In Wirklichkeit ist bei einiger Übung alles sehr einfach, und die Entspannung stellt sich ganz von selbst ein. Viele Menschen haben ihren Geist und ihre Gedanken nie richtig abgeschaltet, sie gleichen Leuten, die versuchen, Tag und Nacht ununterbrochen zu marschieren. Ein paar Tage und Nächte hält man das aus, aber dann bricht man zusammen; doch dem Gehirn und dem Geist will man keine Ruhe gönnen. Uns unterwies man angelegentlich, den Geist zu disziplinieren. Wir wurden im Judo bis zur Meisterschaft ausgebildet, um Selbstkontrolle zu lernen. Der Lama, der uns darin unterrichtete, war imstande, zehn Angreifer zugleich abzuwehren und zu erledigen. Er war ein begeisterter Anhänger des Judo und tat auch neben dem Unterricht alles, uns den Sport so interessant wie möglich zu machen. Menschen aus dem Westen halten die »Drosselgriffe« vielleicht für roh und grausam, doch diese Meinung ist durchaus falsch. Ich habe schon erwähnt, daß wir imstande waren, jemand mit einem bestimmten Griff am Halse im Bruchteil einer Sekunde bewußtlos zu machen, ehe er noch merkte, daß er das Bewußtsein verlöre. Ein kleiner Druck setzt das Gehirn ganz ohne schädliche Folgen außer Tätigkeit. Diesen Griff wenden wir in Tibet, wo es keine Narkose gibt, bei der schwierigen Extraktion eines Zahnes oder bei der Einrichtung eines gebrochenen Gliedes häufig an. Der Patient merkt gar nichts und leidet nicht. Auch in Fällen, in denen sich das Ich zu einer astralen Wanderung vom Körper trennt, wird der Trick angewendet.

Durch ein solches Training waren wir auch gegen Stürze gefeit. Eine Judoübung ist, sanft zu Boden zu gehen; »Parade eines Sturzes« heißt sie, und als Knaben sprangen wir oft nur zu unserem Vergnügen von einer drei oder viereinhalb Meter hohen Mauer herunter.

Ehe wir noch Unterricht im Judo bekamen, mußten wir jeden zweiten Tag die »Gebote des Mittleren Pfades« hersagen, die acht Angas, sozusagen das Evangelium des Buddhismus. Sie lauten:

Rechtes Glauben:	*Einsichten frei von Täuschung und Selbstsucht.*
Rechtes Entschließen:	*Höhere würdige Absichten und Gesinnungen.*
Rechtes Wort:	*Indem man sich als gütig, bedächtig und wahrhaft erweist.*
Rechte Tat:	*Durch die man friedliebend, ehrenhaft und selbstlos wird.*
Rechtes Leben:	*Man darf weder Mensch noch Tier verletzen und muß sie als lebendige Geschöpfe achten.*
Rechtes Streben:	*Selbstkontrolle und dauernde Selbsterziehung.*
Rechtes Gedenken:	*Im Rechtdenken und Rechttun.*
Rechtes Sichversenken:	*Geboren aus dem Nachdenken über die Gegebenheiten des Lebens und über das höhere Ich.*

Wenn einer von uns gegen die Gebote verstieß, mußte er bäuchlings auf der Schwelle des Tempeltores liegen, so daß jeder Besucher gezwungen war, über ihn hinwegzuschreiten; und zwar verharrte er dort vom Morgengrauen bis zur Dunkelheit, regungslos und ohne Speise und Trank. Das wurde als große Schande angesehen.

Nun war ich denn also ein Lama. Einer der Erwählten. Einer der »Höheren«. Das klang nicht schlecht. Doch da gab es noch Fallen und Schlingen: ich mußte zunächst noch die erschreckliche Anzahl von zweiunddreißig Regeln priesterlichen Betragens erfüllen. Zu meinem Entsetzen und Unbehagen erfuhr ich jetzt als Lama erst, daß es insgesamt zweihundertdreiundfünzig solche Regeln gab. Im Kloster Chakpori gab es keinen Lama, der eine einzige dieser Regeln verletzt hätte! Mir war zumute, als sei die Welt voll von Dingen, die ich erst noch zu lernen hätte, und ich meinte, der Kopf müßte mir zerspringen. Doch es war sehr schön, oben auf dem Dach zu sitzen und drunten im Tal den Dalai Lama im Norbu Linga, dem »Park-Juwel«, ankommen zu sehen. Ich durfte mich nicht zeigen, wenn ich Seine Heiligkeit so beobachtete, denn es ist verboten, auf den Dalai Lama von irgendwoher hinabzusehen. Von unserem »Eisen-Berg« bot sich mir nach der anderen Seite hin noch die Aussicht auf zwei andere schöne Parks drunten im Tal, auf den Khati Linga, und jenseits des Flusses, des Kaling Chu, auf den Dodpal Linga. Linga heißt Park, oder wenigstens kommt dieser Ausdruck des westlichen Wortschatzes dem Begriff am nächsten. Weiter nördlich sah ich das »Westtor«, den Pargo Kaling. Dieser gewaltige Tschorten steht, einen Torbogen bildend, über der Straße, die von Drepung, jenseits des Dorfes Shö, in das Weichbild der Stadt führt. Näher, fast am Fuße des Chakpori, stand ein anderer Tschorten, das Denkmal eines unserer Nationalhelden, des Königs Kesar, der in den kriegerischen Zeiten vor der Verbreitung des Buddhismus in Tibet und vor der Befriedung des Landes regierte.

Unsere Tätigkeit? Wir hatten ihrer genug, aber auch unsere Erholung und unsere Vergnügungen. Erholung in überreichem Maße war der Verkehr mit Männern wie dem

Lama Mingyar Dondup, einem Manne, dessen ganzes Denken auf »Frieden« und auf Hilfe für seine Mitmenschen gerichtet war. Ebenso war es eine dauernde Belohnung, die Aussicht auf das herrliche grüne, baumbestandene heimatliche Tal zu genießen, die blauen Bäche sich zwischen den Bergketten durch das Land schlängeln zu sehen, die leuchtenden Tschorten, die malerischen Klöster und Einsiedeleien hoch oben an unzugänglichen Berghängen. Voller Ehrfurcht auf die so nahegelegenen goldenen Kuppeln des Potala hinabzublicken und auf die schimmernden Dächer des Tempels Jo-Kang etwas weiter im Osten. Die mancherlei Freundschaften, die rauhere Kameradschaft mit den niedrigeren Mönchen, der vertraute Duft des Weihrauchs rings um die Tempel – das war unser Leben, und es war des Lebens wert. Verdrießlichkeiten? O ja, auch deren gab es genug. Doch es lohnte sich. In jeder Gemeinschaft leben Menschen von schwachem Verstand und zweifelhafter Redlichkeit. Doch hier in Chakpori waren sie in der Minderzahl.

KRÄUTER UND DRACHEN

Die Wochen gingen im Flug dahin. Wir hatten gar viel zu tun und zu lernen, wir machten Pläne für die Zukunft. Ich konnte mich tiefer in die Geheimnisse der Natur versenken und hatte Gelegenheit, mich darin unterweisen zu lassen. Eines Tages, anfangs August, sagte mein Mentor: »Ehe das heurige Jahr noch zu Ende geht, werden wir uns den Kräutersammlern anschließen. Du wirst die Kräuter in ihrem natürlichen Wachstum kennenlernen, das wird dir sehr nützlich sein, und wir werden dich lehren, wie man mit Drachen fliegt.« Vierzehn Tage lang waren alle emsig bemüht, neue Lederrucksäcke anzufertigen oder die alten zu säubern. Zelte mußten ausgebessert und die Tragtiere gewissenhaft untersucht werden, ob sie den Anstrengungen des langen Marsches gewachsen sein würden. Zweihundert Mönche sollten an dem großen Ausflug teilnehmen; sein Ziel sollte das Mönchskloster Tra Yerpa sein, und von dort aus sollten wir in Gruppen tägliche Wanderungen unternehmen, um in den benachbarten Gebieten Kräuter zu sammeln. Ende August brach unser Zug unter großem Hali und Hallo auf. Die Zurückbleibenden sahen uns über die Klostermauern nach und beneideten uns um unsere Ferien und um die uns bevorstehenden Abenteuer. Als Lama ritt ich nun einen Schimmel. Viele von uns hatten nur wenig Gepäck mitgenommen, weil wir uns beeilen und einige Tage vor den andern in

Tra Yerpa sein wollten. Unsere Pferde konnten fünfundzwanzig bis dreißig Kilometer im Tag und mehr zurücklegen, die Yaks aber kaum mehr als zwölf bis fünfzehn. Die Pferde hatten wir möglichst leicht beladen, um schneller vorwärtszukommen. Die Yaks trugen die übliche Last von annähernd achtzig Kilo und folgten uns daher langsamer.

Wir waren unser siebenundzwanzig, die den Vortrupp bildeten, und trafen zu unserer Freude tatsächlich schon nach ein paar Tagen in dem alten Mönchskloster ein. Die Straße war recht beschwerlich gewesen, und was mich betrifft, so war ich kein passionierter Reiter. Ich konnte mich jetzt zwar sogar im Galopp schon im Sattel halten, doch damit war meine Reitkunst zu Ende. Aufrecht auf dem Sattel stehen wie andere konnte ich nicht; ich saß auf dem Pferd und hielt mich an – das war zwar nicht schön, aber immerhin sicher. Man hatte uns schon bemerkt, als wir über den Hang zum Kloster hinaufritten, und die Mönche, die ständig dort wohnten, bereiteten zu unserem Empfang bereits gebutterten Tee, Tsampa und Gemüse. Das taten sie nicht ganz uneigennützig, denn sie waren schon begierig auf die letzten Neuigkeiten aus Lhasa und freuten sich auf die üblichen Geschenke, die wir mitbrachten. Vom flachen Dach des Tempels stiegen aus den Räucherbecken dichte Rauchsäulen zum Himmel. Neu beschwingt durch das Gefühl des Endes unserer Reise ritten wir in den Klosterhof ein. Viele von den Mönchen begrüßten alte Bekannte. Den Lama Mingyar Dondup aber kannten anscheinend alle. Plötzlich war er im Gedränge der Mönche, die uns bewillkommten, verschwunden, und ich fühlte mich mutterseelenallein auf der Welt. Doch schon nach ein paar Minuten hörte ich rufen: »Lobsang, Lobsang, wo bist du?« Ich meldete mich, und ehe ich noch wußte, wie mir geschah, wurde ich mit in den Trubel gerissen. Mein Mentor war eben im Gespräch mit einem älteren Abt. Der wandte sich zu mir und sagte: »Das also ist er? Sehr schön, sehr schön! Und so jung ist er noch!«

Mich interessierte wie gewöhnlich nur das Essen, und alle begaben sich denn auch unverzüglich in das Refektorium; dort saßen wir und speisten genauso wie daheim in Chakpori. Es wurde darüber debattiert, ob Chakpori eine Gründung von Tra Yerpa sei oder umgekehrt. Jedenfalls gehörten beide Lamaserien zu den ältesten in Tibet. Tra Yerpa war wegen des Besitzes einiger sehr wertvoller Manuskripte über Heilkräuterkuren berühmt, und ich sollte hier Gelegenheit haben, sie zu lesen und mir die nötigen Exzerpte daraus zu machen. Auch ein Bericht über die erste Expedition in das Hochland von Chang-Tang wurde hier verwahrt, niedergeschrieben von den zehn Männern, die seinerzeit die denkwürdige Wanderung dorthin unternommen hatten. Im Augenblick interessierte mich jedoch am meisten die in der Nachbarschaft des Klosters gelegene Hochebene, auf der wir unsere Drachen steigen lassen sollten.

Die Umgebung war sehr eigenartig. Riesige Berggipfel ragten über die allmählich ansteigende Hochebene empor. Sanfte Hänge, terrassenförmig angelegten Gärten gleich, erstreckten sich in Stufen höher und höher zum Fuß der Berge hinauf. Die Flora der unteren Terrassen war sehr ergiebig. Hier gab es eine Moosart, deren blutstillende Kraft viel stärker war als die des bekannten Torfmooses. Eine kleine Pflanze mit gelben Früchten hatte eine erstaunliche schmerzstillende Wirkung. Die Mönche und die Novizen sammelten die Kräuter und breiteten sie zum Trocknen aus. Ich, der ich immerhin schon Lama, also ein Priester war, durfte sie überwachen, doch mein größter Gewinn bei den botanischen Exkursionen war stets der praktische Unterricht des Lama Mingyar Dondup und der botanischen Sachverständigen. Dazwischen dachte ich ununterbrochen nur an das Drachenziehen und vor allem an die Drachen, mit denen ein Mensch sich in die Luft erheben konnte, und sah mich überall um. Ganz hinten in einem Trakt des Klosters lag ein Stapel von Fichtenholzlatten, die zweifellos aus einem fremden Land importiert waren, denn solche Bäume wuchsen in Tibet nicht, und Fichtenholzlatten, vermutlich aus Assam, galten als ideales Material für den Drachenbau, weil sie harte Stöße aushielten, ohne zu brechen, und zugleich leicht und fest waren. Wenn die Zeit des Drachenziehens vorbei war, wurde das Holz genau überprüft und für das nächste Mal aufbewahrt.

Die Klosterdisziplin war hier keineswegs besonders gelockert, wir hatten unsere Mitternachtsandachten und die sonstigen Gottesdienste zu den üblichen Stunden. Das war, näher betrachtet, eine sehr kluge Maßregel; denn wenn man uns Erleichterungen gegönnt hätte, wären uns später die stundenlangen Exerzitien um so schwerer gefallen. Die ganze Unterrichtszeit war dem Kräutersammeln und dem Drachenfliegen gewidmet.

Hier in der Lamaserie, die hoch am Berghang lag, hatten wir noch helles Tageslicht, wenn das Tal unten schon in purpurnen Schatten versank und der Abendwind im kümmerlichen Gesträuch raschelte. Sobald die Sonne hinter den fernen Berggipfeln unterging, war auch rings um uns Dunkelheit. Das Land unter uns war wie ein schwarzer See. Nirgends schimmerte ein Licht. Nirgends, soweit das Auge reichte, war ein lebendes Wesen, nur hier oben in dieser Gruppe heiliger Gebäude. Mit Sonnenuntergang erhob sich der Nachtwind und vollzog das Werk der Götter, das Reinfegen aller Erdwinkel. Das Tal entlang wehte er daher, die Berghänge geboten ihm Einhalt, er suchte seinen Weg empor durch die Felsklüfte und brach oben bei uns wieder ins Freie, mit dem dumpf brausenden Ton einer Riesenmuschel, die zum Gottesdienst ruft. Dann knirschten und krachten die Felsen ringsum, die sich regten und in der Kühle der Nacht schrumpften, nun, da die Hitze des Tages gewichen war. Über uns funkelten die Sterne im dunklen Nachthimmel. Es geht eine alte Sage, die Krieger Kesars hätten auf Buddhas Anruf und Geheiß ihre Lanzen in den Himmelsboden gerammt, und die Sterne seien nur das Licht der himmlischen Räume, das durch die Löcher leuchte.

Plötzlich übertönte ein anderer Laut das Brausen des himmelwärtsstürmenden Windes: vom Tempel her verkündeten die Tuben das Ende eines scheidenden Tages. Als ich emporblickte, sah ich auf dem Tempeldach die schattenhaften Silhouetten von Mönchen, deren Gewänder im Winde flatterten, während sie ihr priesterliches Amt vollzogen. Für uns bedeuteten die Klänge den Ruf zum Schlaf bis Mitternacht. Überall in den Hallen und Tempeln saßen noch kleine Gruppen von Mönchen beisammen und erörterten die Neuigkeiten aus Lhasa und aus der fernen Welt. Sie sprachen über unseren geliebten Dalai Lama, der ehrwürdigsten Inkarnation unter allen bisherigen Dalai Lamas. Beim Ertönen der Tuben, die das Scheiden des Tages verkündeten, zerstreuten sie sich allmählich und suchten ihr Lager auf. Nach und nach erstarb jedes Geräusch, und das Kloster lag in tiefem Frieden. Ich lag auf dem Rücken und blickte durch ein kleines Fenster hinaus. Heute abend war ich zu erregt, um Schlaf zu finden oder schlafen zu wollen. Droben die Sterne und mein ganzes Leben noch vor mir! So vieles wußte ich davon, alles, was mir geweissagt war. So vieles aber war ungesagt geblieben. Die Prophezeiungen über Tibet – warum, warum nur stand uns ein feindlicher Einfall bevor? Was hatten wir denn verbrochen, ein friedliebendes Volk, das nichts anderes wollte, als sich geistig entwickeln zu können? Warum gelüstete es andere Nationen nach unserem Land? Wir begehrten nichts, als was unser war – warum also wollten andere Völker uns besiegen und versklaven? Alles, was wir wünschten, war, in Frieden gelassen zu werden und unseren eigenen Weg gehen zu können. Und ich selber war ausersehen, zu jenen Menschen zu gehen, die uns später überfallen sollten, ihre Kranken zu heilen, ihre Verwundeten zu pflegen, in einem Krieg, der zur Zeit noch gar nicht begonnen hatte. Ich kannte die Voraussagen, kannte die künftigen Ereignisse und Wendepunkte, und doch mußte ich dahintrotten wie ein Yak auf seiner Straße, kannte alle Rasten und Aufenthalte, wußte, wo die Weide schlecht war, und mußte doch unter Mühen den Weg meiner Bestimmung gehen. Aber vielleicht hat auch ein Yak nach mühevollem Weg zuletzt ein Gefühl ehrfürchtiger Anbetung beim Anblick der Heiligen Stadt...

Plötzlich weckte mich das Dröhnen der Tempelpauken unsanft aus dem Schlaf. Ich wußte gar nicht, daß ich eingeschlafen war. Mit einer nicht sehr priesterlichen Antwort, die mir auf der Zunge lag, war ich sofort auf den Beinen und suchte schlaftrunken nach meinem Obergewand, das ich nicht gleich finden konnte. Mitternacht? Ich werde gar nicht wachbleiben können, hoffentlich falle ich nicht über die Treppe. Oh, wie kalt es hier ist! Zweihundertdreiundfünfzig Gebote soll ein Lama befolgen? Nun, eines habe ich soeben schon gebrochen, denn ich beherrschte mich nicht, und meine Gedanken gingen mit mir durch, als ich so plötzlich geweckt wurde. Ich stolperte hinaus und schloß mich den anderen an, die heute mit mir angekommen und ebenso schlaftrunken waren. Wir gingen in den Tempel und stimmten in die Wechselgesänge des Gottesdienstes ein.

Man hat öfter gefragt: »Nun, wenn du die Fallgruben und Mühsale, die dir vorausgesagt waren, kanntest, warum konntest du ihnen nicht ausweichen?« Die nächstliegende Antwort darauf ist: »Hätte ich den Voraussagen ausweichen können, dann hätten sie sich ja schon durch die bloße Tatsache des Ausweichens als falsch erwiesen!« Voraussagen sind *Wahrscheinlichkeiten;* sie bedeuten *nicht,* daß der Mensch keinen freien Willen habe. Keineswegs. Angenommen, ein Mann wolle von Darjeeling nach Washington reisen. Er kennt den Ausgangspunkt und den Endpunkt seiner Reise. Nimmt er sich die Mühe, eine Landkarte zu Rate zu ziehen, dann wird er bestimmte Orte finden, durch die er normalerweise kommen muß, um seinen Bestimmungsort zu erreichen. Diesen »bestimmten Orten« kann er ohne weiteres ausweichen, es ist aber nicht immer klug, das zu tun, denn die Reise wird dadurch allenfalls länger oder auch kostspieliger. Oder ein ähnliches Beispiel: man kann im Auto von London nach Inverness fahren. Ein kluger Fahrer wird sich auf der Landkarte oder auf der Straßenkarte eines Automobilklubs orientieren. Auf diese Weise kann er schlechten Straßen ausweichen, oder, falls er ihnen nicht ausweichen kann, ist er wenigstens auf ihren schlechten Zustand vorbereitet und kann langsamer fahren. Ebenso verhält es sich mit den Voraussagen. Es *lohnt* sich nicht immer, den leichteren und bequemeren Weg zu nehmen. Als Buddhist glaube ich an die Reinkarnation; ich glaube, daß wir auf diese Erde kommen, um zu lernen. Solange man in die Schule geht, kommt einen alles hart und bitter an. Die Lektionen, Geschichte, Geographie, Arithmetik und dergleichen, erscheinen einem langweilig, überflüssig und zwecklos. Den Eindruck haben wir in der Schule. Haben wir sie aber einmal verlassen, dann sehnen wir uns vielleicht nach der lieben alten Schule zurück. Dann sind wir vielleicht stolz, daß wir eine Auszeichnung, eine Schleife oder gar ein farbiges Rangabzeichen auf dem Mönchsgewand errungen haben. So auch im Leben. Es ist hart und bitter, und die Lektionen, die wir lernen müssen, sind dazu da, daß *wir* geprüft werden und niemand anderer. Doch wenn wir die Schule verlassen, das heißt: diese Erde, dann tragen wir vielleicht unsere Prüfungsauszeichnung mit Stolz. Ich jedenfalls hoffe meine Aura später einmal erhobenen Hauptes zu tragen! Bangigkeit? Kein Buddhist wäre bange. Sterben heißt nur, die alte leere Hülle abstreifen und in einer besseren Welt wiedergeboren werden.

Mit dem Morgenlicht waren wir wach und brannten darauf, uns überall umzusehen. Die älteren Männer wollten mit denen zusammensein, die sie am Abend vorher nicht getroffen hatten. Mir lag vor allem daran, die riesigen Flugdrachen zu sehen, mit denen ein Mann sich in die Luft erheben konnte und von denen ich schon so viel gehört hatte. Zuerst wurden wir jedoch in der ganzen Lamaserie herumgeführt, damit wir uns überall auskennten. Von dem hohen Dache aus betrachteten wir das Panorama der ringsum aufragenden Berggipfel und blickten hinunter in die furchtbaren Schluchten. In der Ferne sah ich einen angeschwollenen Strom, gelb vom Schlamm, den er mitführte. In größerer Nähe spiegelten die Flüsse das Blau des Himmels wider und warfen kleine Wellen. Wenn es einige Augenblicke lang still war, vernahm ich hinter uns das freundliche Plätschern eines kleinen Baches, der eilig seinen Weg über den Hang hinunter suchte, um sich mit anderen Sturzbächen und Flüssen zu vereinigen, die dann in Indien zu dem mächtigen Brahmaputra wurden, in den Heiligen Ganges mündeten und sich schließlich in die Bucht von Bengalen ergossen. Die Sonne ging über den Bergen auf, und die frostige Morgenluft erwärmte sich schnell. Weit drüben sahen wir einen Geier kreisen, auf der Suche nach einer morgendlichen Beute. Ein Lama neben mir machte mich ehrerbietig auf verschiedene interessante Örtlichkeiten in der Gegend aufmerksam – »ehrerbietig«, weil ich als Schützling des allbeliebten Mingyar Dondup galt, und »ehrerbietig« auch, weil ich die Kraft des »Dritten Auges« besaß und ein Trülku war, wie es bei uns heißt, ein »Reinkarnierter«.

Vielleicht interessiert es den Leser, in Kürze zu erfahren, woran man einen »Reinkarnierten« erkennt. Wenn die Eltern eines Knaben nach seinem Verhalten der Meinung sind, er besitze ein ungewöhnliches Wissen oder irgendwelche »Erinnerungen«, die sich nicht auf normale Weise erklären lassen, dann wenden sie sich an den Abt einer nahegelegenen Lamaserie mit der Bitte, den Knaben durch ein Kollegium untersuchen und prüfen zu lassen. Zuerst werden dann Horoskope seines früheren Lebens gestellt und der Knabe wird auf bestimmte körperliche Merkmale hin untersucht. Er soll zum Beispiel besondere Merkmale an den Händen, den Schulterblättern und den Beinen haben. Sind derartige Anzeichen feststellbar, dann sucht man zu ergründen, wer der Knabe in seinem früheren Leben gewesen sein könnte. Es kann vorkommen, daß mehrere Lamas ihn unmittelbar wiedererkennen (wie das bei mir der Fall war); dann sind vielleicht noch einige Besitztümer aus seinem früheren Leben irgendwo aufbewahrt. Diese werden herbeigeschafft und dem Knaben zusammen mit anderen, äußerlich scheinbar ganz gleichen, vorgelegt, worauf der Knabe *alle* Gegenstände, die in einem früheren Leben ihm gehörten – meistens neun –, wiedererkennen muß. Dazu soll er im Alter von drei Jahren imstande sein.

Ein Knabe von drei Jahren ist nach allgemeiner Ansicht noch zu jung, als daß ihn die Eltern durch eine vorhergegangene Beschreibung der Gegenstände hätten beeinflussen können. Ist er noch jünger, um so besser. Praktisch wäre es auch gar nicht von Bedeutung, wenn die Eltern versuchten, dem Knaben zu sagen, was er tun soll. Sie sind bei der Wahl der Gegenstände nicht anwesend, und der Knabe muß etwa neun unter ungefähr dreißig auswählen. Zwei falschgewählte werden als ein Fehler gezählt. Wählt der Knabe im ganzen richtig, dann gilt er als Reinkarnation aus einem früheren Dasein und erhält eine entsprechend höhere Erziehung. An seinem siebenten Geburtstag werden ihm die Voraussagen für seine Zukunft gestellt, und man nimmt an, daß er in diesem Alter bereits alles versteht, was man ihm sagt und ihn lehrt. Aus eigener Erfahrung weiß ich, daß er es versteht.

All dessen war sich der »ehrerbietige« Lama neben mir ohne Zweifel bewußt, als er mich auf die Besonderheiten der Gegend aufmerksam machte. Dort drüben, rechts von dem Wasserfall, war eine günstige Fundstelle von Noli-me-tangere, dem Springkraut, dessen Saft man zur Entfernung von Hühneraugen und Warzen sowie zur Linderung von Wassersucht und Gelbsucht verwendet. Dort in jenem kleinen

See konnte man *Polygonum Hydropiper* finden, ein Kraut mit hängenden Dolden von rosa Blüten, das unter Wasser wächst. Wir wendeten die Blätter gegen rheumatische Schmerzen und gegen die Cholera an. Hier sammelten wir im allgemeinen die gewöhnlichen Kräuter; die seltenen Pflanzen gedeihen nur im Hochland. Da manche Leute sich für Kräuter interessieren, nenne ich einige der gewöhnlichen und ihren Verwendungszweck. Wie sie in anderen Sprachen heißen, weiß ich nicht, ich gebe daher nur die lateinischen Namen an.

Allium sativum ist ein sehr gutes Antiseptikum, es wird vielfach auch gegen Asthma und andere Brustleiden verabreicht. Ein anderes gutes Antiseptikum, wenn in kleinen Dosen verwendet, ist *Balsamodendron myrrha,* vor allem für das Zahnfleisch und andere Schleimhäute. Innerlich gebraucht, beruhigt es die Hysterie.

Ein hohes Gewächs mit cremefarbigen Blüten liefert einen Saft, der vor Insektenbissen schützt. Der lateinische Name der Pflanze ist *Becconia cordata.* (Vielleicht wissen das die Insekten, und der bloße Name schreckt sie ab!) Dann gab es da eine Pflanze, die die Pupillen der Augen erweitert; *Ephedra sinica* hat eine ähnliche Wirkung wie Atropin, sie dient auch der Bekämpfung niederen Blutdrucks und ist in Tibet eines der Hauptmittel gegen Asthma. Wir verwendeten die getrockneten und pulverisierten Zweige und Wurzeln.

Die Cholera war wegen des üblen Geruches der eitrigen Absonderungen sowohl für den Patienten wie für den Arzt oft äußerst unangenehm. *Ligusticum levisticum* beseitigte jeden üblen Geruch. – Ein kosmetisches Spezialrezept für Damen: die Chinesen verwenden *Hibiscus rosa-sinensis* als schwarze Augenbrauenschminke und Schuhpasta! Wir verwendeten einen Absud der gekochten Blätter zur äußerlichen Kühlung von Fieberkranken. Und noch zwei Rezepte für Damen: *Lilium tigrinum* hilft zuverlässig gegen Eierstockkrämpfe, *Flacurtia indica* (Absud der Blätter) gegen andere »übliche« Störungen des weiblichen Organismus.

In der Spezies *Sumach Rhus* liefert die Untergruppe *vernicifera* den Chinesen und Japanern das wesentliche Ingredienz des »chinesischen Lacks«. Die *glabra* verabreichten wir gegen Diabetes, die *aromatica* gegen Hautkrankheiten, Blasen- und Nierenerkrankungen. Ein anderes, sehr wirksames Linderungsmittel gegen schwere Erkrankungen der Harnblase wurde aus den Blättern von *Arctostaphylos uva ursi* hergestellt. Die Chinesen bevorzugen *Bignonia grandiflora*, aus deren Blüten sie ein kalmierendes Mittel zu allgemeinem Gebrauch herstellen. Einige Jahre später, während meines Aufenthaltes in den Gefangenenlagern, machte ich die Erfahrung, daß *Polygonum bistorta* in Fällen hartnäckiger Dysenterie, in denen wir es schon in Tibet verwendeten, tatsächlich sehr gute Dienste leistete.

Frauen, die im Geschlechtsverkehr unvorsichtig waren, bedienten sich bei uns häufig eines aus *Polygonum erectum* bereiteten Mittels, das in den meisten Fällen einen Abortus zur Folge hat. – *Siegesbeckia orientalis*, ein etwa meterhohes Gewächs mit gelben Blüten, förderte das Wachstum einer »neuen Haut« bei Brandwunden. Der Saft der Pflanze wirkt in solchen Fällen ähnlich wie Kollodium, innerlich verabreicht ähnlich der Kamille. Zur Blutstillung bei Wunden verwendeten wir *Piper angustifolium*; die Unterseite der zähen, derben Blätter ist dazu besonders geeignet. – Dies sind häufig vorkommende Kräuter, die meisten anderen haben keine lateinischen Namen, weil sie in den westlichen

Ländern, wo die lateinischen Bezeichnungen geprägt werden, unbekannt sind. Ich führe sie hier lediglich an, um darzutun, daß wir immerhin einige Kenntnisse in der Heilkräuterlehre besaßen.

Von unserem Aussichtspunkt, von dem aus wir die Gegend überblickten, sahen wir an jenem hellen, sonnigen Tag hinab in die Täler und die versteckten Mulden, wo alle diese Pflanzen gediehen. In größerer Ferne wurde die Gegend immer unfruchtbarer. Jenseits des Gebirgsstockes, an dessen Hang das Kloster lag, sei, so sagte man mir, völliges Ödland. Ich konnte mich selbst noch im Laufe der Woche davon überzeugen, als ich in einem Drachen hoch in die Lüfte stieg.

Noch am selben Vormittag ließ mich der Lama Mingyar Dondup rufen und sagte zu mir: »Komm mit, Lobsang, wir wollen uns mit ein paar anderen den Drachen-Flugplatz ansehen. Das wird heute ein großer Tag für dich!« Es bedurfte keiner weiteren Aufforderung, ich war sofort bereit. Unten, am Haupteingang des Klosters, erwarteten uns bereits einige rotgekleidete Mönche, wir gingen mit ihnen die Treppen hinunter und auf den »Flugplatz« hinaus.

Es wuchs hier fast nichts, eine dünne, festgetretene Erdschicht bedeckte den Boden der Felsterrasse. Ein paar Sträucher drängten sich da und dort in den Schutz der Felsblöcke, als fürchteten sie, über den Rand des Plateaus in den Abgrund zu gleiten. Hoch über uns, auf den Dächern der Lamaserie, wehten die Gebetfahnen, fast steif im beständigen Wind, mitunter knarrten die Fahnenmaste unter seinem Ansturm, aber sie hielten stand wie seit urdenklichen Zeiten. Als ein junger Novize zum Zeitvertreib mit dem Schuh im Erdreich scharrte, blies der heftige Wind den Staub wie eine Rauchwolke fort. Wir überquerten das langgestreckte Plateau bis zu einer natürlichen Felsplatte, von der aus der Hang zum nächstgelegenen Berggipfel sanft anzusteigen begann. Der Wind kam von hinten, er preßte unsere Gewänder im Rücken an und bauschte sie vorne, er trieb uns vor sich her, so daß wir Mühe hatten, nicht in Laufschritt zu verfallen. Sechs oder zehn Meter von der Platte entfernt klaffte eine Spalte im Fels. Aus ihr blies der Wind herauf und führte dann und wann kleine Steinchen und Teile von Baummoos mit sich wie tückische Geschosse. Der Wind, der sich an den Felswänden unten im Tal verfangen hatte, fand keinen anderen Ausweg als den durch die Felsschlucht, durch die er mit aller Gewalt nach oben brauste und tobend seine Freiheit wiederfand. In der Zeit der Stürme, erzählte man uns, gleiche sein Brausen dem Gebrüll der Dämonen aus dem untersten Abgrund der Welt, die nach neuen Opfern suchten. Bald stärker, bald schwächer stürmte er durch die Felsschlucht herauf und erhob seine Stimme bald lauter, bald leiser.

An diesem Morgen blies der Wind beständig. Die Geschichten, die man sich in der Gegend erzählte, erschienen mir durchaus glaubhaft: Kinder, die in die Nähe des Windwirbels geraten waren, seien in die Luft gerissen und fünfhundert Meter tief in den Abgrund geschleudert worden. Trotzdem war es der richtige Ort, Drachen steigen zu lassen, denn die Drachen wurden fast senkrecht in die Lüfte entführt. Wir durften es mit kleinen Drachen ausprobieren, ähnlich denen, die ich als kleiner Junge daheim hatte steigen lassen. Es war verblüffend, wie selbst ein kleiner Spielzeugdrachen an seiner Schnur einem den Arm nach oben riß.

Erfahrene Mönche führten uns überall auf dem Felsplateau herum und machten uns auf die bestehenden Gefahren aufmerksam: auf die Berggipfel, in deren Nähe ein tückischer Fallwind herrschte, und auf andere, wo ständige Luftströmungen einen Abtrieb verursachten. Jeder Mönch, der in einem Drachen aufstieg – so hörten wir –, müsse einen Stein mitnehmen, an dem ein seidenes Spruchband mit Gebeten an die Luftgötter befestigt war, in denen der Neuling ihrem besonderen Schutze empfohlen wurde. Diesen Stein müsse der Flieger in entsprechender Höhe »den Winden zuwerfen«. Dann läsen die Luftgötter das Gebet, sobald sich das Spruchband entfalte, und behüteten den Drachenflieger – hoffentlich! – vor allem Unglück.

Im Kloster herrschte große Geschäftigkeit, als wir das Material herausschafften, um die Drachen fertigzumachen. Alles wurde sorgfältig überprüft. Die Latten wurden Zoll für Zoll genau untersucht, ob sie keine Sprünge oder sonst einen Schaden hätten. Die Seide zur Bespannung der Drachen wurde auf ebenem Boden ausgebreitet. Mönche auf Händen und Knien überprüften jeden Quadratfuß. Nach Beendigung der Untersuchung wurde das Gestell der Drachen zusammengefügt und in den Fugen entsprechend verkeilt. Der Drache bestand aus einer Art Kabine, die ungefähr zwei Meter im Geviert und drei Meter tief war und die seitlich etwa drei Meter weit ausladende Flügel hatte. Unter den Flügelenden mußten Kufen aus Bambusrohr montiert werden, die als Schlitten fungierten, um die Flügel beim Aufstieg und bei der Landung zu schützen. Ebenso befand sich unter dem verstärkten »Boden« des Drachens ein langer Bambusschlitten, dessen Kufen vorne aufgebogen waren wie unsere tibetanischen Schuhe. Diese Kufen hatten etwa die Stärke meines Handgelenks und waren so angebracht, daß sie zusammen mit den Flügelstützen eine Berührung der Seidenbespannung des Drachens mit der Erde verhüteten, solange er auf dem Boden aufsaß. Das Tau aus Yakhaar flößte mir beim ersten Anblick gar kein Zutrauen ein. Es sah recht unverläßlich aus. Unmittelbar vor dem Schlitten gabelte es sich in zwei Stränge, die rechts und links unterhalb der Flügel befestigt waren. Zwei Mönche hoben den Drachen auf und trugen ihn an den Rand des Plateaus. Es war gar nicht leicht, ihn über die Stelle, wo der Wind durch die Felsspalte heraufwehte, hinüberzubringen, und mehrere Mönche mußten ihn dabei festhalten.

Zuerst wurde ein Probeaufstieg veranstaltet; wir spannten noch keine Pferde vor, sondern hielten selber das Tau, eine Reihe von Mönchen, die der »Meister des Drachenflugs« beaufsichtigte. Auf sein Zeichen rannten wir los, so schnell wir konnten, und zogen den Drachen hinter uns her. Der Drachen geriet in den Aufwind aus der Felsspalte und erhob sich wie ein riesiger Vogel in die Lüfte. Die Mönche, die an dem Tau zogen, waren sehr geschickt und ließen es im rechten Augenblick ablaufen, so daß der Drachen sich höher und höher in die Luft erhob. Dabei hielten sie das Tau fest, und einer der Mönche schürzte rasch sein Gewand um die Hüften und klomm ein paar Meter an dem Tau hinauf, um die Tragkraft des Drachens zu prüfen. Ein zweiter folgte ihm, und dem zweiten, sobald er hoch genug war, ein dritter. Der Auftrieb war stark genug für die Last von zwei Männern und einem Knaben, nicht aber für drei Männer. Das genügte dem »Meister des Drachenflugs« nicht, die Mönche mußten das Tau wieder einholen und dabei achtgeben, daß der Drachen nicht noch einmal in den Aufwind geriet. Wir alle flüchteten aus dem Bereich, wo der

Drachen wieder landen mußte, mit Ausnahme der Mönche, die das Tau bedienten, und zweier Mönche, die sich bereithielten, den Drachen im Augenblick der Landung abzufangen und zu stützen. Er kam herunter, scheinbar widerwillig, als hätte er die Freiheit der Lüfte gerne noch länger genossen. Mit einem sanften Zischen glitt er zur Erde und stand still; die zwei Mönche stützten seine Flügel.

Unter Anleitung des »Drachenmeisters« spannten wir die Seide überall nach und trieben kleine Holzkeile in die Fugen der Rahmen, damit sie fester hielten. Die Flügel wurden abgenommen und in einem etwas anderen Winkel wieder montiert, worauf der Drachen noch einmal ausprobiert wurde. Diesmal trug er drei erwachsene Männer ohne Schwierigkeit und außerdem fast auch noch das Gewicht eines Knaben. Der Drachenmeister war zufrieden, und so ließen wir den Drachen noch einmal steigen, diesmal mit einem Stein, dessen Gewicht dem eines Mannes entsprach.

Wieder kämpften die Mönche, die den Drachen zum Startplatz trugen, gegen den Aufwind an. Wieder zogen sie am Tau, und der mit dem Stein belastete Drachen erhob sich stürmisch in die Luft. Die Luft war bewegt, und der Drachen schlingerte und schwankte. Ich hatte ein unangenehmes Gefühl im Magen, wenn ich ihm zusah und mir vorstellte, ich wäre dort droben. Noch einmal wurde der Drachen eingeholt und noch einmal zum Startplatz gebracht. Ein im Flug schon geübter Lama sagte zu mir: »Jetzt steige ich auf, dann kommst du dran. Sieh mir gut zu.« Er führte mich zu dem Drachen. »Schau her, wie ich meine Füße hier auf den Rand des Schlittens setze. Hänge dich mit beiden Armen über die Querstange hinter dir. Sobald du in der Luft bist, steig hinunter in das Seilzwiesel und setze dich auf die Verdickung des Taus. Bei der Landung spring ab, sobald du zweieinhalb oder drei Meter über dem Boden bist, das ist am sichersten. Jetzt fliege ich also, und du kannst mir zusehen.«

Diesmal waren die Pferde an das Tau gespannt. Der Lama gab das Zeichen, die Pferde wurden in Galopp getrieben, der Drachen glitt zuerst über den Boden, geriet dann in den Aufwind und erhob sich in die Luft. Als er an die dreißig Meter über uns und an die sechshundert bis tausend Meter über dem Abgrund schwebte, ließ sich der Lama in das Seilzwiesel hinuntergleiten und schwankte frei in den Lüften. Höher und höher stieg er, Mönche bedienten das Tau und ließen es abrollen, so daß der Drachen immer mehr an Höhe gewann. Dann gab der Lama oben ein Zeichen, indem er fest auf das Tau schlug, und die Mönche begannen den Drachen einzuholen. Tiefer und tiefer kam er, schwankend und schwingend. Sechs Meter, drei Meter – der Lama hielt sich nur noch mit den Händen fest. Dann ließ er los und landete mit einem Purzelbaum auf den Füßen. Er klopfte den Staub aus seinem Gewand, wandte sich zu mir und sagte: »So, jetzt bist du an der Reihe, Lobsang, jetzt zeig, was du kannst.«

Nun, da der Augenblick gekommen war, war ich vom Drachenfliegen gar nicht mehr begeistert. Eine dumme Sache, dachte ich. Gefährlich. Welch ein Ende für einen verheißungsvollen Lebenslauf! Ich will lieber nur noch beten und Kräuter sammeln. Dann tröstete ich mich und faßte wieder Mut – aber nur ein kleines bißchen, indem ich an die Voraussagen für mein Leben dachte. Wenn ich hier umkam, dann hatten sich die Astrologen geirrt, aber so sehr konnten sie sich doch nicht irren! Der Drachen war wieder auf dem Startplatz, und ich ging hin, nicht gerade auf festen Beinen. Um die Wahrheit zu sagen, meine Beine waren sogar sehr unsicher. Auch meine Stimme hatte keineswegs einen festen Klang, als ich auf dem Schlitten stand, mich mit den Armen über die Querstange hinter mir hängte – ich konnte kaum hinaufreichen – und rief: »Ich bin bereit!« Noch nie war ich so wenig bereit gewesen! Die Zeit schien stillzustehen. Das Tau spannte sich mit atembeklemmender Langsamkeit, als die Pferde im Galopp anzogen. Ein Beben ging durch das Rahmenwerk des Drachens, dann plötzlich ein Schaukeln, das mir Übelkeit verursachte und in dem ich beinahe den Halt verloren hätte. »Mein letztes Stündlein auf dieser Erde«, dachte ich; ich schloß die Augen, denn ich wußte nicht mehr, wo ich hinsehen sollte. In dem furchtbaren Schlingern und Schwanken begann mein Magen zu revoltieren. »Ach! ein schlechter Start in die astrale Welt«, dachte ich. Dann öffnete ich ängstlich die Augen, schloß sie aber gleich wieder voller Schrecken. Ich war dreißig oder mehr Meter hoch in der Luft. Wieder rebellierte mein Magen, so daß ich fürchtete, ich müßte mich übergeben. Ich schlug daher vorsichtig die Augen wieder auf, um festzustellen, wo ich denn eigentlich sei, wenn mir Gefahr drohte. Nun war der Ausblick so großartig, daß ich alle Angst und Übelkeit vergaß und seither zeitlebens niemals mehr darunter litt! Der Drachen schlingerte, schwankte und kippte, stieg aber immer höher und höher. Weit draußen, über die Berggipfel hinweg, sah ich das Land mit den unheilbaren Wunden der Zeit runzlig und gelb sich in weite Ferne erstrecken. Näherbei trugen die Berge die klaffenden Narben der abgestürzten Felsen, die von freundlichem Moos schon fast ganz überwachsen waren. Und in ganz weiter Ferne spiegelte sich die scheidende Sonne im Wasser eines Sees und verwandelte es in flüssiges

Gold. Beim Schwingen und Schwanken des Drachens, der mich durch die leise bewegten Lüfte trug, gedachte ich der Götter bei ihren himmlischen Spielen, indes wir armen Sterblichen um unser tägliches Leben kämpfen mußten, um unser Erdenpensum zu lernen und schließlich in Frieden scheiden zu dürfen.

Plötzlich war mir, als höbe sich mein Magen und bliebe über mir hängen. Ich blickte zum erstenmal hinunter. Die kleinen rotbraunen Punkte dort unten waren Mönche. Sie wurden größer – man holte meinen Drachen ein. Ich sah, wie der Bach, ein paar hundert Meter in der Schlucht unter mir, kleine Wellen zu werfen anfing. Zum ersten Mal in meinem Leben hatte ich mich drei- oder vierhundert Meter hoch über die Erde erhoben. Das bedeutete nichts gegenüber dem Bach dort unten; er floß immer weiter und wuchs, und zuletzt ergoß er sich hunderte Kilometer weiter in die Bucht von Bengalen. Dann tranken Pilger sein heiliges Wasser. Ich aber schwebte in diesem Augenblick über seinem Quelllauf und fühlte mich eins mit den Göttern.

Jetzt schwankte der Drachen furchtbar hin und her. Unten zogen sie das Tau schärfer an, um ihn mehr im Gleichgewicht zu halten. Plötzlich fiel mir ein, daß ich ganz vergessen hatte, mich in das Seilzwiesel hinunterzulassen. Ich war die ganze Zeit über oben auf dem Schlitten stehengeblieben. Daher löste ich meine Arme von der Querstange, hockte mich nieder, schlang Beine und Arme um das Tau und ließ mich hinuntergleiten. Ich landete mit einer Wucht in dem Seilzwiesel, daß ich meinte, entzweigerissen zu werden. Ich war aber schon kaum mehr als sechs Meter hoch, hielt mich schnell an dem Tau fest, und als ich kaum mehr als zwei Meter über dem Boden war, ließ ich mich fallen, und in der oft geübten »Parade eines Sturzes« schlug ich beim Landen meinen Purzelbaum. »Mein Junge«, sagte der Drachenmeister, »du hast dich gut gehalten. Du hast im letzten Augenblick noch daran gedacht, in das Zwiesel hinunterzusteigen – sonst hättest du dir beide Beine gebrochen. Jetzt kommen ein paar andere dran, dann kannst du es noch einmal versuchen.«

Der nächste war ein junger Mönch, er hielt sich besser als ich, er vergaß nicht, sich gleich in das Seilzwiesel hinuntergleiten zu lassen. Doch bei der Landung hatte er keine Geistesgegenwart mehr, er fiel der Länge nach hin und blieb, vollkommen luftkrank, mit grünem Gesicht liegen. Der dritte Mönch, der aufstieg, bildete sich auf sein Können sehr viel ein; er war nicht sehr beliebt, weil er gerne prahlte. Er war schon vor drei Jahren einmal hier gewesen und hielt sich selber für den besten »Flieger«. Er erhob sich mit dem Drachen in die Luft, wohl an die hundertfünfzig Meter. Anstatt sich in das Zwiesel niedergleiten zu lassen, richtete er sich auf, schwang sich in die Kabine des Drachens, glitt aber an der hinteren Öffnung aus und stürzte: er fing sich mit einer Hand gerade noch an der hinteren Querleiste und hielt sich dort ein paar Sekunden. Wir sahen, wie er auch mit der andern Hand vergebens nach der Querleiste über sich tastete, der Drachen schwankte, er verlor den Halt und stürzte kopfüber vierhundertfünfzig Meter tief in den Abgrund – sein Mönchsgewand wehte und flatterte wie eine blutrote Wolke.

Durch diesen unglücklichen Zwischenfall wurden die Übungen für kurze Zeit unterbrochen, dann aber wurden die Flüge fortgesetzt. Der Drachen wurde eingeholt und untersucht, ob er einen Schaden erlitten habe; dann war die Reihe wieder an mir, aufzusteigen. Diesmal ließ ich mich gleich in das Zwiesel hinuntergleiten, als der Drachen etliche dreißig Meter hoch in der Luft war. Unten sah ich, wie einige Mönche am Berghang hinunterstiegen, um den Toten zu bergen, dessen Körper an den steilen Felsen überall Blutspuren hinterlassen hatte. Nun richtete ich den Blick wieder nach oben, und der Gedanke ging mir durch den Kopf, daß ein Mensch, der oben in der Kabine bliebe, imstande sein müßte, die Bewegungen des Drachens durch wiederholten Standwechsel einigermaßen zu beeinflussen. Ich erinnerte mich an den Vorfall auf dem Dach des Bauernhauses mit dem Yakdünger und wie ich mich durch das Anziehen der Drachenschnur hatte erheben können. »Das muß ich mit meinem Mentor besprechen«, dachte ich.

In diesem Augenblick glitt der Drachen in ein Luftloch ab, so plötzlich und unerwartet, daß ich beinahe den Halt verloren hätte. Drunten zogen die Mönche mit Einsatz aller Kräfte an dem Tau. Mit dem Einbruch des Abends und der Abkühlung der Felsen hatte der Wind im Tal nachgelassen und der Aufwind aus der Felsspalte hatte sich beinahe gelegt. Der Drachen hatte kaum mehr einen Auftrieb, und als ich in drei Meter Höhe absprang, ging er mit einem letzten Ruck zu Boden und deckte mich zu. Ich war etwas schmerzhaft auf dem steinigen Grund gelandet und hatte mit dem Kopf die untere Seidenbespannung der Drachenkabine durchstoßen. Ich saß so unbeweglich und in Gedanken versunken da, daß die andern meinten, ich sei verletzt. Der Lama Mingyar Dondup kam sogleich hergelaufen. »Wenn da noch eine Querlatte wäre«, sagte ich, »dann könnte man darauf stehen und den Neigungswinkel der Kabine ein bißchen ändern, so daß man den Flug des Drachens beeinflussen könnte.« Der Drachenmeister hatte meine Worte gehört. »Ja, Junge, du hast recht, aber wer soll das ausprobieren?« – »Ich«, erwiderte ich, »wenn mein Mentor es mir erlaubt.« – Ein anderer Lama lächelte mir zu. »Du bist ja selber schon ein Lama, Lobsang, du brauchst niemand um Erlaubnis zu fragen.« – »O doch, das tue ich«, war meine Antwort. »Der Lama Mingyar Dondup lehrte mich alles, was ich weiß, und gibt mir die ganze Zeit Unterricht, darum muß er darüber entscheiden.«

Der Drachenmeister beaufsichtigte die Einbringung des Drachens, dann nahm er mich in seine Zelle mit. Dort hatte er kleine Modelle verschiedener Drachen. Ein größeres glich einem langgestreckten Vogel. »Diesen Drachen – das Original des Modells – ließen wir vor ein paar Jahren von einer Felsklippe starten; ein Mann saß darin. Er flog über dreißig Kilometer weit und landete an einem Berghang. Seither haben wir mit dieser Art von Drachen keine Versuche mehr angestellt. Hier nun ist ein Drachen, wie du ihn dir vorstellst. Hier ist eine Querlatte und hier ein Querbalken. Wir haben ihn schon fertig, oder wenigstens das ganze Gestell, es liegt in dem sonst unbenützten Schuppen hinter dem Kloster. Ich hatte bisher niemand, der ihn ausprobieren könnte, denn ich selber bin ein bißchen zu schwer.« Da er fast hundertfünfzig Kilo hatte, war dies eine recht euphemistische Bemerkung. Während des Gesprächs war der Lama Mingyar Dondup eingetreten. Er sagte: »Wir werden heute abend dein Horoskop stellen, Lobsang, und sehen, was die Sterne dazu sagen.«

Das Dröhnen der Pauken weckte uns zur Mitternachtsandacht. Als ich meinen Platz einnahm, erhob sich neben mir eine imposante Gestalt aus den Weihrauchwolken. Es war der Drachenmeister. »Ist alles in Ordnung?« flüsterte er. »Ja«, erwiderte ich flüsternd, »übermorgen kann ich fliegen.« – »Gut«, murmelte er, »es wird alles bereit sein.« Hier im Tempel, beim flackernden Licht der Butter-Lampen und angesichts der heiligen Bilder an den Wänden, fiel es mir schwer, in Andacht des törichten Mönches zu gedenken, der sein irdisches Leben so leichtfertig verscherzt hatte. Wäre er nicht so eitel gewesen, dann wäre mir nicht der Gedanke gekommen, man könnte in der Kabine des Drachens stehen und den Flug des Drachens beeinflussen.

Hier im Allerheiligsten des Tempels mit den künstlerisch vollendeten Bildwerken an den Wänden saßen wir, jeder ein Ebenbild des Erhabenen Buddha, regungslos mit untergeschlagenen Beinen auf unseren Kissen, fünfzehn oder zwanzig Zentimeter über den Fliesen. Wir saßen in Doppelreihen, die Gesichter einander zugewendet. Zuerst wurden die üblichen liturgischen Gesänge gesungen; der Gesangsmeister, der wegen seiner Musikalität und wegen seiner schönen Baßstimme für diese Stellung ausersehen war, intonierte die ersten Takte, am Ende jedes Themas senkte er die Stimme, wenn sein Atem nicht mehr ausreichte. Dann fielen wir mit den Responsorien ein, zu denen sich an bestimmten Stellen die Pauken oder die helltönenden Glocken gesellten. Wir gaben uns große Mühe, denn es hieß immer, man könne die in einem Kloster herrschende Zucht an der Reinheit des Gesanges und an der Korrektheit der Musik beurteilen. Die tibetanische Notenschrift ist für jeden Fremden schwer zu lesen; sie besteht nur aus kurvenartigen Linien. Wir halten in ihnen das Steigen und Fallen der Stimme fest. Dies ist der »melodische Bogen«. Improvisationen bewegen sich dann in kleineren Bögen innerhalb des Hauptbogens. Nach Beendigung der regulären Andacht wurde eine Pause von zehn Minuten gehalten, ehe das Totenamt für den Mönch begann, der heute aus dem Leben geschieden war.

Auf das gegebene Zeichen versammelten wir uns wieder. Der zelebrierende Priester auf seinem erhöhten Thronsessel las einen Absatz aus dem Bardo Thödol, dem tibetanischen Totenbuch. »O wandernder Geist des Mönches Kumphel-la, der du heute aus diesem Leben schiedest, suche uns nicht heim, denn du trennst dich heute von uns. O wandernder Geist des Mönches Kumphel-la, wir entzünden hier dieses Weihrauchkorn, auf daß unser Gedenken dich auf dem rechten Pfad durch das Zwischenreich führe und zum wahren Leben.« In Gesängen riefen wir den Geist an, zu uns zu kommen und unseren Rat und unsere Wegweisung zu hören, wir Jüngeren mit unseren hohen Stimmen, die älteren Mönche in ihren tiefen Bässen. Mönche und Lamas saßen in Reihen in der Tempelhalle, die Gesichter einander zugekehrt, und hoben und senkten abwechselnd rituelle Insignien nach uraltem Brauch. »O wandernder Geist, komm zu uns, auf daß wir dich führen. Wohl siehst du unsere Gesichter nicht, riechst nicht unseren Weihrauch, denn du bist tot. Aber komm, auf daß wir dich geleiten!« Ein Orchester von Holzbläsern, Pauken, Muscheln und Becken füllte die Pausen unseres Gesanges. Eine menschliche Hirnschale, mit rotgefärbtem Wasser gefüllt, das Blut symbolisierte, wurde unter den Mönchen herumgereicht, die ihre Lippen hineintauchten. »Dein Blut hat die Erde genetzt. Du Mönch, der du nun ein irrender Geist bist, komm, auf daß wir dir zur Freiheit verhelfen!« Safrangelbe Reiskörner wurden nach Osten, nach Westen, nach Norden und Süden gestreut. »In welcher Weltgegend schweift dein Geist? Im Osten, im Norden, im Westen, im Süden? In alle Weltgegenden streuen wir die Götterspeise, doch du issest sie nicht, denn du bist tot. Komm, irrender Geist, auf daß wir dich in die Freiheit geleiten!«

Dunkle Paukenschläge ertönten im Rhythmus des Lebens, gleich dem Herzschlag des menschlichen Körpers. Andere Instrumente fielen ein und symbolisierten andere Laute: das sanfte Rauschen des Blutes durch Venen und Arterien, den leisen Atem der Lungen, den Strom der Säfte durch den Körper, die ganze Melodie des Lebens. Sie begann in regelmäßigem Rhythmus, dann ein lauter Tubenton, und darauf der fliegende Puls des Herzens. Ein Schock – dann plötzliche Stille: das Ende des Lebens, ein unerwarteter Tod. »O Mönch, der du einer der unsern warst und jetzt ein irrender Geist bist, unsere Seher werden dich geleiten. Hab keine Furcht, vertraue dich uns an. Vertraue unserer Führung in die Freiheit. Es gibt keinen Tod, irrender Geist, sondern nur ein ewiges Leben. Tod ist Geburt, und wir beten, daß du den Weg zum nächsten Leben findest.«

Seit Jahrhunderten haben wir Tibetaner eine richtige Wissenschaft der Laute entwickelt. Wir kennen alle Laute, die die Funktionen des menschlichen Organismus begleiten, und können sie genau reproduzieren. Hat man sie einmal gehört, dann vergißt man sie nie wieder. Wer hat nicht schon, wenn sein Kopf beim Einschlafen auf einem Kissen lag, das Klopfen seines Herzens gehört oder das Atmen seiner Lungen? In der Lamaserie des Staatsorakels pflegt man mit Hilfe solcher Laute das Medium in Trance zu versetzen, worauf sich irgendein Geist in ihm manifestiert. Oberst Younghusband, der Oberkommandierende der britischen Streitkräfte, die im Jahre 1904 Lhasa besetzten, bestätigte die starke Wirkung dieser Laute und daß sich die äußere Erscheinung des Mediums veränderte, sobald es in Trance fiel.

Nach Beendigung des Totenamtes gingen wir eiligst wieder zur Ruhe. Erregt durch die Drachenflüge während des Tages und ermüdet durch den wiederholten Wechsel des Luftdrucks schlief ich fast im Stehen ein. Am Morgen ließ mir der Drachenmeister sagen, er wolle sich mit dem »steuerbaren« Drachen beschäftigen und lade mich zur Teilnahme an seiner Arbeit ein. In Begleitung meines Mentors begab ich mich in seine Werkstatt, die er in dem ehemaligen Vorratsspeicher eingerichtet hatte. Stapel ausländischer Hölzer lagen da nebeneinander auf dem Boden, und eine Reihe von Zeichnungen verschiedener Drachen bedeckte die Wände. Oben im gewölbten Dach hing ein Modell des Drachens, den ich ausprobieren sollte. Ich war sehr überrascht, als der Drachenmeister eine Leine betätigte und der Drachen auf den Boden herunterschwebte – er war in einer Kombination von Flaschenzügen aufgehängt. Der Meister forderte mich auf, einzusteigen. Den Boden der Kabine bildeten mehrere Leisten, auf denen man stehen konnte, und eine Querstange in Hüfthöhe bot genügend Halt, um sich auf sie zu stützen. Wir überprüften den Drachen Zoll für Zoll. Die Seidenbespannung wurde entfernt, und der Drachenmeister sagte, er wolle persönlich für eine neue Bespannung sorgen. Die Flügel an den Seiten waren nicht flach wie an den andern Modellen, sondern gebogen wie eine gekrümmte Hand, sie hatten eine Spannweite von etwa dreieinhalb Metern, und ich hatte den Eindruck, sie besäßen eine erhöhte Tragkraft.

Am nächsten Tag wurde der Drachen auf das »Flugfeld« hinausgeschafft, und die Mönche hatten die größte Mühe, ihn festzuhalten, als sie ihn über den Felsspalt mit dem starken Aufwind transportierten. Schließlich aber brachten sie ihn in die richtige Startposition, und ich, im Bewußtsein meiner wichtigen Aufgabe, stieg in die Kabine. Diesmal waren keine Pferde vorgespannt, wie das sonst üblich war, sondern Mönche zogen den Drachen; das war besser für seine Steuerung im Flug. Ich rief: »Tra-dri, them-pa« – fertig, los! Als der Drachen zuerst in seinem ganzen Gestell erzitterte, rief ich noch: »O-na dö-a« – Auf Wiedersehen! Dann, mit einem plötzlichen Ruck, erhob sich der Drachen wie ein Pfeil in die Luft. Gut, daß ich mich die ganze Zeit über festhielt, dachte ich, sonst würden sie heute in der Nacht *meinen* irrenden Geist beschwören, und ich bin doch froh, daß er vorläufig noch eine Weile in diesem Körper haust. Die Mönche unten betätigten das Tau sehr geschickt und der Drachen stieg immer höher. Ich warf den Stein mit dem Spruchband den Göttern der Lüfte zu, beinahe hätte er einen der Mönche unten getroffen; wir konnten das Spruchband später noch einmal verwenden. Der Drachenmeister sah voller Ungeduld zu mir herauf, ob ich nicht endlich mit den verabredeten Versuchen beginnen würde. So begann ich denn vorsichtig. Ich merkte, daß ich die Lage, das Steigen und die Flugrichtung des Drachens nach Belieben verändern konnte.

Nun wurde ich kühner und etwas zu kühn. Ich trat nach hinten in die »Kabine«, und der Drachen sackte wie ein Stein ab. Ich glitt von der Querleiste aus und hielt mich im letzten Augenblick nur noch mit den Händen an. Der Wind verfing sich in meiner Kutte und schlug sie mir über den Kopf, doch es gelang mir mit großer Anstrengung, mich wieder hinaufzuschwingen und oben wieder zum Stehen zu kommen. Der Drachen stürzte nicht mehr, sondern stieg wieder. Ich hatte meinen Kopf wieder freibekommen und sah schnell um mich. Wäre mein Kopf nicht, wie es bei einem Lama Sitte ist, geschoren gewesen, dann hätten sich mir die Haare gesträubt: ich war kaum mehr als sechzig Meter über dem Boden! Später, nach meiner Landung, sagte man mir, ich sei nur mehr fünfzehn Meter hoch gewesen, als der Drachen sich in seinem Sturz fing und wieder zu steigen begann.

Eine Zeitlang hielt ich mich an der Querstange fest und kämpfte mit meiner Atemnot in der dünnen Luft. Als ich dann wieder so weit war, daß ich mich nach allen Seiten hin kilometerweit umsehen konnte, sah ich in der Ferne ganz seltsame schwarze Punkte, die sich bewegten. Zuerst wußte ich nicht, was das zu bedeuten hatte, dann dämmerte es mir: Aha! das waren die Kräutersammler, die dort mühselig ihrer Wege gingen. Sie gingen hintereinander her, da einer, dort einer, und wieder einige miteinander. Ein paar Männer, ein paar Jungen, mit ihnen ein paar Tiere, sie bewegten sich so langsam fort; wie sehr müssen sie sich plagen, dachte ich. Es machte mir viel Vergnügen, daß ich den andern nach der Landung sagen konnte, die Kräutersammler würden wohl im Laufe des nächsten Tages zurückkehren.

Es war wirklich herrlich, die ganze Gegend in weitem Umkreis zu sehen, die kalt-blaugrauen Felsen, die warm-rotbraune Erde und die in der Ferne leuchtenden Seen. In dem tiefen Tal unter mir, wo es warm und das vor den rauhen Winden geschützt war, breitete sich ein Teppich von Moos und Gras und Pflanzungen, der mich an den Teppich in meines Vaters Zimmer erinnerte. Mittendurch rann der Bach, den ich in der Nacht immer rauschen hörte. Ja, mittendurch rann er, und das erinnerte mich – schmerzlich – an den Tag, da ich einmal einen Krug Wasser auf meines Vaters Teppich verschüttete. Ach! mein Vater hatte eine recht kräftige Hand!

Die Gegend hinter dem Kloster war gebirgig, Gipfel um Gipfel erhob sich in der Bergkette, die sich am fernen Horizont scharf und dunkel gegen den sonnigen Himmel abzeichnete. Der Himmel Tibets ist der hellste in der ganzen Welt, da kann man immer in weite Fernen sehen, weit hinaus, bis dorthin, wo Berge den Blick begrenzen, und kein Nebel oder Dunst trübt je die Aussicht. So weit mein Blick reichte, lag alles in tiefer Ruhe, nur die Mönche unten waren in Bewegung und in der Ferne die kaum erkennbaren dunklen Punkte, unsere Kräutersammler, die auf dem Rückweg waren. Vielleicht sahen auch sie mich hier oben. Doch jetzt begann der Drachen zu fallen; die Mönche holten ihn ein. Sehr vorsichtig zogen sie ihn nieder, um das wertvolle Modell nicht zu beschädigen.

Als ich gelandet war, sah mich der Drachenmeister mit tiefer Rührung an und umarmte mich so begeistert, daß ich glaubte, er bräche mir alle Knochen entzwei. Niemand anderer konnte zu Wort kommen; jahrelang hatte er immer nur »Theorien« entwickelt, aber praktisch keinen Beweis für sie erbringen können, weil seine Körperfülle ihn daran hinderte, selbst in einem Drachen zu fliegen. Als er wieder zu Atem kam, sagte ich ihm, ich wolle es gerne für ihn tun, und das Fliegen mache mir ebensoviel Freude wie ihm das Entwerfen der Modelle, das Experimentieren mit ihnen und ihre Beobachtung im Flug. »Ja, ja, Lobsang – wenn wir das also ändern und die Querleiste hierher versetzen – – ja, das geht, das tun wir, und dann versuchen wir es gleich wieder. Und wenn du hier standest, neigte sich der Drachen zur Seite, sagst du?« – So ging es weiter. Ich stieg mit dem Drachen auf, dann wurde etwas geändert, ich stieg wieder auf – und so fort. Mir machte das eine Riesenfreude. Nur ich allein durfte mit diesem einen Drachen fliegen und kein anderer durfte ihn besteigen. Vor jedem Flug wurden einige Änderungen, einige Verbesserungen vorgenommen. Die erfreulichste für mich war die Anbringung eines Sicherungsseiles rings um die Kabine.

Als nun jedoch die Nachzügler aus unserem Kloster Chakpori ankamen, erfuhr der Drachenflug eine Unterbrechung von einem oder zwei Tagen. Die Ankömmlinge wurden in Gruppen eingeteilt, teils zum Kräutersammeln, teils zur Verpackung der gesammelten Kräuter. Die Mönche, die keine besonderen botanischen Kenntnisse hatten, durften nur drei Arten von Kräutern sammeln, und man schickte sie an die Fundorte, wo diese hauptsächlich gediehen. Jede Gruppe war eine Woche lang unterwegs und suchte die Fundorte ab. Am achten Tag kamen sie mit den Kräutern zurück, die dann auf dem sauberen Boden eines großen Vorratsraumes ausgebreitet wurden. Sachkundige Mönche untersuchten sie, ob sie nicht vom Brand infiziert und ob es auch die richtigen Kräuter wären. Von einigen Kräutern wurden die Blüten abgelesen und getrocknet, von anderen wurden die Wurzeln zerrieben und aufbewahrt; wieder andere wurden gleich nach der Einlieferung ausgepreßt, um ihren Saft zu gewinnen, der in dicht versiegelten Flaschen eingekellert wurde. Samen, Blätter, Stengel, Blütenblätter – das alles wurde gesäubert und, sobald es getrocknet war, in Lederbeutel gefüllt. Die Beutel wurden außen entsprechend beschriftet, der Hals wasserdicht verschlossen, das Leder kurz in Wasser getaucht und nachher der Sonnenhitze ausgesetzt. Binnen einem Tag war das Leder so hart wie Holz. Um den Beutel zu öffnen, mußte man den dicht verschnürten Hals abschlagen. In der trockenen Luft Tibets halten sich Kräuter auf diese Weise jahrelang.

Nach den ersten Tagen, die folgten, war meine Zeit zwischen Kräutersammeln und Drachenfliegen geteilt. Der alte Drachenmeister war ein sehr einflußreicher Mann, und nach seiner Meinung war im Hinblick auf die Voraussagen für meine Zukunft die Kenntnis der Flugdrachen für mich nicht minder wichtig als die Praxis des Sammelns von Kräutern und ihrer Bestimmung. So stieg ich denn an drei Tagen der Woche in den Drachen auf, in der übrigen Zeit ritt ich zu den einzelnen Gruppen der Kräutersammler, um in möglichst kurzer Zeit möglichst viel zu lernen. Wenn ich in einem Drachen hoch in der Luft schwebte, blickte ich oft über die Gegend hin, die mir nun schon vertraut war, und sah da und dort die Yakzelte der Kräutersammler. Ringsumher weideten die Yaks und hielten sich schadlos für die Zeit, in der sie am Ende der Woche die schweren Säcke mit den Kräutern heimtragen mußten. Viele dieser Kräuter waren in den westlichen Ländern gut bekannt, andere wieder waren im Westen noch nicht »entdeckt« und hatten daher keine lateinischen Namen. Die Kenntnis der Kräuter war mir sehr nützlich, doch die Übung im Drachenfliegen nicht minder.

Wir hatten noch einen Unglücksfall: ein Mönch hatte mir, sooft ich flog, sehr aufmerksam zugesehen, und als die Reihe an ihn kam, in einem der gewöhnlichen Drachen aufzusteigen, meinte er, er könne es ebensogut wie ich. Der Drachen machte hoch in der Luft sonderbare Eskapaden. Wir sahen, wie der Mönch sich bemühte, die Lage des Drachens zu regulieren, indem er dauernd hin und her sprang. Mit einem plötzlichen Schwung kippte der Drachen und überschlug sich seitwärts. Die Holzlatten gingen aus den Fugen und splitterten, und der Mönch wirbelte mit der Kutte über dem Kopf durch die Luft. Seine Tsampaschale, sein hölzerner Becher, sein Rosenkranz und ein paar Amulette, die er bei sich trug, fielen herunter. Er brauchte sie nicht mehr. Kopfüber verschwand er im Abgrund. Ein paar Sekunden später schlug sein Körper unten auf...

Nichts Schönes dauert lange. Wir hatten zwar viele und harte Arbeit, trotzdem ging unser Vierteljahresausflug allzuschnell zu Ende. Es war unser erster Ausflug ins Gebirge, dem noch manche andere schöne folgten, auch in das andere Kloster Tra Yerpa, das näher bei Lhasa liegt. Betrübt packten wir unsere wenigen Habseligkeiten zusammen. Der Drachenmeister schenkte mir zum Abschied das Modell eines schönen Flugdrachens, das er eigens für mich gebaut hatte. Am nächsten Tag traten wir den Heimweg an. Wieder, wie auf dem Herweg, ritten einige von uns schneller voraus, und der Haupttrupp von Mönchen, Akoluthen und Packtieren folgte uns langsamer. Wir freuten uns, zu unserem »Eisen-Berg«, nach Chakpori, heimzukehren, waren jedoch traurig über die Trennung von unseren neuen Freunden und von dem unbeschwerten Leben im Gebirgsland.

ERSTER BESUCH DAHEIM

Wir waren gerade rechtzeitig zum Logsar, der Neujahrsfeier, zurückgekehrt. Überall mußte gesäubert, alles auf Glanz hergerichtet werden. Am fünfzehnten Tag begab sich der Dalai Lama zu einer Reihe von Andachten in den Tempel. Nach ihrer Beendigung nahm er an der Prozession über den Barkhor teil, die »Gürtelstraße«, die am Tempel Jo-Kang, an der Ratshalle vorüber und rings um das Marktviertel zwischen den großen Geschäftshäusern zurückführte. Damit endeten die Feierlichkeiten und wichen der allgemeinen Lustbarkeit. Die Götter waren versöhnt, und die Zeit der Vergnügungen und der Unterhaltung brach an. Zehn bis zwölf Meter hohe Figuren, aus gefärbter Butter verfertigt und auf Holzgestellen montiert, und eingerahmte »Butter-Bilder«, die in Relief Szenen aus unseren Heiligen Büchern darstellten, wurden zur Schau gestellt. Der Dalai Lama machte die Runde und betrachtete alle. Die schönste Arbeit trug den Mönchen des Klosters, das sie angefertigt hatte, den Titel der »besten Butter-Modler« des Jahres ein. Wir in Chakpori hatten an diesen Wettbewerben kein Interesse, sie erschienen uns kindisch und wenig unterhaltsam, ebenso wie die Pferderennen ohne Reiter auf der Ebene von Lhasa, an denen jedermann seine Pferde teilnehmen lassen konnte. Hingegen galt unser Interesse den Riesenfiguren, die Gestalten aus unseren Legenden darstellten. Diese Figuren bestanden aus einem leichten Holzgestell, das den Körper bildete und auf dem ein ganz realistisch ausgeführter riesiger Kopf angebracht war. Im Innern des Kopfes waren Butter-Lampen angebracht, deren Licht durch die Augenöffnungen schimmerte und deren Flackern den Eindruck erweckte, als blickten die Augen bald nach rechts, bald nach links. Die Figur wurde von einem kräftigen Mönch fortbewegt, der in ihrem Innern auf Stelzen dahinschritt und, für die Zuschauer unbemerkbar, durch eine kleine Öffnung in halber Höhe der Figur hinaussehen konnte. Diesen unsichtbaren »Akteuren« passierte nicht selten irgendein Mißgeschick. Der arme Kerl setzte zum Beispiel eine seiner Stelzen in ein Erdloch und balancierte dann nur auf der anderen, oder er glitt mit einer Stelze auf einer glatten Stelle der Straße aus. Das Schlimmste war, wenn die Butter-Lampen sich loslösten und die ganze Figur Feuer fing!

Einmal, ein paar Jahre später, überredete man mich, ich solle eine solche Figur, die Buddha als den Gott der Medizin darstellte, in einem Festzug tragen und fortbewegen. Sie war über siebeneinhalb Meter hoch. Das Gewand flatterte um meine Beine, das heißt um meine Stelzen, und Motten waren auch darin, denn es war lange Zeit aufbewahrt gewesen. Als ich auf der Straße dahinstelzte, stieg aus dem Stoff Staub auf und ich mußte immerfort niesen. Bei jedem Niesen meinte ich, ich fiele der Länge nach hin, und jedes Niesen verursachte eine Erschütterung, die mein Unbehagen noch verschlimmerte, denn aus den Lampen tropfte mir die heiße Butter auf den geschorenen Kopf. Die Bedrängnis war furchtbar. Die modrigen alten Fetzen, die Schwärme lästiger Motten und die heiße Butter! Für gewöhnlich ist die Butter in einer Lampe steif, außer einer kleinen Lache rings um den Docht. Aber jetzt, in der Hitze, war die ganze Butter geschmolzen. Das Fensterchen in halber Höhe der Figur war nicht mehr in meiner Augenhöhe, und ich konnte die Stelze nicht loslassen, um das wieder in Ordnung zu bringen. Ich sah nur noch den Rücken der vor mir herstelzenden Figur, und die stolperte und schwankte auch vor mir her; dem armen Kerl, der darin steckte, ging es nicht besser als mir. Doch da der Dalai Lama unserer Vorführung zusah, blieb mir nichts anderes übrig, als immer weiterzugehen, wenn ich auch in dem dicken Gewand beinahe erstickte und in der Butter zur Hälfte gebraten wurde. In der Hitze und durch die Anstrengung verlor ich an diesem Tag sicherlich ein paar Pfund an Gewicht. Aber am Abend sagte ein höherer Lama zu mir: »Lobsang, du warst großartig, du wärest ein ausgezeichneter Schauspieler geworden!« Natürlich gestand ich ihm nicht, daß meine »Späße«, die ihm so gut gefielen, höchst unfreiwillig waren. Doch ich ließ mich nie wieder auf ein solches Abenteuer ein.

Nicht lange danach, es mögen wohl fünf oder sechs Monate gewesen sein, erhob sich eines Tages ein furchtbarer Sturmwind, der Wolken von Staub und Sand mit sich führte. Ich war eben auf dem Dach eines Vorratshauses und wurde im Legen von Goldblech unterwiesen, das dazu dient, das Dach wasserdicht zu machen. Da erfaßte mich ein Windstoß und warf mich von dem flachen Dach zunächst auf ein anderes, etwa sechs Meter tiefer gelegenes Dach. Dort fegte mich der Sturm über den Rand und schleuderte mich über den Steilabfall des Eisen-Berges in eine Tiefe von mehr als hundert Metern in das Gelände neben der Lingkhor-Straße hinunter. Der Boden war sumpfig, und ich landete mit dem Gesicht im Wasser. Etwas brach, irgendein Ast, dachte ich. Benommen versuchte ich mich aus dem Morast zu erheben, fühlte jedoch einen heftigen Schmerz, sobald ich meinen linken Arm oder die Schulter bewegen wollte. Immerhin erhob ich mich zuerst auf die Knie, stand dann auf und stapfte mühsam zu der trockenen Straße hinüber. Ich hatte furchtbare Schmerzen und konnte nicht klar denken, mein einziger Gedanke war, möglichst schnell wieder auf den Berg hinaufzukommen. Wie blind taumelte ich weiter, bis mir auf halbem Wege eine Gruppe von Mönchen begegnete, die heruntergelaufen waren, um zu sehen, was mir geschehen sei, mir und noch einem anderen Jungen. Der andere war auf den Felshang gestürzt und war tot. Sie trugen mich den restlichen Weg hinauf und brachten mich in das Zimmer meines Mentors. Der untersuchte mich sofort: »Ach, ach, ihr armen Jungen! Man hätte euch in diesem Sturm nicht hinausschicken sollen!« Dann sah er mich an: »Du hast dir den Arm und das Schlüsselbein gebrochen, Lobsang. Wir werden die Brüche einrichten. Es wird wehtun, aber ich werde es so vorsichtig machen, wie ich nur kann.«

Noch während er sprach und ehe ich noch wußte, was geschah, hatte er das Schlüsselbein eingerichtet und es mit dünnen Holzbrettchen geschient. Der Oberarm war schmerzhafter, doch auch er lag bald eingerichtet in der Schiene. Für den Rest des Tages blieb ich still auf meinem Lager liegen. Am nächsten Morgen sagte der Lama Mingyar Dondup: »Es geht nicht an, Lobsang, daß du in deinen Studien zurückbleibst, daher werden wir hier miteinander studieren. Wie wir alle hast du eine heimliche kleine Abneigung, neue Dinge zu lernen; von diesem ›Lern-Widerstand‹ werde ich dich in der Hypnose befreien.« Er schloß die Fensterläden, so daß der Raum im Dunkeln lag; nur die Altarlämpchen verbreiteten ein schwaches Licht. Von irgendwoher holte er ein kleines Kästchen, das er auf einer Konsole vor mir aufstellte. Mir war, als sähe ich einen hellen Lichtschein, farbige Lichter, Bänder und Streifen von leuchtenden Farben, und dann schien sich alles mit einemmal lautlos in ein Meer von Licht aufzulösen.

Es mußten viele Stunden vergangen sein, als ich erwachte. Das Fenster stand wieder offen, doch purpurne nächtliche Schatten senkten sich bereits über das Tal unten. In den Fenstern des Potala und rings um den Palast leuchteten bald da, bald dort kleine Lichter auf: die Nachtwachen machten ihre Runde und sahen überall nach, ob alles in Ordnung sei. Ich konnte über die Stadt hinsehen, wo nun das abendliche Leben begann. Da trat mein Mentor ein: »Ah!« sagte er, »so bist du doch endlich zurückgekommen. Wir dachten schon, du fändest die Wanderung durch das Astralreich so schön, daß du noch eine Weile dort bleiben wolltest. Jetzt wirst du, denke ich – wie gewöhnlich! – Hunger haben.« Als er das sagte, merkte ich, daß ich wirklich hungrig war. Man brachte mir etwas zu essen, und während ich aß, redete er mit mir. »Nach allem menschlichen Ermessen hättest du eigentlich deinen Körper verlassen sollen, doch deine Sterne sagten, du werdest weiterleben und erst nach vielen Jahren im Land der Rothäute (in Amerika) sterben. Sie haben dir eine Aufgabe vorbehalten, anstelle des andern, der aus dem Leben schied. Er war sofort tot.«

Der Gedanke ging mir durch den Kopf, die Abgeschiedenen seien die eigentlich Glücklichen. Meine Erlebnisse astraler Wanderungen hatten mich gelehrt, daß es in jenen Gefilden sehr schön war ... Doch dann fiel mir ein, daß wir zwar nicht gerne zur Schule gingen, daß wir jedoch ausharren müßten, um das Nötige zu lernen – und was war das Leben anderes als eine Schule? Eine harte Schule, gewiß! Ich dachte: »Hier liege ich mit zwei gebrochenen Knochen, doch ich muß *weiterlernen!*«

Zwei Wochen lang erhielt ich weit anstrengenderen Unterricht als sonst, es hieß, ich müsse von meinen Gedanken an meine gebrochenen Glieder abgelenkt werden. Jetzt, nach vierzehn Tagen, waren sie geheilt, waren aber noch steif, und Schulter und Arm schmerzten noch immer. Als ich eines Morgens den Lama Mingyar Dondup in seinem Zimmer aufsuchte, las er eben einen Brief. Er blickte auf, als ich eintrat.

»Lobsang«, sagte er, »wir haben ein Päckchen mit Kräutern, das wir deiner verehrten Frau Mutter zustellen müssen. Du darfst es ihr morgen früh überbringen und den Tag über ausbleiben.«

»Mein Vater wird mich gewiß nicht sehen wollen«, erwiderte ich. »Er tat, als kenne er mich nicht, als er mir auf der Treppe zum Potala begegnete.«

»Allerdings, doch er konnte nicht anders. Er wußte, daß du soeben von Seiner Heiligkeit kamst und sehr gnädig empfangen worden warst; daher *durfte* er nicht mit dir sprechen, wenn ich nicht dabei war, denn du bist auf ausdrücklichen Befehl Seiner Heiligkeit mein Schutzbefohlener.« Schmunzelnd sah er mich aus den von kleinen Fältchen umspielten Augenwinkeln an: »Übrigens wird dein Vater morgen nicht daheim sein. Er ist für ein paar Tage nach Gyangtse geritten.«

Am Morgen musterte mich mein Mentor prüfenden Blikkes. »Hm, ja, du siehst zwar ein bißchen blaß aus, aber du bist sauber und hübsch gekleidet – das ist wichtig, wenn man seine Mutter besucht! Hier hast du eine Schärpe, vergiß nicht, daß du jetzt ein Lama bist und dich an die Ordensregeln halten mußt. Du bist zu Fuß hierhergekommen. Heute wirst du einen unserer schönsten Schimmel reiten. Nimm den meinen, er braucht ohnehin ein bißchen Bewegung.«

Der Lederbeutel mit Kräutern, den man mir beim Aufbruch einhändigte, war zur besonderen Ehrung in ein Seidentuch eingewickelt. Mißtrauisch betrachtete ich es, denn ich hatte Angst, ich könnte das verwünschte Tuch unterwegs beschmutzen. Schließlich nahm ich es herunter und steckte es in den Brustlatz meines Gewandes, um es in der Nähe unseres Hauses wieder um den Beutel zu wickeln.

Nun traten wir den steilen Weg hinunter an, der Schimmel und ich. Auf halbem Wege blieb der Schimmel stehen, wandte den Kopf und nahm mich, den Reiter, gründlich in Augenschein. Offenbar gefiel ich ihm nicht besonders, denn er wieherte laut und trabte eilig weiter, als könne er meinen Anblick nicht länger ertragen. Ich teilte seine Gefühle, denn auch ich hatte keine gute Meinung von ihm! In Tibet reiten die meisten orthodoxen Lamas auf Mauleseln, weil diese als geschlechtslose Tiere gelten. Nur weniger ängstliche Lamas reiten Hengste oder Ponys. Was mich betrifft, so zog ich es überhaupt vor, wenn möglich, zu Fuß zu gehen. Unten im Tal angekommen, wandten wir uns nach rechts. Ich seufzte erleichtert, als der Schimmel mit mir einverstanden war, den Weg nach rechts einzuschlagen – vermutlich weil man die Lingkhor-Gürtelstraße aus Gründen, die mit den religiösen Bräuchen zusammenhängen, *immer* im Sinne des Uhrzeigers passiert. Wir wandten uns also nach rechts und folgten, nachdem wir die Straße von Drepung gekreuzt hatten, der Lingkhor-Straße weiter, am Potala entlang (der sich nach meinem Empfinden mit unserem Kloster Chakpori an Schönheit gar nicht vergleichen ließ), überquerten dann die Straße, die nach Indien führte, und ließen den Kaling Chu zur Linken, den Schlangentempel zur Rechten. Vom Torweg meines Elternhauses her, bis zu dem der Weg nicht mehr weit war, sahen Diener mich kommen und beeilten sich, das Tor zu öffnen. Ich ritt geradewegs in den Hof ein, in stolzer Haltung und in der stillen Hoffnung, der Schimmel werde mich nicht im letzten Augenblick abwerfen. Zu meinem Glück nahm ein Diener ihn am Zügel und ich saß ab.

In üblicher Förmlichkeit tauschten der Hausverwalter und ich die Begrüßungsschärpen. »Segne dies Haus und alle, die darin wohnen, ehrwürdiger Herr und Lama der ärztlichen Kunst!« sagte der Hausverwalter. »Der Segen Buddhas, des Reinen und All-Sehenden, sei über Euch und erhalte Eure Gesundheit«, erwiderte ich. »Ehrwürdiger Herr, die Herrin des Hauses gebot mir, dich zu ihr zu geleiten.« So folgte ich ihm denn (als ob ich meinen Weg nicht hätte allein finden können!) und bemühte mich dabei, den Beutel mit den Kräutern wieder in das verwünschte Seidentuch einzuwickeln. Der Verwalter führte mich über die Treppe hinauf, in meiner Mutter schönstes Zimmer. »Als ich nur der Sohn des Hauses war, durfte ich es nie betreten«, dachte ich. Und mein nächster Gedanke war, ob ich nicht umkehren und davonlaufen sollte, denn das Zimmer war voll von Frauen!

Doch schon kam meine Mutter mir entgegen und verneigte sich vor mir. »Ehrwürdiger Herr und Sohn, meine Freundinnen hier sind gekommen, um dich von der Ehrung erzählen zu hören, die Seine Heiligkeit dir zuteil werden ließ.«

»Verehrte Frau Mutter«, erwiderte ich, »die Regeln meines Ordens verbieten es mir, jemandem mitzuteilen, was Seine Heiligkeit zu mir gesprochen hat. Der Lama Mingyar Dondup hat mir aufgetragen, dir diesen Beutel mit Kräutern zu überbringen und dir diese Schärpe mit seinem Gruß zu überreichen.«

»Ehrwürdiger Lama und Sohn, diese Damen sind von weither gekommen, um etwas über das Leben im Potala und Seiner Heiligkeit zu erfahren. Ist es *wirklich* wahr, daß er indische Zeitschriften liest? Und ist es wahr, daß er ein Glas besitzt, mit dessen Hilfe er durch die Wände jedes Hauses sehen kann?«

»Gnädige Frau Mutter«, antwortete ich, »ich bin nur ein bescheidener Lama der ärztlichen Kunst, der erst kürzlich wieder aus dem Gebirge zurückgekehrt ist. Als solchem geziemt es mir nicht, über das Tun und Lassen des Höchsten Herrn unseres Ordens zu sprechen. Ich bin nur als Bote gekommen.«

Eine junge Frau trat auf mich zu und fragte: »Kennst du mich nicht mehr? Ich bin Yaso, deine Schwester.«

Um die Wahrheit zu sagen, ich erkannte sie kaum wieder, sie hatte sich sehr entwickelt, sie war sehr hübsch geworden... Mir wurde unbehaglich. Gleich acht oder neun Frauen, das war für mich eine unlösbare Situation. Männer, ja, mit denen wußte ich jetzt schon umzugehen – aber Frauen! Sie sahen mich an wie Wölfinnen in der Steppe, die eine saftige Beute erspäht haben. Da konnte nur eines helfen: schleuniger Rückzug.

»Verehrte Frau Mutter«, sagte ich, »ich habe meine Botschaft überbracht und muß zu meinen Pflichten zurückkehren. Ich war in der letzten Zeit krank und habe nun sehr viel zu tun.«

Mit diesen Worten verneigte ich mich, machte kehrt und ging davon, so rasch es die Artigkeit erlaubte. Der Verwalter hatte sich wieder in seinen Dienstraum begeben, ein Reitknecht führte mir das Pferd vor. »Hilf mir vorsichtig in den Sattel«, sagte ich, »ich habe mir kürzlich den Arm und die Schulter gebrochen und kann nicht allein aufsitzen.« Der Reitknecht öffnete das Tor, und ich ritt in dem Augenblick hinaus, da meine Mutter auf den Balkon hinaustrat und mir noch etwas nachrief. Der Schimmel wandte sich nach links, so daß wir wieder im Sinne des Uhrzeigers die Lingkhor-Gürtelstraße entlangtrabten. Langsam ritt ich dahin. Langsam, denn ich wollte nicht zu früh wieder im Kloster sein. Ich ritt über Gyä-po Linga, Muru Gompa und so die ganze Gürtelstraße im Kreis herum.

Als ich wieder zu Hause war, auf dem Eisen-Berg, ging ich zum Lama Mingyar Dondup. Er sah mich an. »Was ist denn mit dir, Lobsang? Haben sämtliche irrenden Geister dich rings um die Stadt gejagt? Du siehst ja so verstört aus!«

»Verstört? antwortete ich. »Verstört? Meine Mutter hatte ein ganzes Rudel von Frauen zu Gast, die alles über Seine Heiligkeit wissen wollten und was der Erhabene zu mir gesagt habe. Ich erwiderte, die Ordensregeln verböten es mir, darüber zu sprechen. Und dann machte ich mich beizeiten davon, während diese Frauen mich alle anstarrten!«...

Mein Mentor schüttelte sich vor Lachen, und je erstaunter ich ihn ansah, desto mehr lachte er.

»Seine Heiligkeit wollte wissen, ob du hier bei uns heimisch geworden seiest oder noch Sehnsucht nach Hause habest.«

Das Leben im Kloster hatte die »sozialen« Beziehungen für mich umgewertet, Frauen waren fremdartige Wesen für mich (und sind es noch heute!) und ... »Aber ich *bin* ja zu Hause«, sagte ich. »In mein Vaterhaus will ich nicht zurückkehren, nein! Der Anblick all dieser Frauen, bemalt, mit gefärbtem Haar – und wie sie mich ansahen, wie die Schlächter von Shö ein preisgekröntes Schaf ... Die wispernden Stimmen und« – ich fürchte, auch meine Stimme sank zu einem Flüstern – »die *Farben* ihrer astralen Auren! Furchtbar! Oh, ehrwürdiger Lama und Lehrer, laß uns nicht davon sprechen!«

Tagelang ließ man mich mit der Sache nicht in Ruhe: »Oh, Lobsang, in die Flucht geschlagen von ein paar Frauenzimmern!« Oder: »Lobsang, du solltest heute deine verehrte Frau Mutter besuchen, sie hat Gesellschaft, und du könntest die Damen ein bißchen unterhalten!« Doch schon eine Woche später teilte man mir mit, der Dalai Lama nehme ganz besonderes Interesse an mir und habe den Wunsch geäußert, man möge mich wieder zu meiner Mutter schicken, wenn sie eine ihrer häufigen Gesellschaften gäbe. Niemand widersetzte sich je seinen Anordnungen, wir liebten ihn alle, nicht nur als Verkörperung des Göttlichen auf Erden, sondern auch als den aufrechten und wahrhaftigen Mann, der er war. Sein Temperament war ein wenig sanguinisch, genauso wie meines, doch er räumte persönlichen Neigungen nie einen Einfluß auf die Angelegenheiten des Staates ein. Auch währte eine persönliche Gereiztheit bei ihm nie länger als einige Minuten. Er war das Oberhaupt des Staates und der Kirche.

Eines Vormittags, da ich mit der Welt in vollkommenem Frieden war und nicht recht wußte, wie ich eine müßige halbe Stunde vor der nächsten Andacht verbringen sollte, suchte mich der Lama Mingyar Dondup auf. »Komm, Lobsang, wir wollen einen Spaziergang machen! Ich habe eine kleine Aufgabe für dich.« Ich war sofort bereit, weil ich mich freute, mit meinem Mentor ausgehen zu dürfen. Wir machten uns rasch fertig und brachen auf. Als wir den Tempel verließen, bezeugte uns eine der Tempelkatzen, ein Kater, seine besondere Zuneigung durch lautes Schnurren, so daß wir warteten, bis er sein Schnurren beendete und mit dem Schweif zu wedeln begann. Es war ein großer Kater, den wir in unserer Sprache in Tibet »shi-mi« nennen. Zufrieden, daß wir seine Freundlichkeit nicht minder freundlich erwiderten, begleitete er uns würdevoll ein Stück Weges hinunter. Dann fiel ihm offenbar ein, daß er seine Pflicht versäumte, die Tempelschätze zu bewachen, und er lief in größter Eile zurück.

Daß wir in unserem Tempel Katzen hielten, war nicht etwa nur eine unterhaltsame Marotte; sie waren strenge Wächter der ungeschliffenen Edelsteine, die in großen Mengen rings um die heiligen Götterbilder lagen. Die Häuser wurden im allgemeinen von Hunden bewacht, von riesigen Bulldoggen, die einen Menschen zu Boden werfen und ihn schwer verletzen konnten. Doch diese Hunde konnte man einschüchtern und abwehren. Nicht so die Katzen. Sobald sie einmal jemand attackierten, ließen sie von ihrem Opfer nur noch im Tode ab. Es waren sogenannte »siamesische« Katzen. Da das Klima in Tibet kalt ist, waren sie fast schwarz. In wärmeren Ländern sind sie, wie ich hörte, weiß, weil die Färbung des Fells angeblich vom Klima beeinflußt wird. Sie hatten blaue Augen, und ihre Hinterbeine waren besonders lang, wodurch sie sich im Gang von andern Katzen unterschieden. Auch hatten sie lange, wedelartige Schwänze – und ihre Stimmen!... Sie glichen nicht den Lauten, die andere Katzen von sich gaben. Die Stärke und der Umfang ihrer Stimmen waren ganz ungewöhnlich.

Wenn diese Katzen in den Tempeln ihren »Dienst« versahen, strichen sie schattenhaft und geschmeidig auf leisen Füßen überall herum. Falls jemand sich an die Edelsteine heranmachte, die ja nicht besonders bewacht waren, konnte er erleben, daß eine Katze ihn ansprang und sich in seinen Arm verbiß, und wenn er nicht sofort das Weite suchte, eine andere, aus dem Dunkel auftauchend, ihm an die Kehle fuhr. Diese Katzen hatten Krallen, doppelt so lang wie die Hauskatzen – und ließen nicht locker. Einen Hund kann man abschütteln, ihn festhalten, ihn allenfalls vergiften, eine Katze nicht. Die Katzen wären mit den stärksten Bulldoggen fertiggeworden. Nur jemand, den die Katzen kannten, durfte ihnen in die Nähe kommen, wenn sie auf der Lauer lagen.

Wir gingen gemächlich unseres Weges. Unten an der Straße wandten wir uns nach rechts, passierten den Torbogen des Tschorten Pargo Kaling und kamen an dem Viertel Shö vorbei über die »Türkis-Brücke« zum »Doring-Haus« und so in die Stadtgegend der alten chinesischen Gesandtschaft.

Unterwegs sagte der Lama Mingyar Dondup zu mir: »Ich habe dir schon mitgeteilt, daß eine chinesische Delegation eingetroffen ist. Wir wollen sie uns ansehen und uns informieren, was wir von ihr zu halten haben.« Mein erster Eindruck war ein denkbar schlechter. Im Gesandtschaftsgebäude waren Leute damit beschäftigt, Kisten und Koffer auszupacken; sie benahmen sich sehr hochfahrend, und ich bekam allerhand Waffen zu Gesicht, die offenbar ausreichten, eine kleine Armee auszurüsten. Ich war nur ein Junge und konnte daher nach Herzenslust »spionieren«, wie kein Erwachsener es hätte tun können. Ich schlich mich durch den Garten an ein offenes Fenster heran. Dort stand ich eine Zeitlang und sah den Leuten zu, bis schließlich einer aufsah und mich erblickte. Er stieß einen chinesischen Fluch aus, der für meine Vorfahren nicht sehr schmeichelhaft war und für meine Zukunft nichts Gutes prophezeite. Dann langte er nach einem Gegenstand, um ihn nach mir zu werfen, doch ich verschwand vom Fenster, noch ehe er dazukam.

Als wir auf der Lingkhor-Gürtelstraße wieder nach Hause unterwegs waren, sagte ich zu meinem Mentor: »Oh, ihrer aller Aura war ganz rot! Und sie führen etwas im Schilde!«

Der Lama Mingyar Dondup war während des ganzen Weges sehr nachdenklich. Nach unserer Abendmahlzeit sagte er zu mir: »Ich habe über diese Chinesen viel nachgedacht. Ich möchte Seiner Heiligkeit den Vorschlag unterbreiten, daß wir uns in dieser Sache deiner besonderen Fähigkeiten bedienen sollen. Fühlst du dich imstande, die chinesische Delegation von einem Versteck aus zu beobachten und zu beurteilen, wenn sich dies einrichten läßt?« Ich konnte nur erwidern: »Wenn du glaubst, daß ich es vermag, dann werde ich es auch können.«

Am nächsten Tag sah ich meinen Mentor nicht. Doch am darauffolgenden Tag hielt er mit mir seine übliche Unterrichtsstunde, und nach der Mittagsmahlzeit sagte er zu mir: »Wir werden heute nachmittag einen Spaziergang miteinander machen, Lobsang. Hier hast du eine Schärpe, die für eine Persönlichkeit von höchstem Rang bestimmt ist, so daß du kein Hellseher zu sein brauchst, um zu wissen, wohin wir gehen. In zehn Minuten mach dich bereit und hole mich in meinem Zimmer ab. Ich muß inzwischen noch mit unserem Abt sprechen.«

Wieder gingen wir den steilen Berg hinunter, diesmal über einen Abkürzungsweg an der Südwestseite, zum Norbu Linga. Der Norbu Linga, das »Park-Juwel«, war der Lieblingsaufenthalt des Dalai Lama, und er verbrachte den größten Teil seiner Zeit dort. Der Potala war, von außen gesehen, eine repräsentative Residenz, doch im Innern war er dumpfig und muffig, denn die Räume hatten keine genügende Lüftung, und immer und überall brannten dauernd die Butter-Lampen. Jahrelang war die Butter aus den Lampen auf den Boden getropft, und es kam oft genug vor, daß ein würdiger Lama, der gemessenen Schrittes durch einen der sanft abwärtsführenden Korridore ging, auf einem längst von Staub bedeckten Butterklecks ausglitt und am unteren Ende des Korridors unsanft auf seinem Sitzfleisch landete. Solchen despektierlichen Zufällen wollte sich der Dalai Lama nicht aussetzen und verweilte daher mit Vorliebe im Norbu Linga.

Der Park, der erst ungefähr hundert Jahre alt ist, ist von einer dreieinhalb Meter hohen Steinmauer umgeben. Der inmitten des Parkes gelegene kleine Palast hatte goldene Türmchen und gliederte sich in drei Trakte, in denen die Regierungsämter untergebracht waren. Dahinter, wieder von einer sehr hohen Mauer umfriedet, lag der Privatpark des Dalai Lama. In verschiedenen Berichten heißt es, daß die Beamten dieses Grundstück nicht betreten dürften. Das ist jedoch nicht richtig. Sie durften dort nur keine dienstlichen Angelegenheiten vorbringen. Ich weiß es, denn ich war selbst wohl an die dreißigmal dort. Der Park umrahmte einen sehr schönen, künstlich angelegten See mit zwei Inseln, und auf jeder der beiden Inseln erhob sich ein Sommerhaus. Von der Nordwestseite her führte ein breiter Steindamm zu den Inseln und den beiden Sommerhäusern. Dort verbrachte der Dalai Lama viele Stunden des Tages in Meditation. Innerhalb des Parkes lagen ferner mehrere Unterkunftshäuser, in denen an die fünfhundert Männer, die Leibwache des Dalai Lama, untergebracht waren. Dorthin führte mich der Lama Mingyar Dondup jetzt. Es war mein erster Besuch. Wir gingen durch die schönen Anlagen und betraten durch einen prunkvollen Torbogen den inneren Park. Vögel der verschiedensten Arten pickten überall auf den Parkwegen Körner auf, sie beachteten uns gar nicht und wichen uns nicht aus, sondern wir mußten ihnen ausweichen. Der See lag still da wie ein glänzender Metallspiegel. Der Steindamm war erst kürzlich neu getüncht worden. Wir begaben uns zu dem Haus auf der weiter entfernt gelegenen Insel, wo der Dalai Lama derzeit verweilte. Er war auch in diesem Augenblick in tiefer Meditation versunken, doch als wir eintraten, blickte er auf und lächelte uns zu. Wir knieten nieder und legten ihm unsere Schärpen zu Füßen, worauf er uns einlud, ihm gegenüber Platz zu nehmen. Er läutete und befahl, gebutterten Tee zu bringen, ohne den man in Tibet kein Gespräch führen kann. Während wir warteten, bis der Tee gebracht wurde, erzählte er mir von den verschiedenen Tieren, die er in seinem Park hielt, und versprach mir, daß ich sie später noch sehen sollte.

Als der den Dienst versehende Lama den Tee gebracht und sich wieder entfernt hatte, sah der Dalai Lama mich an und sagte: »Unser lieber Freund Mingyar teilt mir mit, daß dir die Aura der Mitglieder der chinesischen Delegation nicht gefällt. Er sagt, sie führten Waffen mit. Deine Hellsichtigkeit hat sich bisher in allen Proben, die man mit oder ohne dein Wissen unternahm, stets bewährt. Was hältst du von diesen Leuten?«

Diese Frage war mir nicht angenehm, ich sprach nicht gerne mit jemand – außer dem Lama Mingyar Dondup – über die astrale Aura irgendwelcher Menschen und gab vor allem nicht gerne mein Urteil darüber ab. Ich war im stillen der Meinung, daß jemand, der selbst nicht die Gabe hatte, sie zu sehen, auch nichts davon wissen müßte. Doch wie sollte ich dies dem Dalai Lama, dem Staatsoberhaupt, zu verstehen geben, zumal wenn er selbst die Gabe des Hellsehens nicht besaß?

Ich antwortete daher: »Verehrungswürdiger, ich bin ganz und gar ungeübt, die Aura eines Mitmenschen zu deuten, und daher unwürdig, darüber eine Meinung zu äußern.«

Die Antwort nützte mir nichts. Seine Heiligkeit erwiderte: »Da du eine besondere Begabung hast, die außerdem durch unsere alten Kunstmittel zu höherer Entfaltung kam, ist es deine Pflicht zu sprechen. Wir haben dich dazu herangebildet. Also sag, was du gesehen hast.«

»Verehrungswürdiger, diese Menschen haben schlechte Absichten. Nach ihrer Aura zu urteilen, führen sie Böses im Schilde.« Das war alles, was ich sagte.

Der Dalai Lama war mit meiner Antwort zufrieden. »Gut.

Du wiederholst nur, was mir Mingyar schon berichtet hat. Du wirst dich morgen hinter jenem Wandschirm dort verstecken und heimlich dabei sein, wenn die chinesische Delegation hier erscheint. Wir müssen Gewißheit haben. Jetzt geh einmal in dein Versteck, damit wir feststellen können, ob dich jemand sehen kann.«

Das war noch nicht in Ordnung, daher ließ der Dalai Lama ein paar Leute kommen und die als Dekoration aufgestellten chinesischen Löwen ein wenig verschieben, damit ich mich dahinter wirklich vollkommen verbergen konnte. Dann wurde eine Probe veranstaltet, bei der einige Lamas die Mitglieder der chinesischen Delegation darzustellen hatten. Sie sollten sich bemühen, mein Versteck zu entdecken. Ich konnte die Gedanken eines von ihnen lesen, er dachte: »Ah! Wenn ich ihn entdecken kann, dann werde ich befördert!« Doch er hatte kein Glück, er sah nach der falschen Seite. Nun war der Dalai Lama zufrieden und rief mich heraus. Er unterhielt sich noch einige Augenblicke lang mit uns und trug uns auf, am nächsten Tag wiederzukommen, wenn er die chinesische Delegation empfing, die unbedingt einen Vertrag über Tibet mit ihm abschließen wollte. Damit verabschiedete uns Seine Heiligkeit für heute und wir kehrten auf den Eisen-Berg zurück.

Am folgenden Tag gegen elf Uhr gingen wir wieder unseren Felsweg hinunter und begaben uns in den Norbu Linga. Der Dalai Lama lächelte mir zu und meinte, ich müßte zuerst etwas essen – wozu ich natürlich sofort bereit war! – ehe ich mein Versteck aufsuchte. Auf seinen Wink wurde dem Lama Mingyar Dondup und mir ein sehr schmackhaftes Frühstück serviert, verschiedene Gerichte, aus importierten indischen Konserven bereitet. Ich kannte die Speisen nicht, doch sie waren eine willkommene Abwechslung gegenüber unseren sonstigen Mahlzeiten, die in der Regel nur aus Tee, Tsampa und weißen Rüben bestanden. Nach dieser Stärkung erschien mir die Aufgabe, ein paar Stunden lang ganz unbeweglich dasitzen zu müssen, wesentlich erfreulicher. An sich war das unbewegliche Dasitzen für mich und für alle Lamas eine durchaus gewohnte, einfache Sache, es ist die gebotene Voraussetzung für die Meditation. Schon in meiner frühesten Jugend, im Alter von sieben Jahren, hatte ich gelernt, stillzusitzen ohne mich zu rühren. Ich mußte eine brennende Butter-Lampe ruhig auf dem Kopf halten und im Lotussitz verharren, bis die Butter von der Flamme verzehrt war. Das konnte mitunter auch zwölf Stunden dauern. Drei oder vier Stunden bedeuteten daher für mich keine besondere Anstrengung.

Mir gerade gegenüber saß auch der Dalai Lama im Lotussitz auf seinem Thron, fast zwei Meter erhöht, ebenso regungslos wie ich. Vom Parktor her ertönte Lärm, ein Stimmengewirr, zum Teil in chinesischer Sprache. Später erfuhr ich, daß man die Chinesen nach Waffen durchsucht hatte, weil sie verdächtigerweise anscheinend mancherlei unter ihren Gewändern verborgen hatten. Nun wurden sie in den Inneren Park eingelassen. Ich sah sie, von den Wachen begleitet, über den Steindamm auf die Pergola des Hauses zukommen. Ein hoher Lama intonierte das Mantra: »Om! Ma-ni pad-me Hum!«, doch die Chinesen, anstatt es zu wiederholen, erwiderten es im chinesischen Wortlaut mit der Formel: »O-mi-t'o-fo!« (»Höre uns, o Amida Buddha!«)

Ich dachte im stillen: »Nun, Lobsang, da hast du leichte Arbeit, sie verraten ohnehin ihre wahren astralen Farben.«

Als ich sie aus meinem Versteck betrachtete, sah ich ihre

in trübem Rot schillernden Auren, das deutliche Anzeichen haßerfüllter Gedanken, Ausstrahlungen in widrigen Farben, nicht die klaren, reinen Farbtöne eines hochrangigen Denkens, sondern die ungesunden, schattigen Auren von Menschen, deren Wesen von einer materialistischen Lebenseinstellung und von einem Hang zum Bösen angekränkelt ist. Es waren Menschen, von denen wir zu sagen pflegen: »Ihre Rede scheint redlich, doch ihre Gedanken sind von Übel.«

Manchmal warf ich auch einen Blick auf den Dalai Lama. Seine astrale Aura verriet Schwermut und Betrübnis, wenn er an die Zeit dachte, die er in China verbracht hatte. Alle seine Seelenregungen erweckten meine Sympathie. Er war von allen bisherigen Regenten Tibets die bedeutendste Persönlichkeit. Er hatte ein sanguinisches Temperament, und wenn er innerlich aufbrauste, dann freilich leuchtete seine Aura rot; doch die Geschichte wird künftig noch erhärten, daß es nie einen besseren Dalai Lama gab, nie einen, der so ganz und gar für sein Land lebte. Ich hatte ihn sehr in mein Herz geschlossen; meine Verehrung für ihn wurde nur durch die innige Liebe übertroffen, die ich für meinen Mentor, den Lama Mingyar Dondup, empfand.

Die Audienz der chinesischen Delegation dauerte ziemlich lang, endete aber schließlich resultatlos – resultatlos, weil ihre Mitglieder nicht mit freundschaftlichen, sondern mit feindseligen Absichten gekommen waren. Sie wollten nur ihren eigenen Willen durchsetzen und waren in ihren Methoden nicht allzu wählerisch. Sie verlangten territoriale Zugeständnisse, einen wesentlichen Einfluß auf die Politik Tibets – und sie verlangten *Gold*! Unser Gold lockte sie schon seit vielen Jahren. Tibet besitzt Tonnen von Gold, es gilt uns als ein geheiligtes Metall. Nach unserem Glauben ist der Boden entweiht, wo Gold gegraben wird, daher graben wir nicht danach. Manche Flüsse führen vom Gebirge her große Goldkörner mit, die man am Ufer nur aufzulesen braucht. Im Gebiet von Chang-Tang habe ich Flüsse mit starkem Gefälle gesehen, an deren Ufern Goldsand lag, wie an den Ufern anderer Flüsse gewöhnlicher Sand. Mitunter sammeln wir solche Goldkörner oder solchen »Sand« und schmelzen ihn ein, um das Gold zum Schmuck unserer Tempel zu verwenden, das geheiligte Metall zu geheiligtem Zweck. Auch Butter-Lampen werden aus Gold verfertigt. Leider hat das Metall einen so geringen Härtegrad, daß die daraus verfertigten Gegenstände oder Ornamente keine lange Dauer besitzen.

Tibet ist seinem Flächeninhalt nach etwa achtmal so groß wie die Britischen Inseln. Weite Gebiete sind bisher praktisch noch nicht erschlossen, doch weiß ich auf Grund meiner eigenen Wanderungen mit dem Lama Mingyar Dondup, daß es dort Gold, Silber und Uranium gibt. Wir haben westlichen Völkern nie gestattet, danach zu suchen – so oft und so gerne sie das schon getan hätten! –, denn ein altes Sprichwort bei uns lautet: »Den Weg, den die Männer des Westens gehen, geht auch der Krieg!« Wenn man also von »goldenen Tuben«, »goldenen Schüsseln«, »goldplattierten Mumien« in Tibet liest, dann möge man sich stets vor Augen halten, daß Gold in Tibet zwar kein seltenes, aber ein geheiligtes Metall ist.

Tibet könnte eine der größten Vorratskammern der Welt sein, wenn die Menschen in Frieden zusammenarbeiten wollten, anstatt einander in sinnlosen Machtkämpfen zu bekriegen.

Eines Morgens trat der Lama Mingyar Dondup bei mir

ein, als ich gerade damit beschäftigt war, die Abschrift eines alten Manuskriptes druckfertig zu machen.

»Du wirst diese Arbeit einstweilen unterbrechen müssen, Lobsang. Seine Heiligkeit hat uns rufen lassen. Wir müssen in den Norbu Linga gehen und miteinander die Aura eines Fremden aus dem Westen beurteilen. Mach dich rasch fertig, Seine Heiligkeit will vorher noch mit uns sprechen. Keine Schärpen, kein Zeremoniell, Eile tut not!«

Da half keine Widerrede. »Nur noch ein sauberes Gewand, ehrwürdiger Lama und Lehrer, und ich bin bereit.«

Ich brauchte nicht viel Zeit, um mich umzukleiden und einigermaßen schicklich auszusehen, dann machten wir uns auf den Weg, den Berg hinunter, die Entfernung betrug kaum einen Kilometer. Am Fuße des Berges, gerade an der Stelle, wo ich seinerzeit abgestürzt war und mir ein paar Knochen gebrochen hatte, gingen wir über eine kleine Brücke zur Lingkhor-Straße. Wir überquerten sie und waren schon am Tor zum Norbu Linga, dem »Park-Juwel«, wie der Name häufig übersetzt wird. Die Wachen wollten uns den Eintritt verwehren, als sie jedoch den Lama Mingyar Dondup erkannten, in dessen Begleitung ich war, wurden wir sofort in den Inneren Park eingelassen. Der Dalai Lama saß auf einer Veranda. Ich fühlte mich etwas verlegen, weil ich keine Schärpe mithatte, die ich ihm zur Begrüßung hätte überreichen können, und wußte nicht recht, wie ich mich ohne sie benehmen sollte. Er begrüßte uns mit einem freundlichen Lächeln. »Oh! Nimm Platz, Mingyar, und du auch, Lobsang. Ihr habt euch sicherlich sehr beeilt.«

Wir setzten uns und warteten, bis er weitersprechen würde. Er dachte eine Zeitlang nach, offenbar um genau zu überlegen, was er uns sagen wollte.

»Vor einiger Zeit«, sprach er dann, »fiel die Armee der Roten Barbaren (die Briten) in unser geheiligtes Land ein. Ich begab mich nach Indien und unternahm von dort aus zahlreiche Reisen. Als unmittelbare Folge der britischen Invasion besetzten die Chinesen im Jahre des Eisen-Hundes (1910) unser Land. Ich ging wieder nach Indien, und dort begegnete ich dem Mann, der uns heute besuchen soll. Das sage ich vor allem für dich, Lobsang, denn Mingyar begleitete mich damals. Die Briten machten Versprechungen, hielten sie aber nicht. Nun möchte ich heute wissen, ob jener Mann aufrichtig oder doppelzüngig redet. Du, Lobsang, verstehst seine Sprache nicht und bist daher durch den Inhalt seiner Rede gar nicht beeinflußt. Du wirst dort hinter dem Verandagitter mit noch jemand anderem der Unterredung beiwohnen, ihn beobachten und notieren, welche Eindrücke du von seiner astralen Aura hast, so wie es dich dein Mentor lehrte, der so viel Gutes von dir zu berichten weiß. Führe ihn nun zu seinem Platz, Mingyar, denn er ist vertrauter mit dir als mit mir – und ich glaube, er schätzt den Lama Mingyar Dondup noch höher als den Dalai Lama!«

Da saß ich denn hinter dem Verandagitter und wurde allmählich müde, denn meine einzige Ablenkung war, den Flug der Vögel zu verfolgen und zuzusehen, wie sich die Zweige der Bäume im Wind wiegten. Dann und wann naschte ich ein bißchen von dem Tsampa, den ich bei mir hatte. Wolken zogen über den Himmel, und ich stellte mir vor, wie schön es wäre, wenn ich jetzt das Schwanken und Erzittern eines Drachens unter mir fühlte, wenn seine Tragflächen und das gespannte Tau laut im Winde ertönten. Plötzlich schrak ich durch irgendein Geräusch auf. Einen Augenblick lang meinte ich, ich flöge wirklich in einem Drachen, sei eingeschlafen, und das sei nun mein Ende! Doch nein, die Wachen hatten das Eingangstor zum Inneren Park geöffnet, und Lamas in Goldgewändern geleiteten einen Herrn, der sehr sonderbar aussah, zum Haus her. Ich konnte mich vor Lachen kaum halten: einen hochgewachsenen, hageren Mann mit weißem Haar, blassem Gesicht, dünnen Augenbrauen, tiefliegenden Augen und einem harten, strengen Zug um den Mund. Aber gar erst seine Kleidung aus einem sonderbaren blauen Tuch, mit einer ganzen Reihe von Knöpfen vorne, glänzenden Knöpfen! Anscheinend hatte ein ganz schlechter Schneider sein Gewand angefertigt, denn der Kragen war so breit, daß er ihn hätte umschlagen müssen, und außerdem waren an dem Gewand zu beiden Seiten sonderbare Lappen aufgenäht. Ich dachte, das habe bei den Europäern eine ähnliche symbolische Bedeutung wie die Flicken, die wir in Erinnerung an Buddhas ärmliche Kleidung an unseren Gewändern aufnähen. Damals war mir diese Rockkragenmode noch unbekannt, und ebensowenig kannte ich den Zweck und Gebrauch von Rocktaschen. In Tibet tragen die Leute, die keine manuelle Arbeit verrichten müssen, lange Ärmel, die auch noch die Hände bedecken. Der Herr aus dem Westen hatte kurze Ärmel, die nur bis zu den Handgelenken reichten. »Er ist aber doch kein manueller Arbeiter«, dachte ich, »denn seine Hände sind so gepflegt. Vielleicht weiß er nur nicht, wie er sich kleiden soll.« Sein Obergewand reichte nur bis zu den Beinen. »Armselig«, dachte ich. Seine Hosen waren zu eng und zu lang, denn sie waren unten umgeschlagen. »Er muß sich furchtbar unbehaglich fühlen, wenn er in diesem Aufzug vor Seiner Heiligkeit erscheint«, dachte ich, »hätte ihm nicht jemand, der gleich groß ist wie er, ein anständiges Gewand leihen können?« Dann sah ich seine Füße an. Äußerst sonderbar! Er hatte ein Schuhzeug an, schwarz und glänzend, als läge eine Eisschicht darüber. Nicht Filzschuhe, wie wir sie tragen – ich hatte noch nie so etwas Merkwürdiges gesehen. Ganz automatisch notierte ich die astralen Farben, die ich in seiner Aura beobachtete, und einige Anmerkungen dazu. Vorübergehend sprach er tibetanisch, für einen Ausländer sehr gut, dann redete er wieder ein Kauderwelsch der fremdartigsten Laute, die ich je gehört habe. »Englisch«, belehrte man mich später, als ich wieder zum Dalai Lama gerufen wurde.

Mit Erstaunen sah ich, wie der Fremde unter einem der an seinem Gewand seitlich aufgenähten Lappen ein Stück weißen Linnens hervorholte. Das breitete er über Mund und Nase und gab einen gedämpften Trompetenton von sich. »Wahrscheinlich eine Begrüßung für Seine Heiligkeit«, dachte ich. Nach dieser Begrüßung steckte er das Linnen wieder unter den Lappen. Daraufhin griff er unter einen anderen Lappen und brachte ein paar Blätter Papier zum Vorschein, wie ich sie noch nie gesehen hatte. Weißes, dünnes, glattes Papier, anders als das unsere, das ledergelb, dick und rauh war. »Wie kann man auf solchem Zeug schreiben?« dachte ich. »Daran haftet doch keine Kohle, der Staub fällt herunter.« Nun zückte der Mann, wieder unter einen anderen Lappen greifend, ein Stäbchen aus farbigem Holz, das in seinem Innern anscheinend eine Art Ruß enthielt. Mit diesem Stäbchen vollführte er allerhand seltsame Bewegungen. Ich meinte, er könne gar nicht schreiben und täte nur so, als ob er etwas notieren wollte. Ruß? Wer in aller Welt hatte je schon gehört, daß man mit Ruß schreiben könne? Man bläst darüber hin, und er fliegt fort.

Der Mann war offenbar ein Krüppel, denn er mußte auf einem Gestell sitzen, das vier Stützen hatte. Er saß auf dem Rahmen und ließ die Beine herunterhängen. Auch mit seinem Rückgrat, meinte ich, sei etwas nicht in Ordnung, denn von dem Rahmen, auf dem er saß, ragten noch zwei Stützen auf, an die er sich anlehnte. Der Mann tat mir allmählich leid: schlechtsitzende Kleider, vergebliche Bemühungen zu schreiben, das Manöver mit dem Linnen vor Mund und Nase, und jetzt noch seine Sitzweise mit angelehntem Rücken und herabhängenden Beinen. Er kam auch nicht zur Ruhe, sondern legte abwechselnd bald das rechte Bein über das linke und das linke über das rechte. Zu meinem Schrecken hielt er auch einmal den linken Fuß so, daß die Fußsohle dem Dalai Lama zugekehrt war; eine furchtbare Beleidigung, wenn ein Tibetaner das getan hätte, doch er besann sich sogleich und kreuzte die Beine wieder umgekehrt. Der Dalai Lama erwies dem Fremden alle Ehre, denn er saß auch auf einem so sonderbaren hölzernen Gestell und ließ seine Beine auch herunterhängen. Der Besucher hatte einen höchst eigenartigen Namen, er hieß »Weibliches Musikinstrument« und führte außerdem vor seinem Namen noch zwei andere. Sein offizieller Name, mit dem ich ihn anreden mußte, war »C. A. Bell«. Seine Aura hatte mir verraten, daß seine Gesundheit nicht die beste war. Seine Hilfsbereitschaft schien echt zu sein, doch seine Aura verriet, daß er seiner Regierung keine Schwierigkeiten machen wollte und um seine künftige Pension bangte. Er selbst vertrat wohl einen bestimmten Kurs, doch seine Regierung wollte sich nicht auf diesen Kurs einlassen, und so konnte er im stillen nur hoffen, daß er mit seinen Ansichten und Vorschlägen im Laufe der Zeit schließlich rechtbehalten werde.

Wir wußten allerlei über diesen Mr. Bell, kannten seine Geburtsdaten und verschiedene markante Ereignisse in seinem Leben, auf Grund derer wir seinen gesamten Lebenslauf annähernd überblicken konnten. Die Astrologen stellten fest, daß er schon früher einmal in Tibet gelebt, in seinem früheren Leben jedoch gewünscht habe, in der westlichen Welt wiedergeboren zu werden, in der Hoffnung, an einer Verständigung zwischen dem Osten und dem Westen mitwirken zu können. Erst kürzlich erfuhr ich, er habe dieser Hoffnung in einem seiner Bücher Ausdruck gegeben. Wir waren davon überzeugt, daß wir, wenn er seine Regierung in seinem Sinne hätte beeinflussen können, die kommunistische Invasion in Tibet nicht hätten erleben müssen. Doch die Voraussagen kündeten die Invasion an, und sie haben sich noch immer bewahrheitet.

Die britische Regierung war anscheinend sehr argwöhnisch: sie vermutete, Tibet wolle Verträge mit Rußland schließen. Das war ihr nicht recht. England wünschte zwar selbst keinen Vertrag mit Tibet, wollte aber auch nicht, daß Tibet sich mit irgendeinem andern Staat befreunde. Sikkin, Bhutan – alle durften Verträge schließen, nur Tibet nicht. So kam es dazu, daß die Engländer, in die Enge getrieben, den Versuch wagten, unser Land zu besetzen oder uns überhaupt völlig zu unterdrücken – beide Lösungen wären ihnen recht gewesen. Mr. Bell, der genau informiert war, sah eindeutig, daß wir nicht wünschten, uns irgendeiner Nation anzuschließen; wir wollten selbständig bleiben, unser eigenes Leben führen und uns auf keinerlei Unterhandlungen mit Fremden einlassen, die uns seinerzeit nur Schwierigkeiten, Nachteile und Unannehmlichkeiten eingetragen hatten.

Als die Audienz Mr. Bells beendet war, zeigte sich der

Dalai Lama mit meinem Bericht sehr zufrieden. Schon aber dachte er an neue Aufgaben für mich. »Ja, Lobsang«, sagte er, »wir müssen dich noch höher ausbilden. Es wird für dich sehr gut sein, wenn du ins Ausland gehst. Wir werden dich noch weiter hypnotisch behandeln und dir in der Hypnose alles Wissen mitgeben, über das wir verfügen.« Er läutete nach dem diensthabenden Lama und befahl: »Mingyar Dondup soll sofort zu mir kommen.« Nach einigen Minuten erschien mein Mentor gemessenen Schrittes vor dem Dalai Lama – nichts hätte ihn aus der Ruhe bringen können. Der Dalai Lama, der ihm freundschaftlich zugetan war, zeigte auch nicht die geringste Ungeduld. Mein Mentor nahm neben mir Platz. Wieder brachte ein Aufwärter gebutterten Tee und Konservengerichte aus Indien. Dann sagte der Dalai Lama: »Du hattest recht, Mingyar, er ist wirklich begabt. Wir müssen ihn noch höher ausbilden. Tue dein Möglichstes, daß seine Ausbildung recht bald vollendet ist. Spare keine Mühe und keine Mittel, denn es ist uns prophezeit, daß schlimme Zeiten für uns kommen, und wir müssen jemand haben, der unsere alte Kultur aufrechterhält.«

Nun gingen meine Tage schneller und schneller dahin. Immer wieder wurde ich vom Dalai Lama in aller Eile gerufen, um die Aura irgendeines Besuchers zu »deuten«, eines gelehrten Abtes aus einem entlegenen Kloster oder eines Beamten aus der Provinz. Allmählich war ich ein ständiger Gast im Potala und im Norbu Linga, und alle Leute dort kannten mich. Im Potala hatte ich auch Zutritt zur Sternwarte mit ihren Fernrohren und dem großen, auf einem dreifüßigen Stativ montierten astronomischen Fernrohr, und verbrachte viele Stunden der Nacht in Betrachtung des Mondes und der Sterne.

Oft ging ich mit dem Lama Mingyar Dondup in die Stadt, nach Lhasa hinunter, und wir musterten dort die Fremden. Da er selbst hellseherisch hoch begabt war und zudem eine große Menschenkenntnis besaß, belehrte er mich immer wieder, wenn ich ihm meine Beobachtungen und Eindrücke mitteilte. Es war sehr unterhaltsam, wenn wir im Vorübergehen einen Händler an seinem Verkaufsstand seine Waren anpreisen hörten und dabei seine heimlichen Gedanken lesen konnten. Auch mein Gedächtnis wurde in jenen Tagen besonders geschult; stundenlang mußte ich schwierige Texte anhören und sie auswendig wiederholen. Dann wieder lag ich lange Zeit im hypnotischen Schlaf, während man mir Stellen aus unseren ältesten heiligen Schriften vorlas.

IN TIBETS NORDEN – BEGEGNUNG MIT DEN YETIS

In diese Zeit fiel unsere große Wanderung in das Hochland von Chang-Tang. Ich kann hier allerdings nur in Kürze davon erzählen, denn um ausführlich darüber zu berichten, müßte ich mehrere Bücher schreiben. Der Dalai Lama hatte den fünfzehn Teilnehmern an der Expedition seinen Segen erteilt, und wir machten uns frohgemut auf den Weg, auf Maultieren, weil diese sich im schwierigen Terrain besser bewähren als Pferde. Wir ritten über Tengri Tso und an den großen Seen des Zilling Nor vorüber, immer weiter nach Norden, dann über das Tangla-Gebirge in bisher unerforschte Gegenden. Ich kann nicht sagen, wie lange wir dazu brauchten, denn Zeit bedeutete uns nichts; wir hatten keinen Grund, uns zu beeilen, wir ritten in bequemem Trott dahin und sparten unsere Kräfte für die Anstrengungen, die uns noch bevorstanden.

Während wir immer weiter und immer höher hinauf zwischen gewaltigen Bergen und an tiefen Schluchten entlang nach Norden ritten, mußte ich oft an die Mondlandschaften denken, die ich durch das große Fernrohr der Sternwarte des Potala betrachtet hatte. Die Gegend hier ähnelte ihnen: Berge, Berge überall, und bodenlose Abgründe. Durch diese Mondlandschaft erkämpften wir uns unseren Weg, der immer schwieriger wurde. Schließlich konnten die Maultiere nicht mehr weiter. Sie waren in der dünnen Luft stets sehr schnell erschöpft und vermochten nicht mehr über die Felsspalten zu springen, über die wir uns an Seilen aus Yakhaar schwindlig hinüberschwangen. An einer möglichst geschützten Stelle ließen wir die Maultiere unter der Betreuung von fünf Teilnehmern der Expedition zurück, die, ebenso erschöpft, den Weg nicht mehr fortsetzen konnten. Der Rastplatz war gegen den ärgsten Wind durch eine zackige Felswand geschützt, die in der öden, unwirtlichen Gegend wie ein Wolfsgebiß aufragte. An ihrem Fuße hatte sich im bröckelnden Gestein eine Höhle gebildet. Ein Steilhang fiel zu einer Talsenke ab, in deren spärlichem Grün die Maultiere immerhin weiden konnten. Am Rande des Felskessels plätscherte ein Bach dahin und stürzte dann, wo der Abgrund sich auftat, Hunderte von Metern in die Tiefe, so tief, daß das Rauschen des Wasserfalls aus der Tiefe hier oben nicht mehr zu hören war.

Hier rasteten wir zwei Tage lang, ehe wir den weiteren mühsamen Weg in das Hochgebirge antraten. Der Rücken schmerzte uns unter den Lasten, die wir trugen, und wir hatten das Gefühl, als müßten unsere Lungen vor Atemnot bersten. Doch wir stiegen weiter, über Steilhänge und Felsspalten. An vielen Stellen mußten wir Mauerhaken einschlagen und Seile daran befestigen und konnten immer nur hoffen, an der gegenüberliegenden Wand einen festen Halt zu finden. Mitunter warfen wir einen Haken, an dem ein Seil befestigt war, über eine Felsspalte und kletterten, wenn der Haken im Gestein hielt, der Reihe nach am Seil hinüber. Wenn wir alle drüben waren, holten wir das Seil hinter uns wieder ein, indem wir durch gemeinsamen kräftigen Zug die zuerst angebrachte Sicherung und Verankerung am anderen Seilende lösten. Manchmal gelang es uns nicht, auf der anderen Seite für den Haken einen festen Halt zu finden. Dann band einer von uns sich das an der höchsterreichbaren Stelle der Wand verankerte Seil um den Leib und versuchte, sich zur gegenüberliegenden Wand hinüberzuschwingen, indem er den Pendelausschlag mit jedem Schwung vergrößerte. Sobald es ihm gelang, auf der anderen Seite Fuß zu fassen, kletterte er dort empor, möglichst bis zu einer Höhe, in der das Seil sodann horizontal über die Felsspalte gespannt werden konnte. Dieser Aufgabe unterzogen wir uns abwechselnd, denn sie war sehr anstrengend und gefährlich. Einer der Mönche fand dabei den Tod. Er war an der herübenliegenden Wand sehr hoch hinaufgeklettert und pendelte am Seil mit starkem Schwung hinüber. Offenbar hatte er den Schwung unterschätzt, denn er prallte mit furchtbarer Gewalt an der gegenüberliegenden Wand an, so daß sein Kopf an den zackigen Felsen zerschmetterte. Wir zogen den Leichnam am Seil herauf und hielten eine Totenfeier für den Verunglückten. Da wir ihn in dem harten, felsigen Boden nicht begraben konnten, überließen wir ihn dem Wind, dem Regen und den Raubvögeln. Der Mönch, der nun als nächster an der Reihe war, fühlte sich sehr unbehaglich, daher trat ich an seine Stelle. Nach meinem Horoskop war ich überzeugt, daß mir keine Gefahr drohe, und mein Glaube erntete seinen Lohn. Vorsichtig – trotz der Voraussage – schwang ich mich hinüber und krallte mich mit den Fingern an einem Felszacken fest. Mit knapper Not gelang es mir, einen Halt zu finden und mich hinaufzuziehen, doch ich rang nach Atem und mein Herz hämmerte zum Zerspringen. Eine Weile blieb ich völlig erschöpft liegen, dann kletterte ich mühsam an der Felswand höher. Meine treuen Gefährten, die treuesten Freunde und Helfer, die es auf der Welt geben konnte, warfen mir die andere Seilhälfte so geschickt wie möglich zu. Nun hatte ich beide Seilenden herüben und sicherte das Seil, dann rief ich hinüber, sie sollten es fest anziehen und seine Tragkraft prüfen. So glitt einer nach dem andern herüber, mit Händen und Füßen das Seil umklammernd, die Gewänder flatterten im Wind, der zwar nur leise wehte, uns aber doch behinderte und uns das Atmen keineswegs erleichterte.

Auf der Höhe der Felswand angelangt, hielten wir kurze Rast und bereiteten Tee, der uns allerdings nicht wirklich erwärmte, weil der Siedepunkt des Wassers in dieser großen Höhe sehr niedrig lag. Immerhin ein wenig erholt, nahmen wir unsere Traglasten wieder auf und setzten unseren Weg durch ein furchtbar ödes Gelände fort. Bald stießen wir auf eine Eisdecke, vermutlich einen Gletscher, und der Weg wurde noch schwieriger. Wir hatten keine genagelten Schuhe, keine Eispickel, keine Bergsteigerausrüstung; unsere einzige »Ausrüstung« bestand aus unseren gewöhnlichen Filzschuhen mit einem Fellbelag an den Sohlen, der einigen Halt bot, und Seilen.

Da und dort ist in der tibetanischen Mythologie von einer kalten Hölle die Rede. Wärme ist eine Wohltat für uns, das Gegenteil die Kälte, daher die Vorstellung einer kalten Hölle. Auf dieser Hochgebirgswanderung erfuhr ich, was Kälte ist!

Drei Tage lang schleppten wir uns über das Eis dahin, erschauerten in dem rauhen Wind und wünschten, wir wären nie in diese unwirtliche Gegend gekommen; dann führte der Weg zwischen hohen Felswänden über den Gletscher bergab – stolpernd und immer wieder ausgleitend stiegen wir tiefer und tiefer – ohne zu wissen, was uns in der Tiefe erwartete. Einige Kilometer weiter machte der Gletscher in dem engen Tal eine Wendung um einen Bergsporn, und wir sahen plötzlich einen dichten weißen Nebel vor uns. Zuerst wußten wir aus der Entfernung nicht, ob es Schnee oder eine Wolkenwand sei, es war nur eine gleichmäßige weiße Fläche. Als wir näherkamen, sahen wir, daß es tatsächlich Nebel war, aus dem sich einzelne Fetzen lösten und abtrieben.

Der Lama Mingyar Dondup, der einzige von uns, der schon einmal hier in der Gegend gewesen war, lachte über uns: »Ihr seid ja eine recht traurige Gesellschaft, aber jetzt werdet ihr gleich vergnügter werden.«

Wir sahen nichts, was uns hätte vergnügen können. Nebel. Kälte. Eis unter den Füßen und ein eiskalter Himmel über unseren Häuptern. Zackige Felsen gleich den Fangzähnen in einem Wolfsgebiß, Felsen, an die wir im Nebel anrannten. Und da sagte mein Mentor, wir würden gleich »vergnügter werden«!

So suchten wir denn unseren Weg durch den kalten, feuchten Nebel und schleppten uns weiter, ohne zu wissen, wohin es ging. Wir zogen unsere Gewänder dicht um uns und bildeten uns ein, dadurch würde uns wärmer, zitterten und erschauerten aber vor Kälte. Vorwärts, nur immer vorwärts! Und plötzlich blieben wir stehen, wie versteinert vor Staunen und Schrecken: Der Nebel wurde *warm*, der Boden wurde *heiß*! Die Gefährten hinter uns, die ein paar Schritte zurückgeblieben waren und die Hand nicht vor den Augen sehen konnten, stießen stolpernd auf uns. Ein neuerliches Lachen des Lama Mingyar Dondup löste uns aus unserer Erstarrung, wir drangen wieder vorwärts, blind, immer hinter dem Mann her, der uns anführte und, da auch er nichts sah, mit einem vorgestreckten Stab den Weg abtastete. Wir strauchelten über Steine, Geröll glitt unter unseren Schuhen weg. Steine? Geröll? Doch wo war dann der Gletscher, das Eis? Ganz plötzlich wurde der Nebel dünn, wir waren durch und tappten einer nach dem andern hinaus – ins Freie? Oder wo waren wir? Als ich um mich sah, meinte ich, ich sei erfroren, gestorben und in die himmlischen Gefilde entrückt. Ich rieb mir die Augen – mit warmen Händen! Ich kniff mich in den Arm und klopfte mit meinen Knöcheln an einen Felsen, um zu sehen, ob ich lebte oder ein Geist sei. Aber dann blickte ich mich um: meine acht Gefährten waren auch da. Wir konnten doch nicht *alle* zugleich in den Himmel entrückt sein? Und wenn – wo war dann der zehnte geblieben, der an der Felswand den Tod gefunden hatte? Und waren wir *alle* der himmlischen Gefilde würdig, die sich vor uns ausbreiteten?

Kaum einige Minuten vorher hatten wir an der anderen Seite der Nebelwand vor Kälte gebebt. Jetzt rührte uns fast der Schlag vor Hitze. Die Luft flimmerte, der Boden dampfte. Zu unseren Füßen brach ein Bach unmittelbar aus der Erde, von Dampfwolken getrieben und begleitet. Grüne Wiesen lagen ringsum, grüner als ich je welche gesehen hatte. Breithalmiges Gras reichte uns bis zu den Knien. Wir standen da, völlig verwirrt und wie betäubt. Hier mußte irgendein Zauber walten, das konnten wir uns aus unserer bisherigen Erfahrung nicht erklären. Nun sagte der Lama Mingyar Dondup: »Wenn ich seinerzeit, als ich zum ersten Mal hierherkam, auch ein solches Gesicht machte wie ihr allesamt, dann muß ich schön ausgesehen haben! Ihr seht ja drein, als meintet ihr, die Eisgötter trieben einen Schabernack mit euch!«

Immer noch standen wir da und wagten uns nicht zu rühren. Mein Mentor fuhr fort: »Jetzt wollen wir über den Bach springen – aber *springen*! Denn das Wasser ist kochend heiß. Nicht gar weit von hier finden wir einen wirklich schönen Rastplatz.«

Er hatte recht wie immer. Kaum drei Meilen weiter lagerten wir uns auf dem moosbewachsenen Boden, nachdem wir unsere Gewänder abgelegt hatten, denn uns war zumute, als würden wir gebraten. Hier wuchsen Bäume, wie ich sie nie zuvor gesehen hatte und wahrscheinlich nie im Leben wieder sehen werde. Überall blühten Blumen in den lebhaftesten Farben. Lianen rankten sich an den Stämmen empor und hingen von den Zweigen herab. Ein wenig rechts von der lieblichen Lichtung, wo wir ruhten, erblickten wir einen kleinen See, auf dessen Oberfläche ein leises Kräuseln dann und wann verriet, daß sich Leben in ihm regte. Wir fühlten uns noch immer wie verzaubert und glaubten fest, wir seien an der Hitze zugrundegegangen und auf eine andere Daseinsebene entrückt. Oder durch die Kälte vorher? Wir wußten es nicht.

Das Laub der Bäume war üppig. Heute, da ich so viel gereist bin, würde ich sagen, es sei tropisch gewesen. Viele Arten von Vögeln lebten in den Kronen, die ich heute noch nicht kenne. Das ganze Gebiet war vulkanischer Boden. Heiße Quellen entsprangen da und dort, aus denen Schwefeldämpfe aufstiegen. Mein Mentor sagte, es gäbe, soweit ihm bekannt sei, im Hochland nur zwei solche Gebiete, und er belehrte uns, daß durch die Hitze im Erdinnern und die unterirdischen heißen Quellen das Eis schmelze und die hohen Felswände rings um den Talkessel die warme Luft nicht entweichen ließen. Der dichte weiße Nebel, durch den unser Weg hierhergeführt hatte, sei die Zone zwischen den warmen und den kalten Strömungen. Er erzählte auch, er habe riesige Tierskelette gesehen, von Tieren, die, als sie lebten, sechs bis neun Meter groß gewesen sein müßten. Später sah ich selbst solche Skelettreste.

Hier begegnete ich zum ersten Mal in meinem Leben einem Yeti. Ich war gerade damit beschäftigt, Kräuter zu sammeln, als irgend etwas mich aufblicken ließ. Und da stand in kaum zehn Meter Entfernung eines dieser Geschöpfe vor mir, von denen ich schon so viel gehört hatte. In Tibet drohen die Eltern unfolgsamen Kindern oft: »Sei artig, sonst holt dich ein Yeti!« Nun, meinte ich, würde mich der Yeti holen. Das behagte mir gar nicht. Wir sahen einander an, beide starr vor Schrecken, lange Zeit, endlos. Der Yeti reckte seinen Arm nach mir und ließ ein seltsames Miauen hören, wie eine kleine Katze. Der Schädel hatte kein Stirnbein, sondern wich über den dichten Brauen schräg zurück. Über dem stark fliehenden Kinn lagen derbe Kiefer mit großen, vorstehenden Zähnen. Doch die Schädelgröße entsprach, abgesehen von der kaum vorhandenen Stirn, durchaus der eines heutigen Menschen. Hände und Füße waren groß und ungeschlacht. Die Beine waren krumm, die Arme länger als normal. Mir fiel auf, daß das Geschöpf mit der Außenseite der Füße auftrat wie die Menschen. (Affen und andere Tiere verwandter Gattungen tun das nicht.)

Als ich den Yeti ansah und vielleicht eine erschrockene Bewegung machte, oder auch aus einem andern Grund, kreischte er auf, machte kehrt und suchte das Weite – mit Riesenschritten, es war eher ein Springen von einem Bein auf das andere. Auch ich lief davon, in anderer Richtung! Als ich später über meine Flucht nachdachte, war ich davon überzeugt, ich hätte den tibetanischen Rekord im Kurzstreckenlauf in einer Höhe von mehr als fünftausend Metern gebrochen!

Später sahen wir noch Yetis aus größerer Entfernung. Sie flüchteten, sobald sie unser ansichtig wurden, und wir vermieden es, sie auf irgendeine Weise zu reizen. Der Lama Mingyar Dondup erklärte uns, die Yetis seien eine frühe Abart der menschlichen Rasse, die sich anders entwickelt habe und nur in sehr einsamen Gebieten lebe. Nicht selten hörten wir gerüchtweise, daß einzelne Yetis aus dem Hochgebirge herunterkämen und in den von Menschen bewohnten Gegenden herumstreiften. Es geht auch die Rede, daß mitunter eine schutzlose Frau von einem männlichen Yeti entführt worden war. Vielleicht versuchen sie auf diese Weise, ihrer Art neues Blut zuzuführen. Einen solchen Vorfall bestätigten uns später einmal auch die Nonnen eines Ordens, die berichteten, eine ihrer Ordensschwestern sei eines Nachts von einem Yeti geraubt worden. Ich fühle mich indes nicht berufen, hierüber zu schreiben. Ich kann nur sagen, daß ich sowohl erwachsene Yetis wie auch solche in kindlichem Alter gesehen habe. Und außerdem auch Skelette von ihnen.

Man hat wiederholt Zweifel an der Wahrheit meiner Berichte über die Yetis geäußert. Verschiedene Autoren haben in ihren Büchern offensichtlich nur Vermutungen über sie vorgebracht, denn sie geben zu, selbst nie einen Yeti gesehen zu haben. Ich habe Yetis gesehen. Es ist noch nicht lange her, da lachte man Marconi aus, als er sagte, er werde mit Hilfe des Radios Nachrichten über den Atlantik senden. Wissenschaftler der westlichen Welt behaupteten nachdrücklich, der Mensch werde sich nie mit einer größeren Geschwindigkeit als fünfundsiebzig Kilometer je Stunde fortbewegen können, weil ihn der Luftzug töten würde. Unglaubhafte Gerüchte gingen um über einen angeblich noch lebenden »fossilen Fisch«. Seither bekamen die Wissenschaftler ihn zu Gesicht, fingen ihn und konnten ihn sezieren. Wenn man die gelehrten Herren aus dem Westen gewähren ließe, würden sie auch unsere armen alten Yetis fangen, sezieren und in Spiritus aufbewahren. Wir indes glauben, daß sie sich, von den Menschen verdrängt, ins Hochgebirge zurückgezogen haben und in anderen Gegenden bis auf wenige noch herumwandernde Exemplare ausgestorben sind. Man erschrickt, wenn man einem Yeti zum ersten Mal begegnet. Dann aber hat man Mitleid mit diesen armen Kreaturen einer längst vergangenen Zeit, die durch die Errungenschaften der Zivilisation zum Untergang verurteilt sind.

Ich bin gerne bereit, wenn die Kommunisten einmal wieder aus Tibet vertrieben sind, derartige Skeptiker auf einer Expedition zu begleiten und ihnen die Yetis im Hochgebirge wirklich zu zeigen. Die Gesichter all der geschäftstüchtigen Herren möchte ich gerne sehen, wenn sie einmal etwas erleben, von dem ihre merkantile Schulweisheit sich nichts träumen läßt. Sie mögen sich von Trägern begleiten lassen und ihre Sauerstoffgeräte mitnehmen – ich werde nur meine alte Mönchskutte anziehen. Ihre Fotoapparate werden die Wahrheit erhärten. Wir hatten damals in Tibet noch keine Fotoausrüstung.

In unseren alten Legenden heißt es, Tibet sei vor Jahrtausenden noch vom Meer umspült gewesen. Es ist erwiesen, daß man bei Grabungen immer noch fossile Fische und andere Seetiere findet. Auch die Chinesen glauben an solche Legenden. Auf der Stele des Yü, die einst auf dem Ku-lu, einem Vorgipfel des Mount Hêng in der Provinz Hu-pei, stand, ist zu lesen, daß der Große Yü (im Jahre 2278 v. Chr.) an seinem Hang rastete, nachdem er »die Wasser der Großen Flut« abgeleitet hatte, die damals ganz China mit Ausnahme der höchsten Erhebungen überschwemmte. Die Stele selbst ist, soviel ich weiß, nicht mehr vorhanden, doch mehrere Kopien befinden sich in Wu-ch'ang Fu, einem Ort in der Nähe von Han-kau. Auch im Tempel des Yu-lin bei Shaohsing Fu in der Provinz Chekiang wird eine Kopie aufbewahrt. Nach unserer Überlieferung war Tibet einst eine am Meer gelegene Tiefebene, doch infolge einer Erdkatastrophe, über die wir nichts Näheres wissen, versank ein großer Teil des Landes im Meer, während andere Teile zu einem hochgelegenen Bergland wurden.

Das Hochland von Chang-Tang ist reich an Fossilien, ein Beweis, daß hier einst die Meeresküste verlief. Riesige Muscheln in bunten Farben, seltsame Versteinerungen von Schwämmen und Korallenbänke sind überall zu finden. Auch Gold gab es einst hier, in großen Brocken, die man auflesen konnte wie Kieselsteine. Die Quellen und Bäche, die hier entspringen, sind teils kochend heiß, teils eiskalt. Es war eine Gegend phantastischer Gegensätze. Hier, wo wir rasteten, herrschte eine heiße, feuchte Treibhausatmosphäre, wie wir sie noch nirgends erlebt hatten; ein paar Meter weiter, jenseits der Nebelwand, eine bittere Kälte, in der kein Leben mehr gedieh und der Körper starr wurde wie Glas. Die seltensten Kräuter wuchsen hier, und ihretwegen waren wir ja hierhergekommen. Auch Früchte gab es, die wir nie zuvor gesehen hatten. Wir kosteten sie, sie schmeckten uns, und wir aßen sie mit Vergnügen – doch dann kam die Strafe. Schon während der Nacht und den ganzen nächsten Tag mußten wir Heilkräuter sammeln. Unsere Mägen waren an solche Kost nicht gewohnt. Daraufhin verzichteten wir auf die köstlichen Früchte!

Beim Aufbruch nahmen wir Kräuter und Pflanzen mit, soviel wir tragen konnten, und traten dann den Rückweg durch den Nebel an. Die Kälte jenseits war furchtbar. Wir wären alle lieber wieder umgekehrt und in dem herrlichen tropischen Tal geblieben. Einer der Lamas war der Kälte nicht mehr gewachsen. Nach ein paar Stunden brach er unterwegs zusammen, und obwohl wir sogleich Rast machten und ihn zu retten versuchten, kam alle Hilfe zu spät, und er ging während der Nacht hinüber in die himmlischen Gefilde. Wir taten, was wir konnten – die ganze Nacht hindurch versuchten wir, ihn zu erwärmen, wir legten uns zu beiden Seiten neben ihn, doch die bittere Kälte in dieser unwirtlichen Gegend war unbarmherzig. Er schlief ein und erwachte nicht mehr. Wir verteilten die Last, die er getragen hatte, unter uns, obwohl wir geglaubt hatten, es nicht mehr aushalten zu können. Über das schimmernde Gletschereis schleppten wir uns mühselig dahin. Die herrliche Wärme in dem paradiesischen Talkessel hatte uns völlig unserer Kräfte beraubt, und wir hatten nicht mehr genug Proviant. In den letzten zwei Marschtagen bis zu dem Rastplatz, wo wir die Maultiere zurückgelassen hatten, hatten wir nichts mehr zu essen und auch keinen Tee mehr.

Nur noch ein paar Meilen vor dem Ziel brach wieder einer der Männer zusammen und konnte sich nicht mehr erheben. Kälte, Hunger und die Anstrengungen des Marsches hatten uns wieder eines unserer Gefährten beraubt. Wieder war einer von uns gegangen. Wir näherten uns dem Ausgangslager. Vier Mönche erwarteten uns, sie kamen uns entgegen und halfen uns über die letzten hundert Schritte, das Lager zu erreichen. Nur vier. Der fünfte hatte sich bei schlechtem Wetter hinausgewagt, und der Sturm hatte ihn in den Abgrund geschleudert. Ich legte mich am Rand des Felskessels auf den Bauch, ließ mich an den Füßen halten, um nicht abzustürzen, und blickte hinunter. Da sah ich ihn ein paar hundert Meter tiefer liegen, in seinem roten Mönchsgewand, das nun auch von seinem Blut gerötet war.

Während der nächsten drei Tage ruhten wir und versuchten, wieder einigermaßen zu Kräften zu kommen. Nicht nur Müdigkeit und Erschöpfung zwangen uns zur Ruhe, sondern auch der Wind, der gellend zwischen den Felswänden tobte, das kleine Geröll vor sich hertrieb und Schwaden von scharfem Staub in unsere Höhle blies. Er peitschte das Wasser in dem kleinen Bach auf und trug es als feinen Sprühregen fort. Nachts heulten die Sturmböen rings um uns gleich raubgierigen Dämonen, die nach unserem Fleisch gelüstete. Von irgendwo in der Nähe ertönte ein Brausen und Poltern, gefolgt von einem erderschütternden dumpfen Fall. Wieder einmal hatte ein riesiger Felsblock auf dem Bergkamm der Gewalt des Windes und des Wassers nicht mehr widerstanden und abstürzend einen Erdrutsch verursacht. Am frühen Morgen des zweiten Tages, ehe noch das erste Licht das Tal unten erreichte und erst nur der Widerschein der Dämmerung über den Bergen zu uns drang, löste sich ein großer Felsblock von dem Gipfel über uns. Wir hörten ihn stürzen und drängten uns zusammen, indem wir uns so klein machten wie möglich. Mit einem Getöse, als nahten sich die Teufel auf ihren Höllenwagen vom Himmel her, kam er herunter, von einer Steinlawine begleitet, und ging mit furchtbarem Krachen, unter dem die Erde erbebte, auf die Felsplatte vor uns nieder. Der ganze Felskessel erzitterte und schien zu schwanken, und ein Randstreifen in drei oder vier Meter Breite brach ab und ging in die Tiefe. Erst Sekunden später ertönte von unten der Widerhall des fallenden Gesteins. Nun war unser toter Gefährte begraben.

Das Wetter schien immer schlechter zu werden. Wir beschlossen, am folgenden Morgen zeitig aufzubrechen, ehe wir hier von der Welt abgeschnitten wurden. Sorgfältig überholten wir unsere Ausrüstung – soweit wir eine besaßen. Wir prüften die Seile und untersuchten die Maultiere, ob sie nicht irgendwelche wunde Stellen oder Verletzungen hätten. Am nächsten Tag bei Morgengrauen flaute der Sturm ein wenig ab. Doch von den fünfzehn, die die Wanderung so frohgemut angetreten hatten, waren wir nun nur noch elf. Tag um Tag wanderten wir mühselig weiter, wund an den Füßen und müde. Die Maultiere trugen die Säcke mit den Kräutern. Langsam zogen wir dahin. Zeit bedeutete uns nichts. In dumpfer Müdigkeit schleppten wir uns fort. Wir hatten unsere Rationen auf die Hälfte einschränken müssen und litten dauernd Hunger.

Endlich tauchten die Seen wieder vor uns auf, und wir sahen zu unserer großen Freude, daß eine Yakherde in ihrer Nähe graste. Die Viehhändler, die mit ihr unterwegs waren, bewillkommneten uns, boten uns Essen und Tee an und taten, was sie konnten, um unsere Müdigkeit zu lindern. Wir waren zerlumpt und zerschlagen. Unsere Gewänder hingen in Fetzen und unsere Füße waren blutig, wo die großen Blasen aufgesprungen waren. Doch wir waren im Hochland Chang-Tang gewesen und kehrten heim – wenn auch nicht alle. Mein Mentor hatte die Gegend nun schon zum zweiten Mal besucht, vielleicht der einzige Mensch auf der Welt, der *zwei* so große Wanderungen gemacht hatte.

Die Händler bemühten sich sehr um uns. Im Dunkel der Nacht um das Feuer aus Yakdung hockend, wiegten sie die Köpfe voll Erstaunen, als wir ihnen unsere Erlebnisse erzählten. Wir wiederum lauschten mit viel Gefallen *ihren* Berichten von ihren Wanderungen nach Indien und von Begegnungen mit anderen Händlern aus Hindukusch. Ungern trennten wir uns von diesen Männern und hätten gewünscht, sie wären in unserer Richtung mit uns weitergewandert. Sie waren erst kürzlich von Lhasa aufgebrochen, und wir kehrten nun dahin zurück. So nahmen wir denn am Morgen mit vielen gegenseitigen guten Wünschen Abschied voneinander.

Es gibt viele Mönche, die mit Händlern nicht verkehren wollen, doch der Lama Mingyar Dondup lehrte, alle Menschen seien gleich: Rasse, Farbe und Glaube hätten nichts zu bedeuten. Einzig die Absichten und Handlungen eines Menschen zählten.

Nun waren wir wieder bei Kräften und wanderten der Heimat zu. Das Land wurde grüner und fruchtbarer, und schließlich erblickten wir von ferne die schimmernden Golddächer des Potala und unser Bergkloster Chakpori, das noch ein wenig höher aufragte. Maultiere sind kluge Geschöpfe – die unseren beeilten sich immer mehr, auch nach Hause zu kommen, nach Shö, und zerrten so fest am Zügel, daß wir Mühe hatten, sie zurückzuhalten. Man hätte meinen können, *sie* seien in Chang-Tang gewesen und nicht wir!

Voll Freude stiegen wir den steinigen Weg zum Eisen-Berg empor – voll Freude, aus Chambala zurück zu sein, wie wir den kalten hohen Norden zu nennen pflegen.

Nun folgte für uns eine Zeit der Begrüßungsempfänge da und dort, zuerst jedoch mußten wir Seiner Heiligkeit unseren Besuch abstatten. Was er sprach, war sehr lehrreich und gedankenvoll. »Ihr habt vollbracht, was auch ich gerne vollbrächte, und gesehen, was auch ich leidenschaftlich gerne zu sehen wünschte. Hier halte ich die ›All-Macht‹ in Händen, und doch bin ich ein Gefangener meines Volkes. Je größer die Macht, desto geringer die Freiheit; je höher der Rang, desto mehr ist man nur Diener. Gerne gäbe ich dies alles hin, um das zu sehen, was ihr gesehen habt.«

Er verlieh dem Lama Mingyar Dondup als dem Leiter der Expedition die Ehrenschärpe mit dem dreifachen roten Knoten. Ich, als der jüngste Teilnehmer an der Expedition, erfuhr eine ähnliche Ehrung. Ich wußte wohl, daß mit einer Ehrung des Ältesten und des Jüngsten vor allem auch alle andern Teilnehmer gemeint waren.

Während der nächsten Wochen besuchten wir eine Reihe anderer Lamaserien, um dort Vorträge zu halten, besondere Heilkräuter zu verteilen und wohl auch, weil man mir Gelegenheit geben wollte, andere Orte in Tibet kennenzulernen. Zuerst mußten wir »Die Drei Sitze« besuchen, die Klosterstädte Drepung, Sera und Ganden, dann ging es weiter ins Land hinaus, nach Dorje-thag und nach Samje, die beide etwa fünfundsechzig Kilometer von Lhasa an dem Fluß Tsang-Po liegen. Auch die Lamaserie Samden, in etwa viertausenddreihundert Meter Höhe zwischen dem Düme- und dem Yamdok-See gelegen, besuchten wir. Es war ein erhebendes Erlebnis, dem Laufe unseres heimatlichen Flusses, des Kyi-Chu, zu folgen. Für uns hieß er mit Fug und Recht: »der Fluß der Glückseligkeit«.

Während der ganzen Zeit war mein Unterricht fortgesetzt worden, während des Rittes, wenn wir unterwegs rasteten und wenn wir irgendwo ein paar Tage Ruhe genossen. Nun rückte jedoch die Zeit meiner Prüfung für die Würde eines Lama immer näher, und so kehrten wir wieder nach Chakpori zurück, damit ich nicht mehr abgelenkt würde.

DIE LAMAWÜRDE

Nun wurde mir gründliche Übung und Ausbildung in der Fähigkeit astraler Wanderung zuteil, bei welcher der Geist oder das Ich den Körper verläßt und mit dem irdischen Leben nur durch die Silberne Schnur verbunden bleibt. Vielen Menschen fällt es schwer zu glauben, daß wir auf solche Weise zu wandern vermögen. Aber jeder Mensch tut es, wenn er schläft. Im Westen geschieht dies fast immer unwillkürlich; im Osten vermögen es die Lamas bei vollem Bewußtsein. Daher haben sie eine lückenlose Erinnerung an das, was sie getan und gesehen haben, und an die Orte, wo sie weilten. Im Westen haben die Menschen diese Fähigkeit verloren und meinen daher, wenn sie wieder erwachen, sie hätten einen »Traum« gehabt.

In allen Ländern kannte man einst diese astralen Wanderungen. In England heißt es allgemein, daß »Hexen fliegen können«. Besenstiele sind dazu nicht erforderlich, außer als Mittel der Bekräftigung für das, was die Menschen durchaus nicht glauben *wollen.* In den USA sagt man, die »Geister der roten Männer« könnten fliegen. In allen Ländern, überall in der Welt, gibt es ein allmählich in Vergessenheit geratenes Wissen um solche Dinge. Ich lernte die Kunst. Jeder kann sie lernen.

Auch die Telepathie ist eine Fähigkeit, die leicht zu beherrschen ist, aber nicht zum Zweck öffentlicher Vorführungen. Erfreulicherweise wird dieses Phänomen heute mehr und mehr anerkannt. Ebenso wird die Hypnose im Osten vielfach angewendet. Ich habe wiederholt schwierigere Operationen an hypnotisierten Patienten vorgenommen, wie zum Beispiel Beinamputationen oder andere ähnliche ernste chirurgische Eingriffe. Der Patient spürt nichts, er leidet nicht und er erwacht in besserer gesundheitlicher Verfassung, weil er nicht an den Nachwirkungen der sonst üblichen Narkose zu leiden hat. Wie ich höre, wird die Hypnose jetzt auch in England in begrenztem Umfang angewendet.

Sich unsichtbar zu machen, ist schon eine höhere Fähigkeit. Es ist gut, daß sie nur sehr, sehr wenige besitzen. Das Prinzip ist einfach, die Ausübung ist schwierig. Was ist es, das die Aufmerksamkeit auf einen Menschen lenkt? Vielleicht ein Geräusch, eine rasche Bewegung oder ein plötzlicher visueller Eindruck? Geräusche und rasche Bewegungen fallen auf, sie lenken die Aufmerksamkeit auf sich. Eine Person, die ganz still sitzt, übersieht man leicht, ebenso jenen Menschentyp, dem man im Alltag häufig zu begegnen gewöhnt ist. Zum Beispiel der Briefträger; da heißt es oft: »Niemand war da« – und doch hat er die Post gebracht. Was hat es nun für eine Bewandtnis mit einem unsichtbaren Menschen? Oder mit einem, dessen Anblick so alltäglich und vertraut ist, daß man ihn gar nicht mehr »sieht« oder bemerkt? (Einen Polizisten bemerkt jeder Mensch, weil fast jeder Mensch ein schlechtes Gewissen hat!) Um sich unsichtbar zu machen, muß man jede Aktivität abschalten, *auch die Energiewellen, die vom Gehirn ausgehen.* Wenn das Gehirn, ein physisches Organ, in Tätigkeit ist (denkt), dann wird jeder andere Mensch, der sich in der Nähe befindet, von ihm telepathisch affiziert (er sieht) – und mit der Unsichtbarkeit ist es vorbei. In Tibet gibt es Menschen, die sich nach Belieben unsichtbar machen können, weil sie imstande sind, die Wellen, die von ihrem Gehirn ausgehen, abzuschirmen. Vielleicht ist es ein Glück, daß ihrer nur so wenige sind.

Die Fähigkeit der Levitation *kann* ausgebildet werden, und viele erlernen sie, wenigstens was ihre praktische Methode anbelangt. Es ist eine plumpe Methode auf diesem Gebiet, die einen erheblichen Kräfteaufwand erfordert. Der echte Adept bevorzugt die astrale Wanderung, die im Grunde eine einfache Sache ist – vorausgesetzt, daß man einen guten Lehrer hat. Ich hatte einen guten Lehrer und konnte (und kann) astrale Wanderungen unternehmen. Mich unsichtbar machen konnte ich *nicht*, obwohl ich mich sehr darum bemühte. Es wäre wunderbar gewesen, wenn ich spurlos hätte verschwinden können, sooft mir etwas Unangenehmes bevorstand, doch das war mir versagt. Ich hatte auch, wie ich schon berichtete, keinerlei musikalische Begabung. Mein Gesang erweckte den Zorn des Musikmeisters, doch der war nichts gegen seinen Zorn, wenn ich versuchte, die Becken zu schlagen – weil ich der Meinung war, das müsse ein jeder können – und mitunter einem unglücklichen Mönch, der vor mir saß, die Becken um die Ohren schlug. Man riet mir, ziemlich unfreundlich, beim Hellsehen und bei der Medizin zu bleiben ...

Wir wurden auch im Yoga unterwiesen – kein unbekannter Begriff für die westliche Welt.

Der Yoga ist ohne Zweifel ein bedeutsames, wissenschaftlich begründetes Exerzitium, das einen Menschen ungeheuer fördern kann. Doch ist er, meiner Meinung nach, den Menschen in den westlichen Ländern ohne entsprechende Modifikation nicht zuträglich. Uns sind die wissenschaftlichen Grundlagen des Yoga seit Jahrhunderten bekannt, und wir lernen von frühester Jugend an die dafür erforderlichen Körperhaltungen. Unsere Glieder, unser Skelett, unsere Muskeln sind für den Yoga trainiert. Wenn irgendein Mensch im Westen, etwa im mittleren Alter, die vorgeschriebenen Körperhaltungen einzunehmen versucht, kann er sich unter Umständen einen Schaden tun. Dies ist nur meine Meinung als Tibetaner, doch ich möchte jedermann warnen, die Yogaübungen ohne entsprechende Abänderung und Anpassung an seine persönliche Konstitution durchzuführen. Dazu, ich wiederhole es, bedarf es eines tüchtigen, erfahrenen Lehrers, der in der männlichen und weiblichen Anatomie vollkommen bewandert ist, wenn man eine körperliche Schädigung vermeiden will. Nicht nur durch die Körperhaltungen, sondern auch durch die Atemübungen können solche Schädigungen entstehen.

Das Atemtraining ist das wesentliche Geheimnis vieler besonderer Phänomene, die wir in Tibet kennen. Doch es kann, wie schon gesagt, ohne einen erfahrenen Lehrer sehr schädlich, ja sogar tödlich sein. Viele Weltreisende haben von den »Schnelläufern« berichtet, jenen Lamas, die imstande sind, ihr Körpergewicht aufzuheben (was nichts mit Levitation zu tun hat) und stundenlang in großer Geschwindigkeit lange Strecken zu laufen, wobei sie den Boden mit den Füßen kaum berühren. Das erfordert viel Übung, und der »Läufer« befindet sich dabei in Halbtrance, in einem Zustand, der dem eines Schlafwandlers ähnelt. Er hält sein Drittes Auge unverwandt auf sein Ziel gerichtet und sagt das Mantra, das ihn zum Ziel führt, ununterbrochen vor sich her. So läuft er stundenlang und kommt ohne jede Ermüdung am Ziel an. Diese Methode ist nur durch einen einzigen Umstand der astralen Wanderung überlegen. Diese vollzieht sich auf rein geistiger Ebene und steht außerhalb jedes Zusammenhangs mit materiellen Objekten, man kann daher zum Beispiel sein Gepäck nicht mitnehmen. Der Arjopa jedoch, wie wir den »Schnelläufer« nennen, kann seine normale Last tragen. Dafür muß er andere Nachteile in Kauf nehmen.

Richtiges Atmen befähigt den tibetanischen Adepten, in einer Höhe von fünftausend Metern vollkommen nackt auf dem Eis zu sitzen und doch warm zu bleiben, so warm, daß der Schnee unter ihm schmilzt und seine Hautatmung unbehindert vonstatten geht.

Eine kleine Abschweifung: Eines Tages sagte ich zu jemand, ich hätte dies selbst einmal in fünfeinhalbtausend Meter Höhe versucht. Mein Zuhörer fragte mich ganz ernsthaft: »Hattest du dabei eingeatmet oder ausgeatmet?«

Hat einer meiner Leser jemals versucht, einen schweren Gegenstand zu heben, wenn die Lungen leer sind? Er möge es einmal versuchen und wird merken, daß dies fast unmöglich ist. Wenn er hingegen tief einatmet und dann den Atem anhält, wird es ihm leicht gelingen. Oder wenn du erschrickst oder zornig bist, dann hole tief Atem, so tief du kannst, und halte den Atem zehn Sekunden lang an. Dann atme langsam aus. Wiederhole dies mindestens dreimal und du wirst merken, daß dein Herzschlag sich verlangsamt und du dich beruhigst. Solche Versuche kann jedermann gefahrlos vornehmen. Die Atemübungen, in denen ich geschult war, halfen mir später, die Martern der Japaner auszuhalten und noch mehr Martern, als ich ein Gefangener der Kommunisten war. Die Japaner, wenn sie sich am schlimmsten betragen, sind noch vornehme Herren, verglichen mit den Kommunisten. Ich habe die einen wie die andern von ihrer übelsten Seite erlebt.

Nun war die Zeit gekommen, da ich meine eigentliche Prüfung für die Würde eines Lama ablegen sollte. Der Dalai Lama hatte mir vorher seinen Segen erteilt. Jahr für Jahr segnet er jeden Mönch in Tibet persönlich, nicht alle in ihrer Gesamtheit, wie es etwa der Papst in Rom tut. Die meisten berührt er mit einer an einem Stab befestigten seidenen Quaste. Solche, denen er wohlgesinnt ist, oder Mönche von höherem Rang berührt er mit einer Hand an der Stirn. Wen er ganz besonders schätzt, den segnet er, indem er ihm beide Hände auflegt. Zum ersten Mal tat er dies bei mir und sagte leise: »Du hältst dich gut, junger Mann, mach es noch besser bei deiner Prüfung. Rechtfertige das Vertrauen, das wir in dich gesetzt haben.«

Drei Tage vor meinem sechzehnten Geburtstag meldete ich mich mit vierzehn anderen Kandidaten zur Prüfung. Die »Prüfungszellen« schienen mir diesmal noch kleiner – vielleicht weil ich selber größer geworden war. Wenn ich auf dem Boden lag und meine Füße an die eine Wand anstießen, konnte ich die andere Wand mit den Händen über meinem Kopf berühren, ohne die Arme auszustrecken, denn dazu war kein Platz mehr. Die Zellen waren quadratisch und die vordere Wand gerade so hoch, daß ich, wieder mit erhobenen Armen, bis zu ihrer Höhe hinaufreichen konnte. Die hintere Wand war doppelt so hoch wie ich. Die Zelle hatte oben keine Decke, so hatten wir doch wenigstens frische Luft! Wieder wurden wir durchsucht, ehe wir eintraten, und alles, was wir mitnehmen durften, war unsere hölzerne Schale, unser Rosenkranz und Schreibutensilien. Nach Beendigung der Durchsuchung durch die Aufseher wurden wir jeder einzeln in eine Zelle geführt, die Tür hinter uns geschlossen und der Riegel vorgeschoben. Dann kamen der Abt und der Prüfungsleiter und brachten an jeder Tür ein großes Siegel an, so daß sie nicht geöffnet werden konnte. Ein Schubfenster von einigen Zoll im Quadrat war nur von außen zu öffnen. Durch dieses erhielten wir an jedem Morgen die Prüfungsfragen, deren Beantwortung bei Eintritt der Dämmerung eingesammelt wurde. Auch Tsampa erhielten wir auf dem gleichen Wege einmal im Tag. Gebutterten Tee konnten wir haben, soviel wir wollten, wir brauchten nur zu rufen: »Pö-cha kesho!« (bringt mir Tee). Da wir die Zelle unter keinerlei Vorwand verlassen durften, tranken wir nicht zuviel!

Mein Verbleib in der Zelle sollte zehn Tage dauern. Meine Prüfungsfächer waren Heilkräuterlehre, Anatomie, ein Gegenstand, in dem ich schon sehr vorgeschrittene Kenntnisse besaß, und Theologie. Diese Fächer hielten mich während fünf schier endlos scheinenden Tagen vom Morgen bis zum Abend in Atem. Der sechste Tag brachte Abwechslung und Aufregung. Aus einer nahegelegenen Zelle ertönte Jammern und Schreien – Hin- und Herlaufen und Stimmengewirr. Das Klappen einer Holztür, die entriegelt wurde. Beschwichtigendes Flüstern. Dann hörte das Jammern auf und nur noch ein Stöhnen war zu hören. Für einen Kandidaten war die Prüfung beendet. Für mich begann erst ihr zweiter Teil. Eine Stunde verspätet erhielt ich die Prüfungsfragen für den sechsten Tag. Metaphysik. Yoga. Seine neun Arten. Und die mußte ich alle behandeln.

Fünf Arten sind im Westen einigermaßen bekannt. Der Hatha-Yoga lehrt die Beherrschung des Körpers, des »Fahrzeugs«, wie wir zu sagen pflegen. Der Kundali-Yoga verleiht seelische Kräfte, Hellsichtigkeit und ähnliche Fähigkeiten. Der Laya-Yoga lehrt den Gebrauch des Verstandes, darunter die Fähigkeit, sich stets an das zu erinnern, was man je gelesen oder gehört hat. Der Raja-Yoga dient der Vorbereitung transzendentalen Wissens und transzendentalen Bewußtseins. Der Samadhi-Yoga führt zur höchsten Erleuchtung und befähigt den Menschen, den Sinn und Plan der Schöpfung jenseits des irdischen Lebens zu erahnen. Mit seiner Hilfe vermag der Mensch, wenn er aus dem irdischen Leben scheidet, der Größeren Wirklichkeit teilhaft zu werden und dem Kreislauf der Wiedergeburten zu entgehen, wenn er nicht selbst in einer bestimmten Absicht in das irdische Leben zurückkehren will, etwa um anderen Menschen auf irgendeine Weise zu helfen. Die anderen Arten des Yoga kann ich hier nicht erörtern, vor allem weil ich keine fremde Sprache genügend beherrsche, um ihrem tieferen Sinn einigermaßen gerecht zu werden.

Ich saß also noch fünf Tage lang in meiner Zelle wie eine brütende Henne. Doch auch eine zehntägige Prüfung geht schließlich zu Ende, und als der Lama am zehnten Abend unsere letzten Arbeiten einsammelte, begrüßte ihn wohl jeder von uns mit einem Lächeln der Erleichterung. An diesem Abend bekamen wir zum üblichen Tsampa etwas Gemüse, eine erste angenehme Abwechslung in unserer Kost seit zehn Tagen. In dieser Nacht schlief ich zum ersten Mal ruhig. Ich hatte zwar nie Angst gehabt, die Prüfung nicht zu bestehen, aber der Rang, den ich bei der Prüfung erhalten würde, hatte mir doch Sorge gemacht, denn man erwartete von mir, daß ich einer der ersten sein werde. Am nächsten Morgen wurden die Türen entsiegelt und entriegelt und wir durften die Zellen verlassen, nachdem wir sie gereinigt hatten. Eine Woche lang durften wir uns von der anstrengenden Prüfung erholen. Dann folgten die Judo-Übungen, die zwei Tage dauerten und in deren Verlauf wir unsere Geschicklichkeit in allen Griffen, auch in dem Nackengriff, der das Bewußtsein vorübergehend ausschaltet, zeigen mußten. In den folgenden zwei Tagen wurden wir noch einer mündlichen Prüfung über alle jene Fragen unterzogen, deren Beantwortung in unseren schriftlichen Arbeiten gewisse Schwächen vermuten ließ. Alle Kandidaten ohne Ausnahme wurden zwei Tage lang geprüft. Dann verging wieder eine Woche, die wir je nach unserem Temperament geduldig oder ungeduldig verbrachten, ehe wir das Prüfungsergebnis erfuhren. Zu meiner unverhohlenen Freude war ich auch diesmal wieder der erste. Ich freute mich aus zwei Gründen: weil sich der Lama Mingyar Dondup als der beste Lehrer erwiesen hatte und weil ich nun wußte, der Dalai Lama werde mit meinem Lehrer und mit mir zufrieden sein.

Einige Tage später, als der Lama Mingyar Dondup mir in seinem Zimmer eben Unterricht erteilte, flog die Tür auf und ein Bote stürzte mit heraushängender Zunge und starren Augen keuchend herein. Er trug, um sich auszuweisen, den üblichen Botenstab. »Von Seiner Heiligkeit«, stammelte er, »für den ehrwürdigen Lama der ärztlichen Kunst Dienstag Lobsang Rampa.« Mit diesen Worten holte er aus seinem Gewand den in eine seidene Begrüßungsschärpe gehüllten Brief hervor. »Ehrwürdiger Herr, ich bin, so schnell ich konnte, hergelaufen!« Seines Auftrags ledig, machte er kehrt und rannte wieder davon – um zu seinem Becher Chang zu kommen!

Die Botschaft – nein, ich wollte sie nicht öffnen! Wohl

war sie an mich gerichtet ... aber was konnte sie enthalten? Wieder neue Studien? Wieder neue Arbeit? Sie schien sehr umfangreich und höchst offiziell zu sein. Solang ich sie nicht öffnete, konnte ich nicht wissen, was darin stand, und niemand konnte mir einen Vorwurf machen, daß ich dies oder jenes unterlassen hätte. Das etwa war mein erster Gedanke. Mein Mentor saß neben mir und lachte, daher reichte ich ihm den Brief samt Schärpe und Umhüllung. Er nahm ihn und löste die Hülle. Zwei gefaltete Bogen waren darin, er entfaltete sie und las, absichtlich recht langsam, um mich auf die Folter zu spannen. Als ich schließlich meine fieberhafte Ungeduld nicht mehr bezähmen konnte, sagte er: »Es ist alles in Ordnung, du darfst ruhig atmen. Wir müssen zum Potala gehen und uns sobald als möglich beim Dalai Lama melden. Das heißt: sofort, Lobsang. Hier steht, daß ich auch mitkommen soll.« Er schlug den Gong, der neben ihm stand, und beauftragte den Aufwärter, der eintrat, man möge unverzüglich zwei Schimmel für uns satteln. Wir wechselten rasch unsere Gewänder und wählten zwei unserer schönsten weißen Schärpen aus, dann suchten wir miteinander den Abt auf, um ihm zu melden, daß wir zu Seiner Heiligkeit beordert seien. »In den Potala – so, so? Gestern war er in Norbu Linga. Na, wenn es in dem Brief steht, wird's schon richtig sein. Das ist ja höchst offiziell.«

Im Hofe führten uns die stalldiensttuenden Mönche die Pferde vor. Wir saßen auf und ritten den Bergweg hinab. Gleich darauf mußten wir wieder bergauf reiten, zum Potala, es war kaum der Mühe wert, daß wir die Pferde bestiegen hatten. Der einzige Vorteil war, daß wir nicht zu Fuß den Berg über die Treppen ersteigen mußten. Mehrere Diener erwarteten uns bereits, sie versorgten unsere Pferde, sobald wir abgesessen waren, und wir wurden zu den Privatgemächern Seiner Heiligkeit geleitet. Ich trat allein ein, vollzog die Begrüßungszeremonie und überreichte meine Schärpe.

»Setz dich, Lobsang«, sagte der Dalai Lama. »Ich bin sehr zufrieden mit dir und sehr zufrieden mit Mingyar, weil er an deinem Erfolg so großen Anteil hat. Ich habe deine sämtlichen Prüfungsarbeiten persönlich gelesen.«

Darüber erschrak ich. Einer meiner vielen Fehler war, wie man mir gesagt hatte, daß ich meiner Ironie oft an falscher Stelle die Zügel schießen ließ. Bei der Beantwortung der Prüfungsfragen hatte ich mich dessen des öfteren nicht enthalten können, weil mich manche Fragen dazu herausforderten. Der Dalai Lama erriet meine Gedanken, denn er lachte herzlich und sagte: »Ja, dein Humor meldet sich manchmal zur Unzeit, aber...« hier folgte eine lange Pause, während der ich schon das Schlimmste befürchtete, »... doch mir haben alle deine Antworten sehr gut gefallen.«

Zwei Stunden lang war ich bei ihm. Im Verlauf der zweiten Stunde ließ er meinen Mentor zu sich bitten und gab ihm Anweisungen für meinen weiteren Unterricht. Ich sollte mich der Zeremonie des »Kleinen Todes« unterziehen, dann mit dem Lama Mingyar Dondup andere Lamaserien besuchen und schließlich Studien bei den Leichenöffnern machen. Da diese auf Grund ihres Gewerbes einer niederen Kaste angehörten, übergab mir der Dalai Lama einen Ausweis, daß ich trotz meiner Lamawürde mit ihnen verkehren dürfe. Der Ausweis enthielt auch eine Empfehlung, »man möge mir alle mögliche Unterstützung gewähren, die Geheimnisse des Körpers zu erforschen, die Todesursache zu ergründen, und mir jeden Leichnam oder einzelne Leichenteile zum Zweck des Studiums überlassen.« Das war es also!

Ehe ich mehr über unsere Leichenbestattung berichte, ist es vielleicht angebracht, noch einiges über die in Tibet herrschende Einstellung zum Tod im allgemeinen zu sagen. Sie ist ganz verschieden von der Einstellung der westlichen Völker. Für uns ist der Körper nur eine »Hülle«, das materielle Kleid eines unsterblichen Geistes. Ein Leichnam bedeutet uns nicht mehr, als ein altes, abgetragenes Gewand. Stirbt ein Mensch eines natürlichen Todes, das heißt, nicht durch plötzliche, unerwartete äußere Einwirkung, dann sehen wir darin ein Anzeichen, daß der Körper bereits krank und geschwächt und für den Geist nicht mehr tauglich war, seiner weiteren Belehrung im Erdenleben zu dienen. Daher ist für den Geist die Zeit gekommen, das Gewand abzustreifen. Ganz allmählich löst er sich aus dem Körper und verläßt ihn. Die ätherische Form hat die gleiche äußere Gestalt wie ihr materielles Ebenbild, und ein Hellsichtiger kann sie deutlich wahrnehmen. Im Augenblick des Todes wird die Verbindung zwischen dem physischen und dem ätherischen Körper immer dünner und löst sich schließlich völlig (die »Silberne Schnur« der christlichen Bibel), und der Geist entschwebt. Der Tod ist eingetreten, zugleich aber die Wiedergeburt in einem neuen Leben, denn die »Schnur« ist mit der Nabelschnur zu vergleichen, die durchschnitten wird, um das Kind vom Mutterleib zu trennen und es seinem Eigenleben zu überantworten. Im Augenblick des Todes erlischt auch die Aura, der Widerschein der Lebenskraft, rings um das Haupt des Sterbenden. Ein Hellsichtiger kann auch sie wahrnehmen – »die goldene Schale«, wie es in der christlichen Bibel heißt. Ich bin kein Christ und kenne die Bibel nicht genau, doch ich glaube, es gibt dort ein Zitat, welches lautet: »Auf daß die Silberne Schnur nicht zerrissen und die Goldene Schale nicht zerbrochen werde.«

Drei Tage, sagen wir, braucht der Körper, um wirklich zu sterben, bis alles physische Leben erlischt und der Geist, die Seele, das Ich frei wird von seiner fleischlichen Hülle.

Wir glauben, daß das Individuum während seines Erdendaseins ein ätherisches Ebenbild aus seinem Innern heraus gestaltet, und dieses ätherische Ebenbild kann nun zu einem selbständigen geistigen Wesen werden. Jeder von uns hat sicherlich schon die Beobachtung gemacht, daß man, wenn man in ein starkes Licht blickt, dann, wenn man die Augen abwendet, das Licht immer noch sieht. Wir sind der Meinung, das Leben sei ein elektrisches Kraftfeld, und das ätherische Ebenbild, das nach dem Tode noch zurückbleibt, gleiche dem Licht, das man immer noch sieht, wenn man auch nicht mehr in die Lichtquelle blickt, oder das elektrische Feld des Individuums sei immer noch vorhanden. Wenn der Verstorbene sehr am Leben hing, dann kehrt er auch als Geist wieder und versucht sich in die Angelegenheiten seiner Familie einzumischen. Ein Geiziger zum Beispiel hängt so an seinen zurückgelassenen Schätzen, daß sie ihm auch im Tode keine Ruhe lassen. Als er starb, war sein letzter Gedanke vielleicht sein Geld, und der läßt ihn nun auch im Jenseits nicht ruhen. Sein glücklicher Erbe fühlt sich in der Nacht unbehaglich. Er schreckt bei dem Gedanken auf: »Dem alten Geizkragen läßt sein Geld keine Ruhe!« Ja, er hat recht, der Geist des alten Geizkragens ärgert sich, daß er nicht mehr an sein Geld herankann!

Jeder Mensch hat drei Gestalten. Das körperliche Dasein, in dem der Geist die harte Schule des Lebens mitmacht, das ätherische oder »magnetische« Ich, dessen formbildende Kräfte unsere Lüste, Begierden und verschiedenen Leidenschaften sind, und das geistige Ich, die »Unsterbliche Seele«. Das ist unser lamaistischer, wenn auch nicht der orthodoxe buddhistische Glaube. Ein Sterbender durchläuft drei Stadien: er muß seinen physischen Körper abstreifen, seine ätherische Gestalt muß sich auflösen, und sein Geist muß den Weg in die geistige Welt finden. Auch die alten Ägypter glaubten an ein ätherisches Ich, an ein Geleit der Toten und an eine geistige Welt. In Tibet helfen wir den Menschen, wenn sie im Begriff sind zu sterben. Der Adept bedarf solcher Hilfe nicht, doch die Laien, Männer und Frauen oder auch ein Trappa, bedürfen der Führung auf dem Weg aus diesem Leben. Vielleicht darf ich hier kurz darüber berichten.

Eines Tages verständigte mich der Totenpriester: »Heute kannst du sehen, Lobsang, wie wir einer Seele aus dem irdischen Dasein verhelfen. Du darfst mich begleiten.«

Wir stiegen durch lange bergabführende Gänge und über schlüpfrig-feuchte Stufen hinunter in die Aufenthaltsräume der Trappas. Dort, in einem Krankenzimmer des »Hospitals«, lag ein alter Mönch, der sich anschickte, den letzten Weg zu gehen, den wir alle einmal gehen müssen. Er hatte einen Schlaganfall erlitten und war sehr schwach. Seine Kräfte nahmen mehr und mehr ab und die Farben seiner Aura verblaßten zusehends. Er mußte unbedingt bei Bewußtsein erhalten werden, so lange, bis es durch das Schwinden des Lebens von selbst erlosch. Der Lama, mit dem ich gekommen war, ergriff die Hände des alten Mönches und hielt sie gütig in den seinen. »Bald wirst du von aller Mühsal des Fleisches erlöst sein, guter Alter. Achte auf meine Worte, damit du den leichten Weg wählest. Deine Füße werden kalt. Dein Leben schwindet, es geht mehr und mehr seinem Ende zu. Sei gefaßt, guter Alter, du hast nichts zu fürchten. Das Leben weicht aus deinen Beinen, dein Blick wird dämmerig. Die Kühle steigt immer höher, je mehr dein Leben entflieht. Sei gefaßt, guter Alter, denn du hast nichts zu fürchten, wenn dein Leben in die Größere Wirklichkeit eingeht. Die Schatten der ewigen Nacht verdunkeln deinen Blick und dein Atem röchelt. Deinem Geist naht die Stunde, da er der Freuden des Jenseits teilhaft werden soll. Sei gefaßt, guter Alter. Deine Stunde der Erlösung ist gekommen.«

Während der ganzen Zeit streichelte der Lama den Sterbenden von den Achseln aufwärts bis zum Scheitel, um nach alter Erfahrung den Geist schmerzlos vom Körper zu lösen. Dabei belehrte er ihn über die Hindernisse auf seinem Weg und wie er ihnen ausweichen solle. Er beschrieb ihm den Weg, den er nehmen müsse, genau so, wie die telepathisch begabten Lamas, die schon hinübergegangen waren und sich aus dem Jenseits hatten melden können, ihn beschrieben hatten.

»Dein Augenlicht ist erloschen, guter Alter, und dein Atem stockt. Dein Körper erkaltet, und wir hören die Laute des Lebens mit unseren Ohren nicht mehr. Ruh nun in Frieden, Alter, denn nun bist du in den Tod eingegangen. Folge dem Weg, den wir dir weisen, und Friede und Freude werden dich erwarten.«

Noch immer streichelte er den Alten, während seine Aura immer mehr verblaßte und schließlich erlosch. Dann, nach einem jahrhundertealten Ritus, blies er den Atem mit einem heftigen Laut von sich, um damit den Geist im Todeskampf völlig zu befreien. Über dem leblosen Körper verdichtete sich nun die Lebenskraft des Verstorbenen zu einem wolkenartigen Gebilde, das, wogend und brodelnd, allmählich die Gestalt des Verstorbenen annahm und mit seinem Körper noch immer durch die »Silberne Schnur« verbunden war. Die Silberne Schnur wurde dünner und dünner, und so wie bei einem Kind die Nabelschnur gelöst wird, wenn es zur Welt kommt, erfuhr der Alte seine Geburt in einer andern Welt. Die Schnur wurde, sich verdünnend, zu einem bloßen Faden und löste sich dann völlig auf. Langsam, wie eine zarte Wolke am Himmel oder eine Weihrauchwolke im Tempel, entschwand das seltsame Formgebilde. Der Lama setzte seine telepathischen Weisungen fort, um den Geist des Verstorbenen beim Beginn seiner Wanderung zu geleiten. »Nun bist du tot. Hier bei uns hält dich nichts mehr. Die Bande des Fleisches sind gelöst. Du weilst im Bardo. Gehe deinen Weg, wir wollen den unseren weitergehen. Gehe den Weg, der dir bestimmt ist. Verlasse die Welt der Erscheinung und der Täuschung und gehe hinüber in die Größere Wirklichkeit. Du bist tot. Gehe deinen Weg weiter.«

Weihrauchwolken stiegen auf und verbreiteten Frieden in dem Raum, in dem sich das erschütternde Ereignis vollzogen hatte. Irgendwo ertönte dumpfer Paukenwirbel. Hoch oben auf dem Dach des Klosters meldete eine Baßtuba die Stunde der Vigilie hinaus ins Land. In den Gängen draußen ging das Leben weiter, Filzschuhe raschelten wie immer auf den Fliesen, und von den Ställen her war das Grunzen eines Yaks zu hören. Hier, in dem kleinen Raum, herrschte tiefe Stille. Die Stille des Todes. Nur die telepathischen Weisungen des Lamas unterbrachen leise die Stille. Ein alter Mann war gestorben und hatte seine Wanderung durch künftige

Existenzen angetreten, vielleicht gefördert durch das, was er in diesem Leben erfahren und gelernt hatte, um nach langer, langer Reise und Mühsal sein Ziel zu erreichen: Buddhas Nirwana.

Wir hoben den Toten vom Lager, brachten ihn in den Lotussitz und verständigten die Leute, die die weitere Betreuung des Leichnams übernehmen mußten, sowie auch andere Priester, die die telepathische Belehrung des abgeschiedenen Geistes fortsetzten. Verschiedene Lamas lösten sich drei Tage lang in diesem Dienst ab. Am Morgen des vierten Tages meldete sich einer der Ragyabs von der Gilde der Leichenbetreuer an der Gabelung der Lingkhor-Straße nach Dechnen Dzong. Als er eintraf, beendeten die Lamas ihre Belehrung und überließen ihm den Leichnam. Er schlug ihn, wie er zusammengekrümmt dasaß, in ein weißes Linnen ein, nahm das Bündel über die Schulter und trug es fort. Draußen wartete ein Yak, den er mitgebracht hatte. Ohne viele Umstände lud er ihm das Bündel auf und ging mit dem Yak seines Weges. Er brachte den Leichnam zu den Leichenzerteilern, die außerhalb der Stadt in einer öden, felsigen Gegend ihres Amtes walteten. Dort stand ein Steinsockel, groß genug, daß auch ein großer Leichnam darauf Platz finden konnte. An den vier Ecken der Platte waren Ausbauchungen, in die Pflöcke eingelassen waren. In einer anderen Steinplatte waren Vertiefungen bis zur halben Dicke des Steines.

Der Leichnam wurde nun auf den Sockel gelegt, das Linnen entfernt und die Arme und Beine an den vier Pflöcken festgebunden. Dann schlitzte der Leichenöffner mit Hilfe eines langen Messers den Körper auf, löste das Fleisch in langen Streifen zuerst vom Körper, dann von den Gliedern und trennte Arme und Beine ab. Schließlich trennte er den Kopf ab und öffnete ihn.

Schon als der Ragyab mit dem Leichnam erschien, sammelten sich die Geier ringsum auf den Felsen und beobachteten gelassen den Vorgang, wie die Zuschauer in einem Freilichttheater. Unter diesen Vögeln herrschte eine ganz bestimmte Rangordnung, und jeder Versuch eines von ihnen, sie zu durchbrechen, hatte lebhafte allgemeine Aufregung zur Folge.

Nun hatte der Leichenöffner den Rumpf geöffnet, griff in die Höhlung und holte zuerst das Herz hervor. In diesem Augenblick schwebte der älteste der Geier herunter, ließ sich nieder, stelzte herbei und nahm das Herz aus der Hand des Leichenöffners in Empfang. Der nächste erhielt die Leber und flog mit ihr wieder auf seinen Felssitz zurück, um sie zu verspeisen. Die Nieren, die Eingeweide erhielten so der Reihe nach die älteren Vögel nach ihrem Rang. Dann wurden die Fleischstreifen an die andern verteilt. Der eine oder andere kam noch einmal und holte sich die Hälfte des Gehirns oder ein Auge oder sonst einen schmackhaften Bissen. In kürzester Zeit waren alle inneren Organe und das Fleisch verzehrt, und nur die Knochen blieben auf dem Steinsockel zurück. Sie wurden von den Leichenöffnern, zerkleinert wie Splitterholz, in die Vertiefungen der anderen Steinplatte geschüttet und wie in Mörsern zu einem feinen Pulver zerstampft. Das fraßen dann auch die Vögel.

Die Leichenöffner waren sehr fachkundige Leute. Sie hatten ihren Berufsstolz und untersuchten aus persönlichem Ehrgeiz alle inneren Organe, um die Todesursache festzustellen. Im Laufe der Zeit hatten sie darin viel Erfahrung gesammelt. Sie waren dazu allerdings nicht verpflichtet, aber es war bei ihnen zur Tradition geworden, die Erkrankung zu ergründen, durch die »der Geist gezwungen war, die körperliche Hülle zu verlassen«. War jemand vergiftet – zufällig oder vorsätzlich –, dann konnten sie es meistens feststellen. Ich lernte außerordentlich viel von ihnen, als ich bei ihnen studierte, und gewann selbst eine große Fertigkeit, Leichen zu sezieren. Der Leichenöffner pflegte neben mir zu stehen und mich auf interessante Besonderheiten aufmerksam zu machen: »Dieser Mann, ehrwürdiger Lama, ist an einem Herzschlag gestorben. Wir wollen einmal diese Arterie öffnen – und hier, ja hier, siehst du auch schon das Klümpchen geronnenen Blutes, das den Blutzustrom verlegte.« Oder: »Die Frau hier, ehrwürdiger Lama, hat ein merkwürdiges Aussehen. Da muß eine Drüse nicht in Ordnung gewesen sein. Wir wollen sie herausnehmen und untersuchen.« Es dauerte eine Weile, bis er sie herausgelöst hatte. »So«, sagte er, »da haben wir sie; jetzt schauen wir hinein; jawohl, da ist eine innere Verhärtung.«

In dieser Art ging mein Studium weiter. Die Männer waren stolz darauf, mir alles zeigen zu können, was ihnen unterkam, sie wußten, daß ich mit persönlichem Auftrag des Dalai Lama bei ihnen Unterricht nahm. Wenn ich zufällig nicht anwesend war und ein Leichnam besonders interessant zu sein schien, bewahrten sie ihn auf, bis ich wiederkam. So konnte ich Hunderte von Leichen sezieren und wurde später ein guter Chirurg. Das war eine viel bessere Schulung als die praktischen Übungen der Medizinstudenten im Seziersaal. Ich weiß, ich lernte bei unseren Leichenöffnern mehr Anatomie als später im Praktikum der Hochschulen, die ich besuchte.

In Tibet können die Leichen nicht in der Erde bestattet

werden, weil über dem felsigen Boden nur eine dünne Erdschicht liegt. Auch die Verbrennung der Leichen ist aus wirtschaftlichen Gründen nicht möglich; es mangelt an Holz, und um einen Leichnam zu verbrennen, müßte Holz aus Indien importiert und auf dem Karawanenweg über das Gebirge von Yaks nach Tibet gebracht werden. Das würde ungeheure Kosten verursachen. Die Toten in die Flüsse zu versenken war auch nicht möglich, weil dadurch das Trinkwasser verunreinigt worden wäre. Wir können daher, wie ich schon berichtete, das Fleisch und die Knochen der Leichen nur den Vögeln überantworten. Der wesentliche Unterschied gegenüber dem Westen ist, daß dort die Würmer und nicht die Vögel den Leichnam verzehren. (Und im Westen kennt man nie die wirkliche Todesursache und weiß nicht, ob der Totenschein sie richtig verzeichnet. Unsere Leichenbetreuer stellen die Todesursache eindeutig fest.)

Jeder Mensch, der in Tibet stirbt, wird auf diese Weise »bestattet«, mit Ausnahme der höchsten Lamas, die Inkarnationen aus einem früheren Dasein sind. Diese werden einbalsamiert und in einem gläsernen Sarg in einem Tempel zur Schau gestellt, oder einbalsamiert und ihre Mumien in Goldblech gehüllt. Diese Prozedur war sehr interessant. Ich wohnte ihr sehr oft bei. Amerikaner, die meine Berichte darüber gelesen haben, wollen nicht glauben, daß wir dazu wirklich Gold verwenden; sie sagen, das sei »nicht einmal in Amerika möglich«. Wir haben in Tibet allerdings keine Massenproduktion, sondern nur solide, individuelle Handwerksarbeit. Wir können keine Uhr zum Preis von einem Dollar herstellen. Aber wir können einen Toten vom Scheitel bis zur Zehe in Gold hüllen.

Eines Abends wurde ich zu unserem Abt gerufen. Er sagte:

»Ein Lama, ein Reinkarnierter aus einer früheren Existenz, wird bald dieses Leben verlassen. Er ist jetzt im Kloster zum Rosenzaun. Ich möchte, daß du hingehst und seinem Übergang zur Seligkeit beiwohnst.«

So mußte ich denn wieder, was mir gar nicht lieb war, zu Pferd steigen und nach Sera reiten. Im Kloster führte man mich in die Zelle des alten Abtes. Seine Aura war im Erlöschen, und eine Stunde später war er auf dem Wege aus der irdischen in die geistige Welt. Da er ein Abt war und ein gelehrter Mann, bedurfte er keines Führers durch das Zwischenreich, und wir mußten zu seiner Bestattung auch nicht die üblichen drei Tage abwarten. Nur eine Nacht lang saß sein Leichnam im Lotussitz, und Lamas hielten die Totenwache.

Bei Tagesanbruch geleiteten wir ihn in feierlicher Prozession hinab durch die Räume des Klosters und durch eine selten benützte Tür in die geheimen unteren Gänge. Auf einer Bahre trugen zwei Lamas den Leichnam vor mir her. Er saß immer noch im Lotussitz. Die Mönche hinter mir sangen mit tiefen Stimmen eine Litanei, und dann und wann ertönte in der Stille der silberne Klang eines Glöckchens. Wir hatten unsere roten Gewänder an und trugen darüber unsere gelben Stolen. Das Licht der Butter-Lampen und der flackernden Fackeln warf unsere tanzenden Schatten in unheimlicher Vergrößerung an die Wände. So stiegen wir immer tiefer in die geheimen Katakomben des Klosters hinunter. Schließlich kamen wir, fünfzehn oder zwanzig Meter unter der Erde, an einer versiegelten Steintür an. Durch diese gelangten wir in einen Raum, der eiskalt war. Hier setzten die Mönche die Bahre mit dem Leichnam nieder und entfernten sich, so daß ich mit drei Lamas allein zurückblieb. Hunderte von Butter-Lampen wurden angezündet und verbreiteten ein helles gelbes Licht. Nun wurde der Leichnam entkleidet und fürsorglich gewaschen. Auf dem Wege der natürlichen Leibesöffnungen wurden alle inneren Organe aus dem Körper entfernt und in Urnen aufbewahrt, die sorgfältig versiegelt wurden. Dann wurde das Körperinnere gründlich ausgewaschen und getrocknet und ein Firnis infiltriert, der im Innern eine starre Kruste bildete, so daß die Formen, so wie sie im Leben bestanden hatten, sich nicht verändern konnten. Sobald der Firnis getrocknet und erstarrt war, wurden die Körperhöhlen ausgefüllt und das Material mit Lack durchtränkt, das nach dem Trocknen als feste Masse im Körperinnern verblieb. Auch äußerlich wurde der Körper mit einem Lack überzogen und auf den getrockneten Lack eine Art »Schellack« aufgetragen, der es ermöglichte, die dünne Seide, mit der der Körper nun umwickelt wurde, später wieder zu entfernen, ohne daß die Körperoberfläche verletzt wurde. Auch die seidene Umwicklung wurde mit einem Lack, wieder von anderer Art, durchtränkt, und damit war der Leichnam für die noch folgenden Prozeduren vorbereitet. Einen Tag und eine Nacht lang verblieb er nun noch in seiner sitzenden Haltung, so daß er vollkommen trocknen konnte. Als wir am folgenden Tag zurückkehrten, saß er ganz steif und starr im Lotussitz. So trugen wir ihn nun, wieder in feierlicher Prozession, in einen anderen Raum, ein Stockwerk tiefer, der so angelegt war, daß er von außen her erhitzt und in gleichmäßiger hoher Temperatur erhalten werden konnte.

Der Boden war mit einer dicken Schicht eines besonderen Pulvers bedeckt, und wir setzten den Leichnam in der Mitte des Raumes nieder. Unterhalb schürten Mönche schon das Feuer. Wir füllten den ganzen Raum mit einer Menge von

Kräutern, einem Salz, das in einer bestimmten Gegend Tibets gewonnen wurde, und mit anderen Mineralien. Als der ganze Raum vom Boden bis zur Decke ausgefüllt war, verließen wir ihn, er wurde geschlossen und mit dem Siegel des Klosters versiegelt. Dann wurden die Öfen angeheizt. Das Holz prasselte und die Butter im Feuer bruzzelte – dann brannten die Öfen mit Yakdung und Butter eine Woche lang und erhitzten den Raum, wo wir den Leichnam einbalsamiert hatten. Am siebenten Tag ließ man das Feuer ausgehen. Die Mauern kühlten sich allmählich ab, doch es dauerte noch drei Tage, bis die Hitze soweit nachließ, daß der Gang wieder passierbar war, und erst am elften Tag wurde das Siegel an der Tür zur Kammer wieder gelöst und die Tür geöffnet. Mönche schaufelten mit den Händen das Material, das zur Einbalsamierung verwendet worden war, wieder heraus; sie gebrauchten keine Werkzeuge, um den Leichnam nicht zu verletzen. Die Arbeit dauerte zwei Tage, dann war der Raum leer, nur der Leichnam saß noch in seiner Umhüllung inmitten des Raumes im Lotussitz. Wir hoben ihn vorsichtig auf und trugen ihn in den andern Raum zurück, wo wir ihn im Licht der Butter-Lampen genauer betrachten konnten.

Nun lösten wir vorsichtig die seidene Umwicklung ab, bis der Körper ganz nackt war. Er war vollkommen erhalten, nur die Haut war etwas dunkler. Der Tote glich einem Schlafenden, der im nächsten Augenblick hätte erwachen können, sein Körper war nicht verschrumpft, er schien noch zu leben. Er wurde noch einmal mit einem Firnis überstrichen und schließlich den Goldschmieden überantwortet, geschickten Handwerkern, die den Leichnam mit einer ganz dünnen Schicht von feinstem Goldblech überzogen. Gold hat im Ausland einen schier unschätzbaren Wert, doch hier in Tibet ist es nur ein geheiligtes Metall, das unzerstörbar und daher ein Symbol für das unzerstörbare innerste Wesen des Menschen ist. Die Goldschmiede, die auch Mönche waren, bildeten jede Einzelheit des Körpers, jeden Zug und jede Falte im Goldblech nach, so daß der ganze Mensch schließlich lebensgetreu in goldener Gestalt wiedererstand. Nun wurde der Leichnam in seiner Goldhülle in die Halle der Reinkarnierten gebracht und dort, gleich den anderen, auf einen goldenen Thron gesetzt. Hier saßen ebensolche Gestalten aus den frühesten Zeiten in langen Reihen und blickten mit halbgeschlossenen Augen wie strenge Richter auf die Lebenden mit all ihren Fehlern und Schwächen herab. Wir sprachen nur im Flüsterton und gingen leise zwischen ihnen dahin, um diese Toten, die noch immer lebten, in ihrem Schlummer nicht zu stören. Eine der Gestalten zog mich seltsam an – ich konnte den Blick von dem Mann nicht abwenden. Es war, als blickte er mit einem wissenden Lächeln auf mich herab. Da berührte mich jemand freundschaftlich und zärtlich am Arm, so daß ich beinahe erschrak. »Dieser warst *du*, Lobsang, in deiner früheren Inkarnation. Ich dachte, du würdest ihn erkennen.«

Dann geleitete mich mein Mentor zu einer der anderen goldenen Gestalten und sagte: »Und dieser hier war ich.«

Schweigend und tief bewegt verließen wir die Halle, und die Tür wurde hinter uns geschlossen und versiegelt.

Noch oft durfte ich später die Halle besuchen und die Gestalten, die in ihrem goldenen Panzer dasaßen, betrachten. Mitunter war ich allein und saß dann, in Gedanken versunken, vor ihnen. Die Lebensgeschichte jedes dieser Männer war aufgezeichnet, und ich studierte sie mit großem Interesse. Da war die Lebensgeschichte meines Mentors, des Lama

Mingyar Dondup, sein Tun, sein Charakterbild, seine Fähigkeiten, die Würden und Ehren, die ihm sein Dasein eingetragen hatte, sein Leben und Sterben.

Da war auch meine eigene Lebensgeschichte, die ich sehr nachdenklich und aufmerksam studierte. Achtundneunzig goldene Gestalten saßen in der Felsenhalle hinter der geheimen Tür. Ihre Lebensgeschichte war die Geschichte Tibets. So meinte ich damals. Die früheste Geschichte sollte ich erst später erfahren.

LETZTE WEIHE

Nachdem ich die Einbalsamierung in verschiedenen Lamaserien sechs- oder siebenmal gesehen hatte, sandte eines Tages der amtsführende Abt von Chakpori nach mir. »Mein Freund«, sagte er, »auf ausdrücklichen Wunsch Seiner Heiligkeit sollst du zum Abt geweiht werden. Du kannst, wie du erbeten hast – so wie der Lama Mingyar Dondup –, weiterhin den Titel ›Lama‹ führen. Ich übermittle dir nur die Botschaft Seiner Heiligkeit.« So hatte ich als anerkannte Inkarnation nun wieder die Stufe erreicht, auf der ich war, als ich vor ungefähr sechshundert Jahren die Erde verlassen hatte. Das Rad des Lebens hatte eine ganze Umdrehung vollendet.

Nach einiger Zeit betrat ein alter Lama mein Zimmer und sagte, ich müsse mich nun der Zeremonie des Kleinen Todes unterziehen. »Denn, mein Sohn, bevor du nicht das Tor des Todes durchschritten hast und zurückkehrtest, kannst du nicht wirklich wissen, daß es keinen Tod *gibt.* Du bist in der Kenntnis der astralen Wanderungen schon weit fortgeschritten. Nun wirst du noch viel weiter vordringen, über die Bereiche des Lebens hinaus und in die Vergangenheit unseres Landes.«

Die Vorbereitung darauf war schwer und langwierig. Drei Monate lang wurde meine Lebensführung streng überwacht. Besondere Kräuter, die entsetzlich schmeckten, wurden meinen täglichen Mahlzeiten zugesetzt. Man riet mir dringend, meine Gedanken »nur auf das, was rein und heilig ist«, zu richten. Als ob man in einer Lamaserie viel Wahl hätte! Sogar Tsampa und Tee durfte ich nur in geringeren Mengen zu mir nehmen. Strenge Kasteiung, strenge Disziplin und lange, lange Stunden der Meditation.

Endlich, nach drei Monaten, sagten die Astrologen, nun sei die Zeit gekommen, die Zeichen seien günstig. Vierundzwanzig Stunden lang fastete ich, bis ich mich leer fühlte wie eine Trommel im Tempel. Dann wurde ich über die Stufen und Gänge tief unter dem Potala hinabgeführt. Weit hinab stiegen wir, die andern hielten brennende Fackeln in den Händen, ich nichts. Durch die Höhlen ging es hinab, durch die ich früher schon gegangen war. Schließlich erreichten wir das Ende eines Ganges. Wir standen vor einer massiven Felswand. Doch als wir näherkamen, wurde ein Stein zur Seite gerückt. Ein neuer Pfad eröffnete sich vor uns – ein dunkler, enger Pfad mit verbrauchter Luft, die nach Spezereien und Weihrauch roch. Nach ein paar Metern hielt uns plötzlich eine schwere, mit Gold beschlagene Tür auf, die langsam geöffnet wurde und ein Kreischen des Widerspruchs von sich gab, das wie in einem riesigen Raum in vielfachem Echo widerhallte. Hier wurden die Fackeln gelöscht und Butter-Lampen angezündet. Wir traten in einen versteckten Tempel, der, durch vulkanische Einwirkung in den massiven Fels gesprengt, in längst vergangenen Zeiten entstanden war. Durch diese Gänge und Höhlen war einst flüssige Lava zum Krater eines feuerspeienden Vulkans geflossen. Doch wir müssen uns auf die Aufgabe konzentrieren, die uns bevorsteht, dachte ich; vor uns lag der Tempel der Geheimen Weisheit.

Drei Äbte geleiteten mich. Die übrigen Lamas waren in der Dunkelheit zurückgeblieben wie verflatternde Traumerinnerungen. Drei Äbte, die, betagt und verschrumpft vom Verlauf der Jahre, freudig ihre Rückberufung zu den himmlischen Räumen erwarteten: drei alte Männer, vielleicht die erfahrensten Metaphysiker auf der ganzen Welt, sie waren bereit, mich zu meiner letzten Prüfung zu führen, um mich einzuweihen. Jeder trug in der rechten Hand eine Butter-Lampe und in der linken einen dicken, glimmenden Weihrauchstab. Die Kälte war durchdringend hier, eine ungewöhnliche Kälte, die nicht dieser Erde anzugehören schien. Tiefe Stille herrschte: jedes leise Geräusch betonte noch ihre Tiefe. Unsere Filzstiefel waren nicht zu hören: wie Geister glitten wir dahin. Die safranfarbenen Brokatgewänder der Äbte raschelten leise. Zu meinem Entsetzen fühlte ich am ganzen Körper Stiche und Schläge. Meine Hände glühten, als umgäbe sie eine neue Aura. Auch die Äbte, sah ich, waren in Glut getaucht. Durch die Reibung der sehr, sehr trockenen Luft an unseren Gewändern war eine Atmosphäre mit statischer elektrischer Ladung erzeugt worden. Ein Abt reichte mir einen kurzen goldenen Stab und flüsterte mir zu: »Halte ihn in der linken Hand und ziehe ihn während des Gehens an der Wand entlang, dann werden die Beschwerden vergehen.« Ich tat es, bei der ersten Entladung der gespeicherten Elektrizität wäre ich beinahe aus den Schuhen gefahren. Nachher schmerzte es nicht mehr.

Butter-Lampen flammten auf, eine nach der andern, von unsichtbaren Händen entzündet. Als das flackernde gelbe Licht zunahm, sah ich riesige mit Gold überzogene Figuren, manche davon waren halb begraben in ungeschliffenen Edelsteinen. In dem düsteren Schein sah ich einen Buddha, so riesig, daß das Licht nur bis zur Mitte seines Körpers empordrang. Andere Gestalten waren undeutlich sichtbar. Bilder von Teufeln, Darstellungen der Lüste und Symbole der Prüfungen, denen der Mensch sich vor der Verwirklichung seines Ich unterziehen muß.

Wir näherten uns einer Mauer, an die ein beinahe fünf Meter großes Lebensrad gemalt war. Im flackernden Licht schien es sich zu drehen, und die Sinne machten seine Bewegung mit. Wir gingen weiter, bis ich überzeugt war, wir würden nun gleich an den Fels stoßen. Der Abt an der Spitze verschwand: was ich für einen dunklen Schatten gehalten hatte, war eine verborgene Tür. Sie führte zu einem Pfad, der immer tiefer hinabging – einem schmalen, steilen, gewundenen Pfad, wo der schwache Schein der Butter-Lampen der Äbte das Dunkel noch zu verstärken schien. Wir tasteten uns schwankend vorwärts, stolpernd und manchmal gleitend. Die Luft war schwer und drückend, als laste das ganze Gewicht der Erde droben auf uns. Mir war, als drängen wir in das Herz der Welt ein. Eine letzte Biegung des gewundenen Pfades, und vor unseren Blicken lag eine Höhle, eine von Gold glänzende Felshöhle: Goldadern – Klumpen von Gold. Eine Felsschicht, eine Schicht Gold, eine Felsschicht – und so ging es fort. Hoch, sehr hoch über uns glitzerte das Gold wie Sterne am nächtlichen Himmel, als das schwache Licht der Lampen die hellen Flecke traf und von ihnen zurückgeworfen wurde.

In der Mitte der Höhle stand ein schwarzglänzendes Haus – ein Haus wie aus poliertem Ebenholz. Seltsame Zeichen bedeckten seine Wände, und geometrische Figuren, wie ich sie an den Wänden des Höhlenganges zum See gesehen hatte. Wir gingen auf das Haus zu und traten durch das hohe, breite Tor. Drinnen standen drei schwarze Steinsärge, sonderbar graviert und gezeichnet. Es lag kein Deckel darauf. Ich warf einen Blick hinein, und als ich sah, was sie bargen, hielt ich den Atem an und fühlte mich plötzlich schwach werden.

»Mein Sohn«, rief der Abt, der uns führte, »sieh sie an. Das waren Götter in den Zeiten, bevor die Berge kamen. Sie gingen durch unser Land, als die Meere unsere Küsten bespülten und als andere Sterne am Himmel standen. Sieh sie an, denn niemand hat sie gesehen außer den Eingeweihten.« Ich blickte wieder hin, ergriffen und voller Ehrfurcht. Drei nackte goldene Gestalten lagen vor uns. Zwei Männer und eine Frau. Jede Linie, jeder Zug waren getreulich im Gold nachgebildet. Aber ihre Größe! Die Frau war ganze drei Meter lang, wie sie dalag, und der größere der beiden Männer weit über vier. Ihre Häupter waren groß und gegen den Scheitel hin ein wenig zugespitzt. Ihre Kinnladen waren eng, die Lippen dünn und der Mund klein. Die Nase war lang und schmal, während die Augen, regelmäßig geschnitten, tief in den Höhlen lagen. Das waren nicht tote Gestalten – sie sahen aus wie schlafend. Wir bewegten uns kaum und redeten ganz leise, als fürchteten wir, sie zu wecken. An einer Seite sah ich einen Deckel lehnen: darauf war eine Himmelskarte eingraviert – aber wie eigentümlich fremd erschienen mir die Sterne! Durch meine astrologischen Studien war ich sehr vertraut mit dem nächtlichen Himmel: doch hier sah er ganz, ganz anders aus.

Der älteste Abt wandte sich zu mir und sagte: »Du sollst nun ein Eingeweihter werden, du sollst die Vergangenheit sehen und die Zukunft kennenlernen. Die Anspannung wird sehr groß sein. Viele sterben daran und viele scheitern, doch keiner kommt lebend hier heraus, dem es nicht gelungen ist. Bist du bereit und festen Willens?«

»Ja«, antwortete ich. Sie führten mich zu einer Steinplatte, die zwischen den Särgen lag. Hier setzte ich mich nach ihrer Weisung in der Lotushaltung nieder, mit gekreuzten Beinen, mit gerade aufgerichtetem Rücken und nach aufwärts gekehrten Handflächen.

Vier Weihrauchstäbe wurden angezündet, für jeden Sarg einer, und einer für meine Platte. Jeder der Äbte nahm eine Butter-Lampe, und sie gingen einer nach dem andern hinaus. Als sich die schwere schwarze Tür hinter ihnen schloß, war ich allein mit den Körpern der uralten Toten. Die Zeit verrann, während ich auf meiner Steinplatte meditierte. Die Butter-Lampe, die ich getragen hatte, knisterte und ging aus. Einige Augenblicke qualmte ihr Docht rotglühend und es roch nach brennendem Tuch, dann erlosch auch er und war verschwunden.

Ich legte mich auf meine Platte zurück und machte die besonderen Atemübungen, die man mich jahrelang gelehrt hatte. Das Schweigen und das Dunkel waren bedrückend. Es war das Schweigen des Grabes.

Ganz plötzlich wurde mein Körper steif, unbiegsam. Meine Glieder erstarrten und wurden eiskalt. Ich hatte die Empfindung, daß ich sterbe, in diesem alten Grab, viel mehr als hundert Meter tief unter dem Sonnenlicht sterbe. Ein heftiger Stoß durchbebte mich im Innern und ich hatte, ohne es zu hören, den Eindruck eines eigentümlichen Raschelns und Knarrens, wie wenn man altes Leder entfaltet. Nach und nach erfüllte ein blaßblaues Licht das Grab, wie Mondschein über einem hohen Gebirgspaß. Ich fühlte ein Schwingen, ein Emporsteigen und Fallen. Einen Augenblick lang war mir, als sei ich wieder in einem Drachen, hin und her geschleudert und gestoßen am Ende eines Seiles. Dann gewahrte ich, daß ich wirklich über meinem körperlichen Leib schwebte. Mit dem Gewahrwerden kam die Bewegung. Wie eine Rauchwolke trieb ich dahin, wie auf einem Wind, den ich nicht spürte. Zu meinen Häupten sah ich einen Glanz gleich einer goldenen Schale. Von der Mitte meines Körpers hing eine silberblaue Schnur herab. Sie war durchpulst von Leben und glühte von Lebenskraft.

Ich blickte zu meinem Leib hinab, der nun auf dem Rücken, ein Leichnam unter Leichnamen, dalag. Langsam entdeckte ich kleine Unterschiede zwischen meinem Körper und denen der Riesengestalten. Ich vertiefte mich in ihre Betrachtung, ich dachte über die kleinen Maße der heutigen Menschheit nach und wie die Materialisten das Vorhandensein dieser riesigen Körper erklären mochten. Ich dachte ..., doch da fühlte ich, daß *etwas* meine Gedanken störte. Ich schien nicht mehr allein zu sein. Teile von Gesprächen traten in mein Bewußtsein, Bruchstücke unausgesprochener Gedanken. Verstreute Bilder begannen in meiner Vision aufzuzucken. In weiter Entfernung schien jemand eine große, tiefe Glocke zu läuten. Schnell kam sie näher und näher, bis sie schließlich in meinem Kopf zu zerplatzen schien, ich sah Tropfen von farbigem Licht und Blitze in unbekannten Farben. Mein Astralleib wurde hin und her geschleudert und getrieben wie ein Blatt im Winterwind. Fetzen von rotglühendem Schmerz peitschten im Sturm durch mein Bewußtsein. Ich fühlte mich allein, einsam, ein herrenloses Gut im wankenden Weltall. Schwarzer Nebel senkte sich auf mich nieder, und mit ihm eine Ruhe, die nicht von dieser Welt war.

Langsam verzog sich die schwarze Finsternis, die mich

umhüllte. Von irgendwoher tönte das Brausen des Meeres und das klirrende Rasseln von Strandkieseln unter dem Ansturm der Wellen. Ich roch die salzhaltige Luft und den Tang. Das war mir eine wohlbekannte Situation, wie ich mich im sonnendurchwärmten Sand träge auf den Rücken drehte und zu den Palmbäumen hinaufblickte. Doch ich hatte, sagte ein Teil meines Ich, das Meer nie gesehen, niemals von Palmbäumen auch nur *gehört*! Aus einer nahen Grotte erklangen lachende Stimmen, Stimmen, die lauter wurden, als ich ein paar heitere, sonnenverbrannte Leute herankommen sah. Riesen! Lauter Riesen. Nun merkte ich, als ich hinabblickte, daß auch ich ein »Riese« war. In mein Astralbewußtsein traten die Eindrücke: vor unzähligen Jahrhunderten kreiste die Erde in größerer Nähe der Sonne, in entgegengesetzter Richtung. Die Tage waren kürzer und wärmer. Große Kulturen entstanden, und die Menschen wußten mehr, als sie jetzt wissen. Von außen her kam ein Komet, der die Erde streifte und an sie anprallte. Durch den Stoß wurde sie aus ihrer Bahn geschleudert und begann nun in entgegengesetzter Richtung zu kreisen. Winde erhoben sich und stürmten über die Gewässer bei veränderten Wirkungen der Schwerkraft, das Land türmte sich auf, und die Fluten stiegen, überall waren Überschwemmungen. Erdbeben erschütterten alles. Länder versanken in den Meeren und andere tauchten empor. Das schöne, warme Land, das Tibet war, hörte auf, an der Küste zu liegen und stieg drei- bis viertausend Meter über den Meeresspiegel empor. Rings um das Land erhoben sich mächtige Berge, Vulkane, aus denen dampfende Lava floß. In den Hochgebirgen in weiter Ferne klafften Spalten auf, und Flora und Fauna eines versunkenen Zeitalters gediehen dort weiter. Doch es ist viel zu viel, um in einem Buch darüber zu berichten, und manche Erlebnisse meiner astralen Einweihung sind mir viel zu heilig und zu intim, um sie zu veröffentlichen.

Nach einiger Zeit verblaßten die Visionen und es wurde dunkel. Nach und nach verlor ich das Bewußtsein, das astrale und das physische. Später hatte ich das unbehagliche Gefühl, daß mir *kalt* war – kalt vom Liegen auf einer Steinplatte in der eisigen Dunkelheit einer Gruft. Prüfende Gedanken tasteten mein Gehirn ab. »Ja, er ist zu uns zurückgekehrt. Wir kommen!« Minuten vergingen, dann näherte sich ein schwacher Lichtschein. Butter-Lampen. Die drei ältesten Äbte.

»Du hast dich gut gehalten, mein Sohn. Drei Tage lang lagst du hier. Nun hast du gesehen. Du starbst. Und lebtest.«

Steif erhob ich mich, taumelnd vor Schwäche und Hunger. Wir gingen aus dem Gemach, das ich nie vergessen werde, hinauf in die eiskalte Luft der anderen Gänge. Ich war geschwächt vom Hunger und überwältigt von allem, was ich gesehen und erfahren hatte. Oben aß ich mich satt, und als ich mich in jener Nacht niederlegte, wußte ich, ich werde Tibet nun bald verlassen und, wie vorausgesagt, in die seltsamen fremden Länder gehen. Und heute kann ich sagen, daß sie seltsamer sind als ich je für möglich gehalten hätte!

Einige Tage danach saß ich mit meinem Mentor am Flusse der Glückseligkeit. Da kam ein Mann im Galopp herangeritten, zufällig blickte er zu uns herüber und erkannte den Lama Mingyar Dondup. Im nächsten Augenblick wirbelte der Staub vor den Hufen seines Pferdes auf, so schnell hielt er an.

»Ich bringe eine Botschaft von Seiner Heiligkeit für den Lama Lobsang Rampa.«

Aus seinem Gewand zog er das lange, wohlbekannte, in die seidene Begrüßungsschärpe gehüllte Päckchen. Er überreichte es mir, wobei er sich dreimal niederwarf, dann ging er ein paar Schritte nach rückwärts, bestieg sein Pferd und galoppierte davon.

Ich war nun viel selbständiger geworden, die Geschehnisse unter dem Potala hatten mein Selbstbewußtsein gestärkt. Ich öffnete das Päckchen und las die Botschaft, bevor ich sie meinem Mentor – und Freund –, dem Lama Mingyar Dondup, hinüberreichte.

»Ich soll Seine Heiligkeit morgen früh im Park-Juwel aufsuchen. Auch du sollst hinkommen.«

»Man kann die Pläne Seiner Heiligkeit, deines Protektors, oft nicht durchschauen, Lobsang, aber ich fühle, daß du bald abreisen wirst nach China, und ich, nun ja, ich sagte es dir schon, ich werde bald zu den Himmlischen Räumen zurückkehren. So freuen wir uns des heutigen Tages und der kurzen Zeit, die uns noch bleibt.«

Am Morgen ging ich den gewohnten Weg zum Park-Juwel, den Berg hinab, über die Straße und durch das Haupttor. Neben mir ging der Lama Mingyar Dondup. Uns beide bewegte der Gedanke, daß wir diesen Weg vielleicht zum letzten Mal miteinander gingen. Wahrscheinlich drückte sich das lebhaft in meinem Gesicht aus, denn als ich mit dem Dalai Lama allein war, sagte er: »Die Zeit des Abschiednehmens, die Zeit, in der man neue Wege einschlägt, ist immer schwer und voller Leid. Vor Jahren saß ich viele Stunden hier in diesem Pavillon und meditierte, um zu ergründen, ob ich das Rechte täte, wenn ich bei der Besetzung unseres Landes hierbliebe, oder wenn ich wegginge. Das eine wie das andere mußte einer Reihe von Menschen Kummer bereiten. Dein Pfad, Lobsang, führt ganz gerade weiter, es ist kein Pfad, der *jedem* leichtfällt. Familie, Freunde, Heimat – alles mußt du hinter dir zurücklassen. Und dieser weitere Pfad, das weißt du, bringt dir Beschwerden und Martern, man wird dich mißverstehen und dir nicht glauben – das alles ist nicht angenehm. Die Wege der Fremden sind eigenartig und uns unverständlich. Ich sagte es dir schon früher einmal, sie glauben nur an das, was *sie* tun können, nur das, was in ihren Laboratorien bewiesen werden kann. Doch um die höchste von allen Wissenschaften, um das Wissen vom Über-Ich, bekümmern sie sich nicht. Das ist dein Pfad, der Pfad, den du erwählt hast, bevor du in dieses Leben kamst. Ich habe alles für dich geordnet. Du sollst nach Ablauf von fünf Tagen nach China abreisen.«

Fünf Tage! Fünf *Tage*! Ich hatte erwartet, fünf Wochen. Als wir, mein Mentor und ich, auf dem Rückweg unsern heimatlichen Berg hinaufstiegen, blieben wir beide stumm, bis wir wieder vor den Mauern des Tempels anlangten.

»Du wirst deine Eltern aufsuchen müssen, Lobsang. Ich werde einen Boten hinschicken.«

Eltern? Der Lama Mingyar Dondup war mir mehr gewesen als Vater und Mutter. Und bald würde er dieses Leben verlassen: noch bevor ich in wenigen kurzen Jahren nach Tibet heimkehrte. Dann würde ich nichts anderes mehr von ihm sehen als seine in Gold gehüllte Gestalt in der Halle der Inkarnationen – wie ein altes Gewand, für das der Träger keine Verwendung mehr hat.

Fünf Tage! Geschäftige Tage. Aus dem Potala-Museum brachte man mir neue westliche Kleider, die ich probieren sollte. Nicht, daß ich sie in China tragen sollte, dort würden meine Lama-Gewänder besser am Platz sein, sondern damit die andern sehen konnten, wie ich darin aussah. Oh, dieser Anzug! Enge Röhren aus Stoff, die meine Beine so eng einzwängten, daß ich es nicht wagte, mich vorzubeugen. Nun wußte ich, warum die Leute aus dem Westen nicht in der Lotushaltung sitzen konnten: ihre Kleider waren zu eng. Gewiß werden mich diese engen Röhren »für mein Leben zugrunde richten«, dachte ich. Sie zogen ein weißes Leinengewand über meinen Kopf und legten mir ein dickes Band um den Hals, das sie fest zusammenzogen, als wollten sie mich erdrosseln. Darüber legten sie mir ein kurzes Stoffkleid an mit aufgenähten Flickflecken und Löchern darunter, in denen der Mann aus dem Westen, wie sie sagten, seine Dinge verwahrte – anstatt im Gewand, wie wir es taten. Doch das Ärgste sollte noch kommen. Sie zogen mir dicke, schwere Lederhüllen über die Füße und zerrten sie mit Schnüren, die Metallenden hatten, fest zusammen. Ähnliche

Lederhüllen zogen die Bettler, die auf Händen und Knien über die Lingkhor-Straße krochen, manchmal über die Hände, doch sie waren klug genug, ihre Füße in guten tibetanischen Filzschuhen zu verwahren. Ich fühlte mich wie gelähmt, ich meinte, ich würde zum Krüppel werden und nicht nach China gehen können. Eine umgedrehte schwarze Schale mit einem Rand darum herum wurde mir auf den Kopf gesetzt, und nun sagte man mir, ich sei gekleidet wie ein »westlicher Edelmann bei einer Feier«. Ich hatte den Eindruck, daß sie feiern *mußten*, denn kein Mensch konnte von ihnen erwarten, daß sie, auf diese Weise herausgeputzt, irgend etwas arbeiteten.

Am dritten Tag suchte ich mein früheres Heim wieder auf. Allein, zu Fuß, so wie ich einst von dort weggegangen war. Doch diesmal war ich ein Lama und ein Abt. Mein Vater und meine Mutter waren zu Hause und erwarteten mich. Ich war diesmal ein geehrter Gast. An jenem Abend betrat ich abermals das Arbeitszimmer meines Vaters, um meinen Namen und Rang in das Familienbuch einzutragen. Dann kehrte ich, wieder zu Fuß, zu der Lamaserie zurück, die so lange Zeit mein Heim gewesen war.

Die restlichen zwei Tage vergingen schnell. Am Abend des letzten Tages suchte ich den Dalai Lama noch einmal auf, um ihm Lebewohl zu sagen und seinen Segen zu empfangen. Mein Herz war schwer, als ich von ihm Abschied nahm. Wir wußten beide, daß ich ihn erst nach seinem Tode wiedersehen würde.

Mit dem ersten Licht des Morgens brachen wir auf. Zögernd, widerstrebend. Zum zweiten Mal wurde ich heimatlos, wieder ging ich in die Fremde und mußte alles von neuem lernen. Oben auf dem hohen Bergpaß wandten wir uns um und warfen einen letzten, langen Blick auf die Heilige Stadt Lhasa. Vom Dach des Potala stieg ein einsamer Drachen auf.